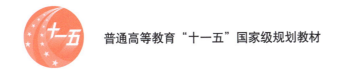
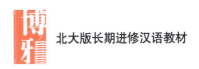

Boya Chinese

Advanced

Second Edition | 第二版

博雅汉语·高级飞翔篇

李晓琪　主编
金舒年　陈　莉　编著

图书在版编目(CIP)数据

博雅汉语·高级飞翔篇Ⅱ／李晓琪主编；金舒年，陈莉编著． —2版． —北京： 北京大学出版社，2016.2
（北大版长期进修汉语教材）
ISBN 978-7-301-26520-8

Ⅰ．①博…　Ⅱ．①李…②金…③陈…　Ⅲ．①汉语—对外汉语教学—教材　Ⅳ．①H195.4

中国版本图书馆CIP数据核字(2015)第269411号

书　　名	博雅汉语·高级飞翔篇Ⅱ（第二版） BOYA HANYU·GAOJI FEIXIANG PIAN
著作责任者	李晓琪　主编　金舒年　陈　莉　编著
责任编辑	张弘泓
标准书号	ISBN 978-7-301-26520-8
出版发行	北京大学出版社
地　　址	北京市海淀区成府路205号　100871
网　　址	http://www.pup.cn　新浪微博：@北京大学出版社
电子信箱	zpup@pup.cn
电　　话	邮购部 62752015　发行部 62750672　编辑部 62752028
印 刷 者	北京宏伟双华印刷有限公司
经 销 者	新华书店
	889毫米×1194毫米　大16开本　19印张　535千字 2006年1月第1版 2016年2月第2版　2023年8月第4次印刷
定　　价	85.00元

未经许可，不得以任何方式复制或抄袭本书之部分或全部内容。
版权所有，侵权必究
举报电话：010-62752024　电子信箱：fd@pup.pku.edu.cn
图书如有印装质量问题，请与出版部联系，电话：010-62756370

第二版前言

2004年，《博雅汉语》系列教材的第一个级别——《初级起步篇》在北京大学出版社问世，之后其余三个级别《准中级加速篇》《中级冲刺篇》和《高级飞翔篇》也陆续出版。八年来，《博雅汉语》一路走来，得到了同行比较广泛的认同，同时也感受到了各方使用者的关心和爱护。为使《博雅汉语》更上一层楼，更加符合时代对汉语教材的需求，也为了更充分更全面地为使用者提供方便，《博雅汉语》编写组全体同仁在北京大学出版社的提议下，于2012年对该套教材进行了全面修订，主要体现在：

首先，作为系列教材，《博雅汉语》更加注意四个级别的分段与衔接，使之更具内在逻辑。为此，编写者对每册书的选文与排序，生词的多寡选择，语言点的确定和解释，以及练习设置的增减都进行了全局的调整，使得四个级别的九册教材既具有明显的阶梯性，由浅入深，循序渐进，又展现出从入门到高级的整体性，翔实有序，科学实用。

其次，本次修订为每册教材都配上了教师手册或使用手册，《初级起步篇》还配有学生练习册，目的是为使用者提供最大的方便。在使用手册中，每课的开篇就列出本课的教学目标和要求，使教师和学生都做到心中有数。其他内容主要包括：教学环节安排、教学步骤提示、生词讲解和扩展学习、语言点讲解和练习、围绕本课话题的综合练习题、文化背景介绍，以及测试题和练习参考答案等。根据需要，《初级起步篇》中还有汉字知识的介绍。这样安排的目的，是希望既有助于教学经验丰富的教师进一步扩大视野，为他们提供更多参考，又能帮助初次使用本教材的教师从容地走进课堂，较为轻松顺利地完成教学任务。

再次，每个阶段的教材，根据需要，在修订方面各有侧重。

《初级起步篇》：对语音教学的呈现和练习形式做了调整和补充，强化发音训练；增加汉字练习，以提高汉字书写及组词能力；语言点的注释进行了调整和补充，力求更为清晰有序；个别课文的顺序和内容做了微调，以增加生词的重现率；英文翻译做了全面校订；最大的修订是练习部分，除了增减完善原有练习题外，还将课堂练习和课后复习分开，增设了学生练习册。

《准中级加速篇》：单元热身活动进行了调整，增强了可操作性；生词表中的英文翻译除了针对本课所出义项外，增加了部分常用义项的翻译；生词表后设置了"用刚学过的词语回答下面的问题"的练习，便于学习者进行活用和巩固；语言点的解释根据学生常出现的问题增加了注意事项；课文和语言点练习进行了调整，以更加方便教学。

《中级冲刺篇》：替换并重新调整了部分主副课文，使内容更具趣味性，词汇量的递增也更具科学性；增加了"词语辨析"栏目，对生词中出现的近义词进行精到的讲解，以方便教师和学习者；调整了部分语言点，使中高级语法项目的容量更加合理；加强了语段练习力度，增加了相应的练习题，使中高级语段练习更具可操作性。

<u>《高级飞翔篇》</u>：生词改为旁注，以加快学习者的阅读速度，也更加方便学习者查阅；在原有的"词语辨析"栏目下，设置"牛刀小试"和"答疑解惑"两个板块，相信可以更加有效地激发学习者的内在学习动力；在综合练习中，增加了词语扩展内容，同时对关于课文的问题和扩展性思考题进行了重新组合，使练习安排的逻辑更加清晰。

最后，在教材的排版和装帧方面，出版社投入了大量精力，倾注了不少心血。封面重新设计，使之更具时代特色；图片或重画，或修改，为教材锦上添花；教材的色彩和字号也都设计得恰到好处，为使用者展现出全新的面貌。

我们衷心地希望广大同仁继续使用《博雅汉语》第二版，并与我们建立起密切的联系，希望在我们的共同努力下，打造出一套具有时代特色的优秀教材。

在《博雅汉语》第二版即将出版之际，作为主编，我衷心感谢北京大学对外汉语教育学院的八位作者。你们在对外汉语教学领域都已经辛勤耕耘了将近二十年，是你们的经验和智慧成就了本套教材，是你们的心血和汗水浇灌着《博雅汉语》茁壮成长，谢谢你们！我也要感谢为本次改版提出宝贵意见的各位同仁，你们为本次改版提供了各方面的建设性思路，你们的意见代表着一线教师的心声，本次改版也融入了你们的智慧。我还要谢谢北京大学出版社汉语编辑室，感谢你们选定《博雅汉语》进行改版，感谢你们在这么短的时间内完成《博雅汉语》第二版的编辑和出版！

李晓琪

2012年5月

第一版前言

语言是人类交流信息、沟通思想最直接的工具，是人们进行交往最便捷的桥梁。随着中国经济、社会的蓬勃发展，世界上学习汉语的人越来越多，对各类优秀汉语教材的需求也越来越迫切。为了满足各界人士对汉语教材的需求，北京大学一批长期从事对外汉语教学的优秀教师在多年积累的经验之上，以第二语言学习理论为指导，编写了这套新世纪汉语精品教材。

语言是工具，语言是桥梁，但语言更是人类文明发展的结晶。语言把社会发展的成果一一固化在自己的系统里。因此，语言不仅是文化的承载者，语言自身就是一种重要的文化。汉语，走过自己的漫长道路，更具有其独特深厚的文化积淀，她博大、她典雅，是人类最优秀的文化之一。正是基于这种认识，我们将本套教材定名《博雅汉语》。

《博雅汉语》共分四个级别——初级、准中级、中级和高级。掌握一种语言，从开始学习到自由运用，要经历一个过程。我们把这一过程分解为起步——加速——冲刺——飞翔四个阶段，并把四个阶段的教材分别定名为《起步篇》（Ⅰ、Ⅱ）、《加速篇》（Ⅰ、Ⅱ）、《冲刺篇》（Ⅰ、Ⅱ）和《飞翔篇》（Ⅰ、Ⅱ、Ⅲ）。全套书共九本，既适用于本科的四个年级，也适用于处于不同阶段的长、短期汉语进修生。这是一套思路新、视野广，实用、好用的新汉语系列教材。我们期望学习者能够顺利地一步一步走过去，学完本套教材以后，可以实现在汉语文化的广阔天空中自由飞翔的目标。

第二语言的学习，在不同阶段有不同的学习目标和特点。《博雅汉语》四个阶段的编写既遵循汉语教材的一般性编写原则，也充分考虑到各阶段的特点，力求较好地体现各自的特色和目标。

《起步篇》

运用结构、情景、功能理论，以结构为纲，寓结构、功能于情景之中，重在学好语言基础知识，为"飞翔"做扎实的语言知识准备。

《加速篇》

运用功能、情景、结构理论，以功能为纲，重在训练学习者在各种不同情景中的语言交际能力，为"飞翔"做比较充分的语言功能积累。

《冲刺篇》

以话题理论为原则，为已经基本掌握了基础语言知识和交际功能的学习者提供经过精心选择的人类共同话题和反映中国传统与现实的话题，目的是在新的层次上加强对学习者运用特殊句型、常用词语和成段表达能力的培养，推动学习者自觉地进入"飞翔"阶段。

《飞翔篇》

以语篇理论为原则，以内容深刻、语言优美的原文为范文，重在体现人文精神、突出人类共通文化，展现汉语篇章表达的丰富性和多样性，让学习者凭借本阶段的学习，最终能在汉语的天空中自由飞翔。

为实现上述目的，《博雅汉语》的编写者对四个阶段的每一具体环节都统筹考虑，合理设计。各阶段生词阶梯大约为1000、3000、5000和10000，前三阶段的语言点分别为：基本覆盖甲级，涉及乙级——完成乙级，涉及丙级——完成丙级，兼顾丁级。《飞翔篇》的语言点已经超出了现有语法大纲的范畴。各阶段课文的长度也呈现递进原则：600字以内、1000字以内、1500~1800字、2000~2500字不等。学习完《博雅汉语》的四个不同阶段后，学习者的汉语水平可以分别达到HSK的3级、6级、8级和11级。此外，全套教材还配有教师用书，为选用这套教材的教师最大可能地提供方便。

综观全套教材，有如下特点：

针对性：使用对象明确，不同阶段采取各具特点的编写理念。

趣味性：内容丰富，贴近学生生活，立足中国社会，放眼世界，突出人类共通文化；练习形式多样，版面活泼，色彩协调美观。

系统性：词汇、语言点、语篇内容及练习形式体现比较强的系统性，与HSK协调配套。

科学性：课文语料自然、严谨；语言点解释科学、简明；内容编排循序渐进；词语、句型注重重现率。

独创性：本套教材充分考虑汉语自身的特点，充分体现学生的学习心理与语言认知特点，充分吸收现在外语教材的编写经验，力求有所创新。

我们希望《博雅汉语》能够使每个准备学习汉语的学生都对汉语产生浓厚的兴趣，使每个已经开始学习汉语的学生都感到汉语并不难学。学习汉语实际上是一种轻松愉快的体验，只要付出，就可以快捷地掌握通往中国文化宝库的金钥匙。我们也希望从事对外汉语教学的教师都愿意使用《博雅汉语》，并与我们建立起密切的联系，通过我们的共同努力，使这套教材日臻完善。

我们祝愿所有使用这套教材的汉语学习者都能取得成功，在汉语的天地自由飞翔！

最后，我们还要特别感谢北京大学出版社的各位编辑，谢谢他们的积极支持和辛勤劳动，谢谢他们为本套教材的出版所付出的心血和汗水！

李晓琪

2004年6月于勺园

lixiaoqi@PKU.edu.cn

编写说明

《博雅汉语·飞翔篇》是由北京大学对外汉语教育学院教师编写、北京大学出版社出版的新世纪系列汉语精读课本"博雅汉语"中的高级本。本篇共有Ⅰ、Ⅱ、Ⅲ三册，前两册各10课，第三册8课，适合中等水平以上（相当于新HSK五、六级）的汉语学习者使用。

本书于2004年第一次出版发行，至今已8年有余。在这8年中，本书逐渐为广大汉语教师和汉语学习者所接受并喜爱，使用范围从国内扩大到了国外。这次，借着北京大学对外汉语教育学院庆祝建院10周年的时机，由北京大学出版社提议修订再版。这次修订，我们在多年使用的基础上，充分听取了使用者的意见和建议，本着便于教学和使用的原则，对部分内容和版式进行了调整，修改了原来教材中存在的一些问题，并替换了个别补充阅读的篇目。

在这里，我们觉得有必要再次强调本套教材的特点。汉语学习者在初、中等阶段，学习的一般都是编写者根据他们的水平编写或改写的语料，这样做的好处是教材很适合学习者的水平和需要，使他们学习起来得心应手。而具有中等以上水平的学习者，已经掌握了相当数量的词汇、汉语的基本语法结构及一般的表达方法，具有了比较高的听、说、读、写、译的能力和用汉语进行一般交际的能力，对中国社会和中国文化也有了一定程度的了解。他们迫切需要接触原汁原味的汉语语料，以进一步提高自己的阅读、理解和鉴赏能力，扩大并加深各方面的知识面和信息量。同时，《高等学校外国留学生汉语教学大纲》把对高级阶段学习者在阅读方面的教学目标规定为："能读懂生词不超过4%、内容较为复杂、语言结构较难的原文，并能较为准确地理解文章的深层含义。"并规定了相应的教学内容："学习反映当代中国社会生活和民族文化特点的多种题材、体裁、语体、风格的文章。""提高词语辨析和运用能力。""在语言表达上，由语段训练向语篇训练过渡，要求语言比较准确、得体。逐步注重相关的文化知识及语用知识的学习。"这些规定都表明，对高级水平的学生来说，能够在语言、文化等各个不同的层面上把握"中国人写给中国人看的东西"而非"中国人编给外国人看的东西"，应该是一个追求的目标。

鉴于高级阶段汉语学习者的特点和《高等学校外国留学生汉语教学大纲》的有关规定，我们在编写中，本着体现人文精神、突出人类共通文化的编写理念，以内容丰富深刻、语言典范优美的原文作为选择的对象，并注重所选语料的话题和体裁的多样性。在课文的编排上，既依据了先易后难、循序渐进的原则，同时也注意穿插安排各种内容、各种题材的文章，力求使学习者有丰富多彩的感觉，避免单一和乏味。

鉴于目前没有新的权威的词汇等级大纲的现状，在词汇方面，我们还是以《汉语水平词汇与汉字等级大纲》（以下简称《大纲》）为主要参考对象。《飞翔Ⅰ》把《大纲》中的丙级难词、丁级词以及超出《大纲》的词作为每一课的生词，并适当控制了超纲词的数量。对生词的解释主要依据的是《现代汉语词典》《应用汉语词典》和《现代汉语规范词典》；为了便于学生理解，有些词语还加了英语翻译。同时，我们还增加了近义词辨析的内容，目的是帮助学习者更加准确地运用这些词汇，同时也是为了让这一水平的学习者培养起区别近义词的意识，从而更加准确、得体地使用汉语词汇。

我们把课文中出现的专门名称、方言、俗语、典故和有关中国文化风俗等内容列入"注释"，并进行了简明扼要的解释。

在"语言点"这部分，我们解释并举例说明了课文中难用词语、句式的意义和语法；在有些地方，我们用"链接"的形式对这些词语或句式与相近的词语或句式进行解释或辨析，说明它们的相同或不同之处。另外，在每一个语言点的下面，我们都设计了若干个有语境的练习，使学习者在学完以后马上就能有实践的机会。

我们深知，输入的目的是为了更好地输出。所以，对于本册教材的练习，我们也进行了精心的设计。一方面提供了相当充足的习题量，另一方面也安排了丰富、新颖的练习形式。我们除了在"词语辨析"和"语言点"中设计了适当的练习以外，又把"综合练习"分为"词语练习"和"课文理解练习"两部分，并在本册中结合课文内容设计了由语段至语篇的循序渐进的练习过程。希望通过这些循序渐进的训练，有效提高学生的成段表达和语篇表达能力。这些练习并非要求学生全部完成，教师可以根据学生情况，有选择地要求学生完成其中的某些部分。

最后，为了扩充每一课的信息量，给学有余力的学习者提供课外学习的材料，同时也给教学留有余地，我们在本册每一课的最后都安排了"阅读与理解"。这部分所选用的文章也都是中文原作，并在文章的后面设计了相关的"阅读练习"，学习者可以通过练习进一步加深对文章的理解，引发思考和讨论。

以上就是我们编写本册教材的思路和具体做法。我们深知，一套真正的好教材必须经得起时间和使用者的检验。这次我们根据自己的经验和使用者的意见进行了修订，我们还将怀着诚挚的心情继续等待着各位的宝贵意见和建议。

在这里，我们要向北京大学出版社汉语编辑室以及责任编辑张弘泓老师致以深切的感谢，他们的热情鼓励、积极支持和辛勤劳动为本册教材的修订再版提供了更好的保证。

很多使用过本教材第一版的北京外国语大学的老师和北京大学的老师在这次修订过程中给我们提出了宝贵的意见和建议；还有一些北京大学的研究生写出了以研究本教材为内容的毕业论文或课程报告，他们的意见对我们来说也有重要的参考价值。在此一并向以上这些老师和同学们表示衷心的、诚挚的感谢！

衷心希望更多的汉语教师喜欢和使用我们的教材，也衷心希望学习者通过学习我们的教材使自己的汉语水平更上一层楼，早日实现在汉语的广阔天空中自由飞翔的美好梦想！

编者

2012年仲春时节于北京大学

目　录

页码	课文
1	*1* 每天都冒一点险
27	*2* 那年那月那狗
55	*3* 人在风中
83	*4* 现代化和蜗牛
108	*5* 上天自有安排
133	*6* 球迷种种
158	*7* 面容
181	*8* 辛亥革命与我
205	*9* 无为·逍遥·不设防
239	*10* 音乐之伴
271	附录一　词语索引
288	附录二　词语辨析索引
290	附录三　语言点索引

每天都冒一点险

课前思考

1. 在你看来，什么是冒险？冒险对于人生有什么意义？
2. 你有过冒险的经历吗？你印象最深的一次冒险是什么？
3. 本文的作者毕淑敏是中国当代著名作家。请读一读这篇文章，思考一下作者所说的"险"是什么，有哪些方面的特点，作者自己冒过哪些险，以及冒险以后的感悟。

课文

第一部分

"衰老很重要的标志,就是求稳怕变。所以,你想保持年轻吗?你希望自己有活力吗?你期待着清晨能在新生活的憧憬中醒来吗?有一个好办法——每天都冒一点险。"

以上这段话,见于一本国外的心理学小册子,像给某种青春大力丸做广告。本待一笑了之,但结尾的那句话吸引了我——每天都冒一点险。

"险"有灾难狠毒之意。如果把它比成一种处境一种状态,你说是现代人碰到它的时候多呢,还是古代甚至原始时代碰到的多呢?粗粗一想,好像是古代多吧。茹毛饮血刀耕火种时,危机四伏。细一想,不一定。那时的险多属自然灾害,虽然凶残,但比较单纯。现代了,天然险这种东西,也跟热带雨林①似的,快速稀少,人工险增多,险种也丰富多了。以前可能被老虎毒蛇害掉,如今是被坠机、车祸、失业、污染所伤。以前是躲避危险,现代人多了越是艰险越向前的嗜好。住在城市里,**反倒**因为无险可冒而焦虑不安。一些商家,就制出"险"来售卖,明码标价。比如"蹦极"②这事,实在挺惊险的,要花不少钱,算高消费了。且不是人人享用得了的,像我等体重超标,一旦那绳索不够结实,就不是冒一点险,而是从此再也用不着冒险了。

穷人的险多呢还是富人的险多呢?粗一想,肯定是穷人的险多,爬高上低烟熏火燎的,恶劣的工作多是穷人在操作。但富人钱多了,去买险来冒,比如投资或是赌博,输了跳楼饮弹,也扩大了风险的范畴。就不好说谁的险更多一些了。看来,险可以分大小,却是**不宜**分穷富的。

1	憧憬	chōngjǐng	（动）	向往。
2	丸	wán	（名）	丸药。
3	一笑了之	yí xiào liǎo zhī		（对某事）笑一笑就算了，不去计较。
4	狠毒	hěndú	（形）	凶狠毒辣。
5	处境	chǔjìng	（名）	所处的境地（多指不利的情况下）。
6	原始	yuánshǐ	（形）	最古老的；未开发的；未开化的。
7	茹毛饮血	rú máo yǐn xuè		指原始人不会用火，连毛带血地生吃动物。
8	刀耕火种	dāo gēng huǒ zhòng		一种原始的耕种方法，把地上的草木烧成灰做肥料，就地挖坑下种（zhǒng）。
9	危机四伏	wēijī sìfú		到处潜伏着危险。
10	凶残	xiōngcán	（形）	凶恶残暴。
11	坠机	zhuì jī		飞机发生不幸的事故而落下毁坏。
12	躲避	duǒbì	（动）	离开对自己不利的事物。
13	嗜好	shìhào	（名）	特殊的爱好（多指不良的）。
14	焦虑	jiāolǜ	（形）	着急，担心。
15	明码标价	míngmǎ biāojià		给所售商品标明价格。
16	享用	xiǎngyòng	（动）	享受使用，常指使用某种东西而得到物质或精神上的满足。
17	超标	chāo biāo		超过规定的标准（多指不好的方面）。
18	绳索	shéngsuǒ	（名）	粗的绳子。rope
19	烟熏火燎	yān xūn huǒ liǎo		指环境恶劣。烟熏：烟接触物体，使变颜色或沾上气味。火燎：挨近了火而烧焦（多用于毛发等）。
20	恶劣	èliè	（形）	很坏。
21	操作	cāozuò	（动）	按照一定的程序和技术要求去做。
22	赌博	dǔbó	（动）	用某种形式，以财物作本钱争输赢。
23	饮弹	yǐndàn	（动）	身上中（zhòng）了子弹（bullet）。
24	风险	fēngxiǎn	（名）	可能发生的危险。（风险——危险）
25	范畴	fànchóu	（名）	类型；范围。（范畴——范围）
26	不宜	bùyí	（动）	不适宜。

险是不是可以分好坏呢？什么是好的冒险呢？带来客观的利益吗？对人类的发展有潜在的好处吗？坏的冒险又是什么呢？损人利己亡命天涯？嗨！说远了。我等凡人，还是回归到普通的日常小险上来吧。

每天都冒一点险，让人不由自主地兴奋和跃跃欲试，有一种新鲜的挑战性。我给自己立下的冒险范畴是：以前没干过的事，试一试。当然了，以不犯错为前提。以前没吃过的东西尝一尝，条件是不能太贵，且非国家保护动物（有点自作多情。不出大价钱，吃到的定是平常物）。

即有蠢蠢欲动之感。可惜因眼下在北师大读书，冒险的半径范围较有限。清晨等车时，悲哀地想到，"险"像金戒指，招摇而靡费。比如到西藏，可算是大众认可的冒险之举，走一趟，费用可观。又一想，早年我去那儿，一文没花，还给每月6元的津贴，因是女兵，还外加7角5分钱的卫生费。真是占了大便宜。

车来了，在车门下挤得东倒西歪时，突然想起另一路公共汽车，也可转乘到校，只是我从来不曾试过这种走法，今天就冒一次险吧。于是扭身退出，放弃这路车，换了一趟新路线。七绕八拐，挤得更甚，费时更多，气喘吁吁地在差一分钟就迟到的当儿，撞进了教室。

不悔。改变让我有了口渴般的紧迫感。一路连颠带跑的，心跳增速，碰了人不停地说对不起，嘴巴也多张合了若干次。

今天的冒险任务算是完成了。变换上学的路线，是一种物美价廉的冒险方式，但我决定仅用这一次，原因是无趣。

第二部分

第二天冒险生涯的尝试是在饭桌上。平常三五同学合伙吃午饭，AA制③，各点一菜，盘子们汇聚一堂，其乐融融。我通常点鱼香肉丝④辣子鸡丁⑤类，被同学们讥为"全中国的乡镇干部⑥都是这种吃法"。这天凭

27	潜在	qiánzài	（形）	存在于事物内部不容易发现或发觉的。
28	损人利己	sǔn rén lì jǐ		使别人受到损失而使自己得到好处。
29	亡命天涯	wángmìng tiānyá		逃到极远的地方以保全生命。天涯：形容极远的地方。
30	回归	huíguī	（动）	回到（原来地方）。

31	不由自主	bù yóu zì zhǔ		由不得自己；控制不了自己。
32	跃跃欲试	yuèyuè yù shì		形容心里急切地想试一试。
33	自作多情	zì zuò duō qíng		不问对方的态度，自己做出种种温情的表示。
34	蠢蠢欲动	chǔnchǔn yù dòng		指敌人准备进行攻击或坏人策划破坏活动。
35	眼下	yǎnxià	（名）	目前。
36	半径	bànjìng	（名）	连接圆心和圆周上任意一点的线段叫做圆的半径。比喻生活的圈子、范围大小。radius
37	招摇	zhāoyáo	（形）	故意张大声势，引人注意。
38	靡费	mífèi	（动）	浪费。
39	认可	rènkě	（动）	许可；承认。
40	可观	kěguān	（形）	指达到的程度比较高。
41	文	wén	（量）	用于旧时的铜钱。
42	津贴	jīntiē	（名）	工资以外的补助费，也指供给制人员的生活零用钱。
43	东倒西歪	dōng dǎo xī wāi		形容行走、坐立时身体歪斜或摇晃不稳的样子。
44	气喘吁吁	qì chuǎn xūxū		形容呼吸急促的样子。吁吁：拟声词，形容出气的声音。
45	当儿	dāngr	（名）	事情发生或进行的时候；当口儿。
46	若干	ruògān	（代）	指不确定的数目。
47	物美价廉	wù měi jià lián		东西质量好，价格便宜。也作"价廉物美"。
48	无趣	wúqù	（形）	没意思。
49	生涯	shēngyá	（名）	指从事某种活动或事业的生活。（生涯——生活）
50	合伙	héhuǒ	（动）	一起（做某事）。
51	汇聚一堂	huìjù yì táng		聚集在一个地方。
52	其乐融融	qílè róngróng		乐趣很多的样子。
53	通常	tōngcháng	（形）	一般；平常。（通常——常常）
54	讥	jī	（动）	讥讽，用旁敲侧击或尖刻的话指责或嘲笑对方的错误、缺点或某种表现。

着巧舌如簧的菜单，要了一客"柳芽迎春"，端上来一看，是柳树叶炒鸡蛋。叶脉宽得如同观音净瓶⑦里洒水的树枝，还叫柳芽，真够谦虚了。好在碟中绿黄杂糅，**略**带苦气，味道**尚**好。

第三天的冒险**颇**费思索。最后决定穿一件宝石蓝色⑧的连衣裙去上课。要说这算什么冒险啊，也不是樱桃红⑨或是帝王黄色⑩，蓝色老少咸宜，有什么穿不出去的？怕的是这连衣裙有一条黑色的领带，好似起锚的水兵。衣服是朋友所送，始终不敢穿的症结正因领带。它是活扣，可以解下。为了实践冒险计划，铆足了勇气，我打着领带去远航。浑身的不自在啊，好像满街筒子⑪的人都在议论。仿佛在说：这位大妈是不是有毛病啊，把礼仪小姐⑫的职业装穿出来了？极想躲进路边公厕⑬，一把揪下领带，然后气定神闲地走出来。为了自己的冒险计划，咬着牙坚持了下来，走进教室的时候，同学友好地喝彩，老师说，哦，毕淑敏，这是自我认识你以来，你穿的最美丽的一件衣裳。

三天过后，检点冒险生涯，感觉自己的胆子比以往夯了点⑭。有很多的束缚，不在他人手里，而在自己心中。别人看来微不足道的一件事，在本人，也许已构成了茧鞘般的裹挟。突破是一个过程，首先经历心智的拘禁，继之是行动的惶惑，最后是成功的喜悦。

（作者：毕淑敏　选自《青年文摘》）

55	巧舌如簧	qiǎo shé rú huáng	舌头灵巧，像簧片一样能发出动听的音乐。形容花言巧语，能说会道。簧：指乐器里面用铜或其他材料制成的发声薄片。
56	客	kè	（量）用于论份儿出售的食品、饮料。
57	芽	yá	（名）植物刚长出来的可以发育成茎、叶或花的部分。sprout; shoot
58	柳树	liǔshù	（名）一种树。willow（Salix）
59	叶脉	yèmài	（名）叶片上分布的细管状构造，主要由细而长的细胞构成，分布到叶片的各个部分，作用是输送水分、养料等。leaf vein
60	如同	rútóng	（动）好像。
61	碟	dié	（名）碟子，盛食物的小盘子。small dish; small plate

62	杂糅	záróu	（动）	指不同的东西混在一起。
63	尚	shàng	（副）	还。
64	颇	pō	（副）	很；相当地。
65	老少咸宜	lǎo shào xián yí		老人小孩儿都适合。
66	好似	hǎosì	（动）	好像。
67	起锚	qǐmáo	（动）	把锚拔起，船开始航行。
68	水兵	shuǐbīng	（名）	军舰上的士兵。
69	症结	zhēngjié	（名）	中医指腹腔内结块的病。比喻问题的关键。
70	活扣	huókòu	（名）	活结，一拉就开的绳结（区别于"死结"）。
71	铆	mǎo	（动）	集中（力气、勇气等），一下子使出来。
72	远航	yuǎnháng	（动）	远程航行。
73	浑身	húnshēn	（名）	全身。
74	揪	jiū	（动）	紧紧地抓；抓住并拉。
75	气定神闲	qì dìng shén xián		神情安定的样子。
76	喝彩	hè cǎi		大声叫好。
77	衣裳	yīshang	（名）	衣服。
78	检点	jiǎndiǎn	（动）	检查；查点。
79	束缚	shùfù	（动）	使受到约束；使停留在狭窄的范围里。
80	微不足道	wēi bù zú dào		不重要，不值得一提。
81	茧	jiǎn	（名）	某些昆虫的幼虫在变成蛹之前吐丝形成的壳。cocoon
82	鞘	qiào	（名）	装刀剑的套子。sheath；scabbard
83	裹挟	guǒxié	（动）	（风、流水等）把别的东西卷入，使随着移动。
84	突破	tūpò	（动）	打开缺口；打破（困难、限制等）。
85	心智	xīnzhì	（名）	心理；性情。
86	拘禁	jūjìn	（动）	把人暂时关起来，使失去自由。
87	惶惑	huánghuò	（形）	害怕，疑惑。

注释

① 热带雨林 rèdài yǔlín：赤道附近终年高温多雨地区的常绿森林。

② 蹦极 bèngjí：起源于南太平洋岛瓦努阿图（Vanuatu）的一种成年仪式。几百年前的瓦努阿图男人必须经受住高空悬跳的考验，才能算是到了成年。他们用藤条捆住双腿，从35米高的木塔上往下跳，在离地面几米时突然停止，然后全村男女老少围着他载歌载舞，庆祝他成功通过了成年的考验。现已演变为一种很刺激的户外极限运动。bungee jumping

③ AA 制 AA zhì：指聚餐结账时各人分摊付款，或各人自己付自己所需款项的付费方式。

④ 鱼香肉丝 yúxiāng ròusī：最常见的川菜，因炒好的（猪）肉丝有鱼香味而得名。

⑤ 辣子鸡丁 làzi jīdīng：四川风味名菜，用鸡胸脯肉加辣椒炒制而成。

⑥ 乡镇干部 xiāngzhèn gànbù：中国县级以下乡里和镇里最基层的干部。

⑦ 观音净瓶 Guānyīn jìngpíng：佛教中的观世音菩萨（Guānshìyīn Púsà，Avalokiteśvara）手里拿的瓶子。内盛圣水，滴洒能得祥瑞。

⑧ 宝石蓝色 bǎoshílánsè：像蓝宝石一样的蓝色。

⑨ 樱桃红 yīngtáohóng：像樱桃（cherry）一样的红色。

⑩ 帝王黄色 dìwánghuángsè：中国封建社会皇帝穿的明黄色，一般人不能穿用。

⑪ 满街筒子 mǎnjiē tǒngzi：整条街道。

⑫ 礼仪小姐 lǐyí xiǎojiě：在正式场合负责迎接宾客等工作的年轻女性。

⑬ 公厕 gōngcè：公共厕所的简称。

⑭ 胆子比以往奓了点 dǎnzi bǐ yǐwǎng zhà le diǎn：胆子比以前大了一些。奓，方言。奓着胆子有壮胆的意思。

词语辨析

1 风险——危险

【牛刀小试：把"风险"或"危险"填入下面的句子中】

1. 酒后开车实在太（　　）了，这是任何国家的交通法规都不允许的。
2. 基金、股票都属于（　　）投资，投资人必须有（　　）意识。

3. 飞机、火车上严禁携带易燃、易爆的（　　　）品。
4. 参与任何经济活动都会承担一定的（　　　），你必须有心理准备。

【答疑解惑】
语义

这两个词都有"不安全、可能遭到损害或失败"的意思，但"危险"的语义较重，常指危及生命安全的情况；"风险"的语义较轻，常指经济上可能受损的情况。

【例】（1）我们在旅行中，要懂得如何预防危险。

（2）你大胆开发新产品吧，风险由公司来承担。

用法

词性：都是名词，但"危险"还兼做形容词，前边可加"很、十分"等程度副词，可做定语；"风险"则不可。

【例】（3）不能把药品放在孩子够得着的地方，万一孩子吃下去的话，将十分危险。

（4）那个战地记者独自一人进入了危险地带。

搭配："危险"适用范围较广，泛指各种可能出现的不安全的情况；"风险"适用范围较窄，多用于投资、试验、开发新领域等方面，经常与"担、承担、冒"等动词搭配。

【例】（5）那些人质的处境极其危险，他们随时都可能被杀。

（6）做任何生意都要冒一定的风险，谁都无法保证永远只赚不赔。

（7）搞股票投资的风险性非常大，要有很强的心理承受力才行。

2　范畴——范围

【牛刀小试：把"范畴"或"范围"填入下面的句子中】

1. 劳动生产率、国民经济总值、可持续发展等概念都属于经济学的（　　　）。
2. 代数、几何、函数什么的是属于什么（　　　）的概念呀？
3. 凡是在我们日常生活的（　　　）内发生的事情都是新闻报道的对象。
4. 这个词的使用（　　　）比那个词大得多。

【答疑解惑】
语义

都有一定的界限内的意思，但侧重点不同，"范畴"侧重在大的、抽象的事物，常指多个具有共同特征的事物所形成的种类，以及人的思维对客观事物的普遍本质的概括和反映；"范围"则侧重在指某个事物的周围界限。

【例】（1）汉字属于表意文字的范畴。

（2）各门科学都有自己的一些基本范畴，如化合、分解等，是化学的范畴；必然性和偶然性等，是唯物辩证法的基本范畴。

（3）结婚以后，她的生活范围越来越小，朋友也越来越少。

用法

词性：都是名词。

搭配："范畴"多用于抽象事物；"范围"既可用于具体事物，也可用于抽象事物。

【例】（4）这是属于资产阶级和资本主义范畴的世界革命。

（5）学习政治经济学，先要搞清楚政治经济学的基本范畴。

（6）为了弄清事实，我们扩大了调查的范围。

（7）这种饭卡在学校范围内均可使用。

语体

"范畴"是哲学术语，只用于书面语；"范围"书面语、口语都可用。

3 生涯——生活

【牛刀小试：把"生涯"或"生活"填入下面的句子中】

1. 斯里兰卡政府赠送给中国政府的大象就（　　　）在北京动物园里。
2. 今天的演出是他的告别演出，明天他就将结束他的舞台（　　　）了。
3. 你了解猫科动物的（　　　）规律吗？一般来说，它们习惯昼伏夜出。
4. 他的警察（　　　）是一段充满了惊险和传奇色彩的难忘时光。
5. 你看过BTV（　　　）频道的"（　　　）广角"节目吗？值得一看。

【答疑解惑】

语义

都有生活的意思。不同之处在于：

a. "生活"不仅指人为了生存和发展而进行的各种活动，还可指各种生物的活动。

【例】（1）一个人幸福与否，很大程度上决定于他对日常生活的态度。

（2）观察一下蚂蚁的生活，你会有什么新发现呢？

"生涯"指从事某种活动或职业的生活，只能用于人。一般来说，用"生涯"的地方都可用"生活"。

【例】（3）四十年的舞台生涯/生活，使这位老演员充分感受到"戏如人生，人生如戏"。

（4）在这本传记中，作者详尽地回顾了老舍先生的创作生涯/生活。

（5）这本书首次对这位将军的革命生涯/生活进行了总结和评价。

b. "生活"还指衣食住行等方面的情况。

【例】（6）只提高生活水平而忽视精神生活，其结果就是经常会有空虚感。

用法

词性：都可做名词，但"生活"还可做动词。

【例】（7）我们生活在社会中，自然要受到社会道德的约束。

搭配："生活"的使用范围更大，更灵活，常常出现在广告语、名称、标题中，也常常修饰名词。如：生活频道、生活版、生活节目、生活常识、生活能力等等。与"生活"搭配的动词和形容词也多与"生涯"不同。

语体

"生涯"是只用于书面语；"生活"书面语、口语都可用。

4 通常——常常

【牛刀小试：修改下面的句子】

1. 常常我七点起床。
2. 我通常上课。
3. 我常常两年去一次颐和园。
4. 我今年通常去看电影。
5. 他常常都不上课。
6. 他不通常吃饺子。
7. 根据常常的情况，大门晚上12点关。

【答疑解惑】

语义

"通常"是"一般、平常"的意思，主要表示行为、情况有规律地（发生），多指在较长一段时间内;"常常"主要表示行为、情况经常性地(发生),不论是在一段时间,还是在很长时间内。

【例】(1)我通常喝白开水,只有在特殊的场合下才喝茶或饮料。

(2)我常常喝白开水。

用法

词性:都是副词。"通常"既可放在主语前,也可放在主语后,后面可跟"都",但不能受"不"修饰;"常常"只能放在主语后,后面不可跟"都",但可受"不"修饰。

【例】(3)通常我每天早上六点开始锻炼。(或:我通常每天早上六点开始锻炼。)

(4)我通常都在家里吃晚饭。

(5)上小学的时候,我常常去他家跟他一起学习。

(6)我并不常常唱卡拉OK。

"通常"还可做形容词。

【例】(7)按照通常的情况,火车会准时发车。

(8)这是通常的处理办法。

搭配:a."常常"可以同单个词、简单的短语组合;"通常"则不可。

【例】(9)我常常买菜。

(10)我通常去自由市场买菜。

"通常"一般不能同表示具体时点的时间词(如今年、一月份)连用;"常常"一般不能同表示较长时间的客观性时段的时间词(如一年、一个月)连用。

【例】(11)我通常一年回一次故乡。(不能用"常常")

(12)我去年常常坐地铁上下班。(不能用"通常")

语言点

1 以前是躲避危险,现代人多了越是艰险越向前的嗜好。住在城市里,反倒因为无险可冒而焦虑不安。

【解释】……,反倒……:副词,用在后边的小句中,引出与前边小句相反的意思,或表示出乎意料,有较强的转折语气。注意:如果小句中有主语,则需用于主语后。

【举例】（1）我好心好意地帮他，他反倒怪我多事。

（2）今天比平时吃得多，反倒饿得快。

（3）已经立春了，怎么天气反倒越来越冷了？

（4）昨天天气预报说今天天气会转晴，可是你看今天这天儿，雨不但没停，反倒更大了。

【链接】反而：意思、用法与"反倒"基本相同，但"反倒"多用于口语。

【练习】用"反倒"完成句子

（1）父母不仅没责怪他，＿＿＿＿＿＿＿＿＿＿＿＿＿＿＿＿＿＿＿＿＿。

（2）那位女演员年纪越来越大，＿＿＿＿＿＿＿＿＿＿＿＿＿＿＿＿＿＿＿。

（3）在这种时候，生气不但不能解决问题，＿＿＿＿＿＿＿＿＿＿＿＿＿＿＿。

（4）饮食过量，营养过剩，不但对身体没有好处，＿＿＿＿＿＿＿＿＿＿＿＿。

（5）生活水平越来越高了，＿＿＿＿＿＿＿＿＿＿＿＿＿＿＿＿＿＿＿＿。

（6）在这种危险的处境中，＿＿＿＿＿＿＿＿＿＿＿＿＿＿＿＿＿＿＿＿。

2 看来，险可以分大小，却是不宜分穷富的。

【解释】不宜：动词，意思是"不适宜"。通常要带动词、形容词（多为双音节以上）做宾语。多用于书面。

【举例】（1）冬天不宜喝凉茶。

（2）孕妇不宜穿高跟鞋。

（3）王老先生年事已高，不宜远行。

（4）这部电影暴力镜头过多，少儿不宜。

【链接】宜X不宜Y：X和Y一般是意思相反的单音节词。如：

（5）车拐弯的时候，速度宜慢不宜快。

（6）冤仇宜解不宜结，你何必跟他过不去呢？

【练习】用"不宜"或"宜X不宜Y"完成句子

（1）肠胃不好的人＿＿＿＿＿＿＿＿＿＿＿＿＿＿＿＿＿＿＿＿＿＿＿＿。

（2）运动之前＿＿＿＿＿＿＿＿＿＿＿＿＿＿＿＿＿＿＿＿＿＿＿＿＿＿。

（3）考试的前一天晚上，＿＿＿＿＿＿＿＿＿＿＿＿＿＿＿＿＿＿＿＿＿。

（4）给孩子买衣服宜大＿＿＿＿＿＿＿＿＿＿＿＿＿＿＿＿＿＿＿＿＿＿。

（5）高血压患者的饮食宜淡＿＿＿＿＿＿＿＿＿＿＿＿＿＿＿＿＿＿＿＿。

3 车来了，在车门下挤得<u>东</u>倒<u>西</u>歪时，突然想起另一路公共汽车……

【解释】东 v. 西 v.：意思相当于"到处、四处"。中间一般是成对的单音节动词。

【举例】东奔西走（到处奔走或为达到某个目的而到处活动）/ 东游西荡（四处游荡）/ 东逃西窜（cuàn，到处逃跑躲避）/ 东躲西藏（到处躲避）/ 东拉西扯（chě，说话没中心）/ 东张西望（各处张望）/ 东拼西凑（这儿一点，那儿一点地拼凑起来）/ 东涂西抹（mǒ，随意提笔写字、画画等）

【练习】选用上面的固定词组完成句子

（1）总有一些人爱在厕所的墙上、门上＿＿＿＿＿＿＿＿＿＿＿＿＿＿＿。

（2）考试的时候，自己看自己的卷子，不要＿＿＿＿＿＿＿＿＿＿＿＿＿＿＿。

（3）演讲应该有主题，不能＿＿＿＿＿＿＿＿＿＿＿＿＿＿＿＿＿＿＿。

（4）为了逃避法律的制裁，他＿＿＿＿＿＿＿＿＿＿＿＿＿＿＿，不敢见人。

（5）李教授一看这篇论文，就知道是王为＿＿＿＿＿＿＿的，所以给了他零分。

4 七绕八拐，挤得更甚，费时更多……

【解释】七 X 八 Y：表示多或多而杂乱。X 和 Y 可以是名词或动词（包括词素）。

【举例】七手八脚（很多人一起动手的样子）/ 七嘴八舌（人多语杂不停口）/ 七上八下（形容心神不定）/ 七折八扣（一再打折扣除）/ 七零八落（零散、凌乱或破败的样子）/ 七拉八扯（同"东拉西扯"）/ 七拼八凑（同"东拼西凑"）/ 七大姑八大姨（亲戚众多）

【练习】选用上面的固定词组完成句子

（1）这件衣服原价是两千多块，但＿＿＿＿＿＿＿＿＿以后，就只卖几百块钱，多合算啊！

（2）听说公司要裁员，大家的心里一时都＿＿＿＿＿＿＿＿＿＿＿的。

（3）在课堂讨论中，同学们你一言，我一语，＿＿＿＿＿＿＿＿＿，就网络的影响和存在的各种问题谈了不少自己的想法。

（4）大家＿＿＿＿＿＿＿＿＿＿＿＿＿＿＿，一会儿工夫就把会场布置好了。

（5）中国的亲属称谓十分复杂，＿＿＿＿＿＿＿＿＿的，让外国人一听头都大了。

5 一路<u>连</u>颠<u>带</u>跑的，心跳增速……

【解释】连 X 带 Y：表示两种动作同时发生，不分先后。X 和 Y 一般是性质相近的两个单音节动词。

【举例】连蹦带跳 / 连说带唱 / 连说带笑 / 连哭带闹 / 连喊带叫 / 连写带画

【链接】连 X 带 Y：还可表示包括 X 和 Y 两项。X 和 Y 可为名词或动词。如：连人带行李 / 连蔬菜带水果 / 连老带小 / 连男生带女生 / 连吃带喝 / 连洗澡带理发 / 连购物带吃饭 / 连运动带赏景 / 连旅游带看望朋友

【练习】用"连 X 带 Y"完成句子

（1）孩子们_____地跑回了家。

（2）那位相声演员_____地给大家表演了一段。

（3）她_____地吵着要离婚。

（4）这家洗浴中心价格公道，_____，总共只要三十块。

（5）她骑车不小心，_____，都摔到了沟里。

（6）上个周末单位组织春游，_____，一共去了五十多人。

6 好在碟中绿黄杂糅，略带苦气，味道尚好。

【解释】略：副词，是"稍微""大致"的意思。有文言色彩，一般用于书面语。口语中使用"略"，多半出现在一些习惯用语中。

【举例】常用固定搭配：略加修改 / 略事休整（稍微休息一下）/ 略述梗（gěng）概（简单地说明一下大概的内容）/ 略知一二（稍微知道一点儿，自谦之语）/ 略有所闻（稍微听说过一些）/ 略见一斑（比喻从看到的事物的一部分，可以推想事物的全部或整体）/ 略胜一筹（chóu，比较起来，稍微好一些）/ 略逊（xùn）一筹（比较起来，稍微差一些）

（1）女孩的表情略带些哀愁，好像有什么心事。

（2）今天的菜都不错，只是豆角略老了一些。

【练习】（一）选用上面带"略"的词语完成句子

（1）战士们在河边_____，便又出发了。

（2）中国文化我_____，说不上精通。

（3）这两支队伍比起来，大连队有几名国家级队员，实力_____。

（4）这篇文章没什么大毛病，_____便可发表。

（5）文文是一个很注重生活情趣的人，你瞧她这屋子，就可_____了。

（二）用"略"改写下面的句子

（1）晚上的天气稍微有一些寒意，出门要多加一件衣裳。

（2）对于唐宋两代的历史，我知道一些，也许可以回答你的问题。

（3）他的脸上表现出有些为难的样子，大家也就不再强迫他表演了。

（4）昨天晚上我喝的咖啡有点太浓了，搞得我一夜没有睡好。

（5）爷爷奶奶的心是好的，只是思想观念有些陈旧罢了。

7 好在碟中绿黄杂糅，略带苦气，味道尚好。

【解释】尚：副词，表示程度浅，含有不完全符合某标准或要求，只"勉强过得去"的意思，语气委婉。具有书面色彩。后面常跟单音节形容词或动词短语。"尚"还常与"未"连用。

【举例】（1）虽然这两年好几位知名教授都退休了，但系里的学术气氛尚浓。

（2）我认为现在下结论，为时尚早，我们还需进一步观察。

（3）这个问题尚待研究，三天后我们将予以答复。

（4）房子尽管不大，尚能将就。

（5）家里经济情况不佳，但尚可维持一段时间。

（6）此项考试的改革方案至今尚未进行讨论，何来开始试用"改革后的新方案"之说？

（7）革命尚未成功，同志仍须努力！

【链接】还："还"的意思与"尚"相同，只是"还"书面语、口语都可用；而"尚"是文言虚词，只用于书面语。

【练习】用带"尚"的短语完成句子

（1）小玲年纪＿＿＿＿＿＿＿＿，社会经验不丰富，还望前辈们多多指教。

（2）时间＿＿＿＿＿＿＿＿＿＿＿＿＿＿＿＿＿＿，不必着急。

（3）白奶奶尽管手脚不便，但脑子＿＿＿＿＿＿＿＿＿＿＿＿＿＿。

（4）此地的居住条件虽不尽如人意，但＿＿＿＿＿＿＿＿＿＿＿＿＿＿。

（5）病人刚做完手术，＿＿＿＿＿＿＿＿＿＿＿＿＿＿，请不要打扰他。

8 第三天的冒险颇费思索。

【解释】颇：副词，意思给是很、相当地。常在书面语中使用。也说"颇为"，但后面一定跟双音节词语。

【举例】（1）在这次的《天龙八部》电视剧中，采用了一些特殊的拍摄方法和电脑制作技巧，效果颇佳。

（2）老王搬过几次家，这次找到他颇费了一番周折。

（3）她对自己的男朋友颇为满意，已经下决心与他共结连理。

【练习】用"颇"或"颇为"完成下面的对话：

（1）A：请你谈谈小时候学习乐器的体会，好吗？

　　　B：_____。

（2）A：你对这部最新上映的电影有什么看法？

　　　B：_____。

（3）A：请你给我介绍一下这款新手机的功能，可以吗？

　　　B：_____。

（4）A：你觉得最近这个城市的交通情况怎么样？

　　　B：_____。

综合练习

I 词语练习

一 用画线的字组词

1. 原始：（　　　　）（　　　　）（　　　　）（　　　　）
2. 范畴：（　　　　）（　　　　）（　　　　）（　　　　）
3. 潜在：（　　　　）（　　　　）（　　　　）（　　　　）
4. 远航：（　　　　）（　　　　）（　　　　）（　　　　）
5. 心智：（　　　　）（　　　　）（　　　　）（　　　　）

二 填入合适的名词

原始　（　　　）　　躲避　（　　　）　　回归　（　　　）

检点　（　　　）　　束缚　（　　　）　　突破　（　　　）

狠毒的（　　　）　　恶劣的（　　　）　　潜在的（　　　）

焦虑的（　　　）　　可观的（　　　）　　惶惑的（　　　）

三 填入合适的形容词或副词

（　　　　）的处境　　（　　　　）的范畴　　（　　　　）的水兵

（　　　　）超标　　　（　　　　）起锚　　　（　　　　）喝彩

（　　　　）躲避　　　（　　　　）回归　　　（　　　　）享用

四 写出下列词语的近义词或反义词

（一）写出近义词

憧憬——　　　　凶残——　　　　焦虑——　　　　浑身——

享用——　　　　眼下——　　　　认可——　　　　如同——

（二）写出反义词

狠毒——　　　　原始——　　　　无趣——　　　　活扣——

损人利己——　　　　　　　　焦虑不安——

五 选择合适的动词填空（每个词只能用一次）

> 享用　超标　操作　赌博　合伙　杂糅　起锚　铆　揪　拘禁

1. 这座城市污染严重，空气中有害物质（　　　）。
2. 我们每天都（　　　）着很多人的劳动成果，我们怎么能不感恩呢？
3. 这篇文章口语和书面语（　　　），需要做很大的改动。
4. 他一紧张，就不由自主地想（　　　）自己的耳朵。
5. 小伙子（　　　）足了劲儿准备出发，看他那样子，就像一只就要（　　　）的船。
6. 小王跟小李是高中同学，几年以前两人（　　　）做起了生意。小王投入了一部分资金，公司里具体的事主要由小李（　　　）。没想到最近小李开始拿公司的钱去（　　　），结果不但把钱都输光了，还被警方（　　　）起来了。

六 选词填空（每个词只能用一次）

> 风险　危险　范畴　范围　生涯　生活　通常　常常

1. 山路又陡又窄，攀登的时候非常（　　　）。
2. 从事股票投资，会有很大（　　　）。
3. 商品价值、抽象劳动、具体劳动等是政治经济学的（　　　）。
4. 这种新产品的使用（　　　）极为广泛，它不仅可用于医院，也可用于一般的公共场所及家庭。

5. 李白（　　）在文化生活极繁荣的盛唐时期。

6. 几十年的舞台（　　）不仅使他积累了丰富的艺术经验，而且也让他充分领略了人生的滋味。

7. 我上个月（　　）做恶梦。

8. 妈妈（　　）一个月去一次理发店。

七　解释句中画线词语的意思

1. 本待<u>一笑了之</u>，但结尾的那句话吸引了我——每天都冒一点险。
   A. 对它笑了笑　　　B. 笑笑就算了　　　C. 只笑了一次

2. 以前是躲避危险，现代人多了越是艰险越向前的<u>嗜好</u>。
   A. 爱好　　　　　　B. 问题　　　　　　C. 好奇心

3. 但富人钱多了，去买险来冒，比如投资或是赌博，输了跳楼饮弹，也扩大了风险的<u>范畴</u>。
   A. 范围　　　　　　B. 可能性　　　　　C. 感觉

4. 比如到西藏，可算是大众<u>认可</u>的冒险之举，走一趟，费用可观。
   A. 认识　　　　　　B. 承认　　　　　　C. 可取

5. 碰了人不停地说对不起，嘴巴也多张合了<u>若干次</u>。
   A. 几次　　　　　　B. 无数次　　　　　C. 没几次

6. 平常三五同学合伙吃午饭，<u>AA制</u>。
   A. 各付各的　　　　B. 轮流请客　　　　C. 自愿出钱

7. 好在碟中绿黄杂糅，<u>略</u>带苦气。
   A. 稍微　　　　　　B. 大概　　　　　　C. 简直

8. 好在碟中绿黄杂糅，略带苦气，味道<u>尚</u>好。
   A. 很　　　　　　　B. 还　　　　　　　C. 不

9. 第三天的冒险<u>颇</u>费思索。
   A. 很　　　　　　　B. 还　　　　　　　C. 不

10. 蓝色老少<u>咸宜</u>，有什么穿不出去的？
    A. 都合适　　　　　B. 都爱好　　　　　C. 都舒服

八 选择正确的答案

1. （　　）那绳索不够结实，就不是冒一点险，而是从此再也用不着冒险了。
   A. 一向　　　　　　B. 一直　　　　　　C. 一旦

2. 嗨！说远了。我等凡人，还是回归到普通的日常小险（　　）吧。
   A. 上来　　　　　　B. 起来　　　　　　C. 下来

3. 我给自己立下的冒险范畴是：以前没干过的事，试一试。当然了，（　　）不犯错为前提。
   A. 把　　　　　　　B. 以　　　　　　　C. 认

4. 以前没吃过的东西尝一尝，条件是不能太贵，（　　）国家保护动物（有点自作多情。不出大价钱，吃到的定是平常物）。
   A. 且非　　　　　　B. 而非　　　　　　C. 除非

5. 比如到西藏，可算是大众认可的冒险之举，走一趟，费用（　　）。
   A. 可贵　　　　　　B. 可惜　　　　　　C. 可观

6. ……因是女兵，还外加7角5分钱的卫生费。真是（　　）了大便宜。
   A. 占　　　　　　　B. 有　　　　　　　C. 拿

7. 平常（　　）同学合伙吃午饭，AA制，各点一菜，盘子们汇聚一堂，其乐融融。
   A. 三五　　　　　　B. 三六　　　　　　C. 三七

8. 这天凭着巧舌如簧的菜单，要了一客"柳芽迎春"，端上来一看，是柳树叶炒鸡蛋。叶脉宽得如同观音净瓶里洒水的树枝，还叫柳芽，真够（　　）了。
   A. 虚幻　　　　　　B. 谦虚　　　　　　C. 心虚

9. 极想躲进路边公厕，一（　　）揪下领带，然后气定神闲地走出来。
   A. 把　　　　　　　B. 次　　　　　　　C. 手

10. 为了自己的冒险计划，咬着牙坚持了（　　）。
    A. 起来　　　　　　B. 上来　　　　　　C. 下来

九 在每个空格中填入一个合适的汉字

1. 孩子们都对即将开始的新生活充满了憧（　　），他们常常在脑子里想象着美丽的新世界。

2. 他没有任何不良的嗜（　　），十分难得。

3. 中国的传统文化以谦卑处下为美德，认为做人不可太（　　）摇。

4. 他儿子被几个（　　　）残的家伙绑架了，处（　　　）很危险。他想报警，又怕有风（　　　）。

5. 我想了又想，也想不出问题的症（　　　）所在。

6. 那个舞蹈演员开始了自己的艺术（　　　）涯，但面对工作中的压力，不免有些（　　　）惑；面对艺术被金钱污染的现实，不免有些（　　　）虑。

选词填空，并选择5个模仿造句

> 一笑了之　危机四伏　损人利己　不由自主　跃跃欲试
> 蠢蠢欲动　气喘吁吁　物美价廉　巧舌如簧　微不足道

1. 因为她从不肯吃一点亏，总是（　　　　　），朋友们都渐渐远离了她。

2. 张山被推选参加学校的运动会。比赛前，他做着准备活动，（　　　　　）。

3. 王奶奶不是一个爱计较的人，对于生活中一些（　　　　）的小摩擦，她都（　　　　　）。

4. 那个骗子（　　　　），说得比唱得还好听，很多人都上了他的当。

5. 那家超市（　　　　），附近的人都爱去那儿买东西。

6. 这家企业表面上很红火，其实内部管理混乱，（　　　　　）。

7. 看着她可怜的样子，老杨（　　　　）地答应了她的请求。

II 课文理解练习

一　根据课文内容判断正误

读第一部分课文，做下面的题：

1. 古代人们碰到的险种比现代多。（　　）

2. 富人冒的险不一定比穷人少。（　　）

3. 文中详细论述了险的好坏。（　　）

4. "我"的冒险范畴相当大。（　　）

5. "我"早年曾在西藏当过兵。（　　）

6. "我"很喜欢变换上学路线的冒险方式。（　　）

7. 因为换了新路线，"我"上课差点儿迟到了。（　　）

读第二部分课文，做下面的题：

8. "我"第二天的冒险方式是点平时不点的菜。（   ）

9. "我"通常点鱼香肉丝、辣子鸡丁这类大家认为很高级的菜。（   ）

10. "我"不敢穿这条连衣裙的原因是颜色太鲜艳了。（   ）

11. "我"穿着有领带的连衣裙上街时，别人都误以为"我"是礼仪小姐。（   ）

12. "我"越冒险，胆子就越小。（   ）

二　根据课文内容，用指定的词语回答问题或进行讨论

1. 现代人碰到的险多呢，还是古代甚至原始时代碰到的多呢？

　　（粗粗一想　细一想）

2. 作者如何看待"蹦极"？

　　（实在　且不是　一旦……就……　不是……而是……）

3. 穷人的险多还是富人的险多？

　　（粗一想　比如　扩大　不好说　看来　不宜）

4. 作者为什么"每天都要冒一点险"？

5. 她冒了些什么险？有什么感受？

三　思考与表述

1. 对你来说，去国外留学是一种冒险吗？

2. 你玩儿过蹦极之类的冒险游戏吗？你会推荐你的朋友玩儿这类游戏吗？

3. 你听说过"极限运动"这个词吗？你觉得为什么有的人会冒着生命危险去从事这类运动？

4. 课文说的"冒险"与这类极限运动是有区别的。你愿意尝试着像作者那样在生活中"每天都冒一点险"吗？

5. 你认为人怎样才能保持年轻？

拾取逝去生命的碎片

① 我学医、行医加起来前后有二十年，二十年的时间里看到了不少生与死。生命的诞生大致相同，但生命的逝去则千态万状，让人刻骨铭心，难以忘却。我常常想起那些与我擦肩而过又归于冥冥（míng）之中的生命，想起他们起步的刹那以及留给生者的思索，从而感到生与死连接的紧密与和谐。那一个个生命的逝去，已残缺为一块块记忆的碎片，捡拾这些碎片是对生的体味，对命的审视，是咀嚼（jǔjué）一颗颗苦而有味儿的橄榄（gǎnlǎn）。

② 那时年轻，不知何为生死，我的班长与我是"一帮一，一对红"，我们常常坐在水泥池子的木板上谈心。我们谈的常是一些很琐碎的事情，诸如跑操掉队、背后议论人、梳小辫臭美等。我们屁股下面的池子里，黄色的福尔马林液体中泡着三具尸体，两男一女，他们默默地听了不少我们之间的事情。

③ 有一天，班长说，他将来死后要把遗体献给学校，为医学教育做贡献，我才突然觉得池子里面躺着的是三个"人"。

④ 水泥池子上的木板很硬，很凉，药水的气味也很呛（qiàng）人。

⑤ "文革"时，他从八楼顶上跳下来，当时我恰巧从下面走过，他摔在我的面前，我下意识地奔过去，以为这是一个玩笑。他很平静地侧卧在地上，没有出血，脸色也相当红润。他看着我，想说什么，嘴唇动了一动，但只是两三秒的工夫，面部的血色便褪尽，眼神也变得散淡。我随着那目光追寻，它们已投向了遥远的天边。

⑥ 三天后我看见他从湖南赶来的老父亲默默地坐在太平间的台阶上，望着西天发呆，老人的目光与儿子的如出一辙（zhé）。

⑦ 西面的天空是一片凄艳（qīyàn）的晚霞。

⑧ 她是个临产的产妇，长得很美，在被我推进产房的时候，她丈夫拉着她的手，她丈夫很英俊。这是对美丽的夫妻，他们一起由南方调到这偏僻的山地搞原子弹。平车在产房门口受到阻滞（zǔzhì），因为夫妻俩那双手迟迟不愿松开。

孩子艰难地出了母腹，是个可爱的男婴，却因脐（qí）带绕颈而窒（zhì）息死亡。母亲突发心衰，抢救无效，连产床也没有下……这一切前后不到两个小时……

⑨ 我走出产房，丈夫正在门外焦急地等候，我把这个消息告诉他，他说，他想躺一躺，我把他安排在医生值班室让他歇息。

⑩ 半个小时后，我看见他慢慢地走出了医院大门。

⑪ 儿子在母亲的病床旁，须臾（xūyú）不敢离开，医生说就是这一两天的事。儿子才从大学毕业，是独子，脸上还带着未经世事的稚（zhì）气。母亲患了子宫癌，已无药可治。疲惫不堪（píbèi bùkān）的儿子三天三夜没有合眼，母亲插着氧气在艰难地喘息，母子俩都怀着依依难舍的心紧张地等待着那一刻的到来。中午，儿子去食堂买饭，我来替他守护，母亲一阵躁动，继而用目光寻找什么，喉咙里发出呼噜呼噜的声响，我赶紧到她跟前，那目光已在失望里定格。

⑫ 儿子回来，母亲的一切都已结束。他大叫一声扑过去，将那些撤下来的管子不顾一切地向母亲身上使劲插……

⑬ 撒在地上的中午饭深深地印在了我的脑子里。

⑭ 我给这个六岁的男孩做骨髓（suǐ）穿刺的时候孩子咬牙挺着，孩子的母亲在门外却哭成了泪人儿。粗硬的带套管的针头扎进嫩弱的髂（qià）骨前上脊，那感觉让我战栗（lì），是作为医生不该有的战栗。我知道，即使打了麻药，抽髓刹那的疼也是难以忍受的，而孩子给我的只是一声轻轻的呻吟（shēnyín）。取样刚结束，孩子的母亲就冲进治疗室，一把抱起她的儿子，把他搂得很紧很紧。孩子挣出母亲的搂抱，回过身问我："这回我不会死了吧？"我坚定地回答："不会。"

⑮ 半个月后，孩子蒙着白布单躺在平车上被推出病房，后面跟着他痛不欲生的母亲。临行前，我将孩子穿刺伤口的纱布小心取下，他在那边应该是个健康、完整的孩子。辚辚（lín）的车声消逝在走廊尽头，留下空空荡荡一条楼道。

⑯ 她是养老院送来的,她说她不怕死,怕的是走之前的孤独。我说我会在她身边的。她说:"我怎么知道你在呢?那时候我怕都糊涂了。"我说我肯定在。她说:"都说人死的时候灵魂会与肉体分离,悬浮在空气中,我想那时我会看见你的。"于是她就去看天花板,又说:"要是那样我就绕在那根电线上,你看见那根电线在动,就说明我向你打招呼呢。"我笑笑,把这些看做病人的遐(xiá)想。

⑰ 她临终时我如约来到她的床前,她没有反应,其实她在两天前就已经昏迷。她死了,我也疲倦地靠在椅子上再不想动,无意间抬头,却见电线在猛烈地摇晃。

⑱ 窗外下着雨,还有风。

⑲ ……这样的碎片于每位医生都会有很多,它们并不闪光,它们也很平常,但正是在这司空见惯中,蕴含着一个个你我都要经历的故事,我们无法回避,也无法加以任何评论,我们只能顺其自然。生命是美好的,生命也是艰难的,有句话说"未知生焉(yān)知死",我想它应该这样理解,"未知死焉知生"。我想起1985年在日本电视里看到的一个情景,那年8月,由东京飞往名古屋的波音747飞机坠毁在群马大山,全机224人,220人遇难。飞机出事前的紧急关头,一位乘客匆忙中写下了一张条子:感谢生命。

(作者:叶广岑〈cén〉 选自《精短散文佳作200篇》)

阅读练习

一 根据文章内容判断正误

读第①—⑦段,做下面的题:

1. 刚进医学院学习时,我一看见尸体就害怕。( )

2. 我常常跟班长讨论生死问题。( )

3. "文革"时,我亲眼看见班长跳楼自杀了。( )

读第⑧—⑩段，做下面的题：

4. 那个女人生孩子时，她的丈夫不在产房里。(　　)

5. 孩子死了，但母亲被救活了。(　　)

读第⑪—⑬段，做下面的题：

6. 儿子不知道母亲只有一两天的生命了。(　　)

7. 儿子去食堂买饭时，母亲永远地走了。(　　)

8. 母亲死于癌症。(　　)

读第⑭—⑮段，做下面的题：

9. 孩子在做骨髓穿刺时疼得大叫。(　　)

10. 半个月后，孩子出院回家了。(　　)

读第⑯—⑲段，做下面的题：

11. 老人是在养老院里去世的。(　　)

12. 老人说那些关于死后的话时我并没当真。(　　)

13. 老人死时，我不在她的身边。(　　)

二　谈一谈

1. 从这篇文章中，可以看出作者对于生死是什么态度？

2. 你经历过认识的人的死亡吗？说说自己的感受。

那年那月那狗

课前思考

1. 你养过狗或别的动物吗？请介绍一下你的爱宠。
2. 为什么很多人认为狗是人类的好朋友？
3. 本文的作者讲述了上个世纪五十年代一条叫"小狮子"的小狗的命运。请你读一读，思考一下决定"小狮子"命运的因素有哪些。

课文

第一部分

那是1950年夏天，爷爷服从了组织的安排，携奶奶到北京工作。当时只有5岁的父亲随了太爷爷①生活在这个叫做大河的村子。太爷爷在当地行医，是个远近闻名的好郎中，父亲是他最为宠爱的长孙。太爷爷为了哄孙子高兴，经常趁出诊的机会不知从哪里弄来些当地绝无仅有的物件送给父亲玩儿，诸如会唱戏的留声机和光可鉴人的唱片、能写字画画的小黑板和彩色粉笔、伏天②里躺上去又光滑又凉快的竹子床和竹子躺椅，还有就是这只长得像小鬈毛狮子一样的小犬。说它也算稀罕物，是因为当地家家喂养的看门护院的土狗③都长得一个模样，人们认为狗就应该长成那样。当这只小狗被太爷爷带回村子时，几乎轰动了全村。家家的孩子奔走相告，挤在院子里看"耍狮子"。

现在，父亲回忆起来说那狗应该属于西施或京巴④这类娇小可爱的玩赏犬。它没有名字，父亲依了它的长相管它叫"小狮子"。

当谷物成熟的秋天到来时，小狮子长大了。小狮子是条雌性犬，村子里远远近近的雄性土狗开始接二连三地往太爷爷家跑。它们有的在门外不停地徘徊，不停地狂吠；有的用粗壮的爪子把木头院门抓出了道道深沟；有的一次次蹿上高高的墙头，扒落了墙头的砖瓦；还有的整夜地呜咽低吼……这样的情况

1	携	xié	（动）	随身带着。
2	行医	xíng yī		从事医生的活动（多指个人经营的）。
3	郎中	lángzhōng	（名）	〈方〉中医医生。
4	最为	zuìwéi	（副）	用在双音节形容词前，意思是"最"。（最为——最）
5	宠爱	chǒng'ài	（动）	（上对下）喜爱；娇纵偏爱。

6	长孙	zhǎngsūn	（名）	长子的长子，现在也指排行最大的孙子。
7	出诊	chū zhěn		多指医生到病人家里去给病人治病。
8	绝无仅有	jué wú jǐn yǒu		非常少有。
9	物件	wùjiàn	（名）	泛指成件的东西；物品。
10	留声机	liúshēngjī	（名）	把唱片上的声音放出来的机器。phonograph
11	光可鉴人	guāng kě jiàn rén		东西很亮，可以照见人影。
12	唱片	chàngpiàn	（名）	用虫胶、塑料等制成的圆盘，表面有记录声音变化的螺旋槽纹（luóxuán cáowén），可以用唱机把所录的声音重放出来。record；disc
13	鬈毛	quánmáo	（名）	弯曲的毛。
14	犬	quǎn	（名）	狗。
15	稀罕	xīhan	（形）	稀奇。少见的（稀罕——稀奇）
16	轰动	hōngdòng	（动）	同时惊动很多人。
17	奔走相告	bēn zǒu xiāng gào		奔跑着互相转告。
18	娇小	jiāoxiǎo	（形）	娇嫩小巧。
19	雌性	cíxìng	（名）	生物两性之一，能产生卵（luǎn）子。
20	雄性	xióngxìng	（名）	生物两性之一，能产生精子。
21	接二连三	jiē èr lián sān		一个接着一个，形容接连不断。
22	徘徊	páihuái	（动）	在一个地方来回地走。
23	吠	fèi	（动）	（狗）叫。
24	粗壮	cūzhuàng	（形）	（人体）粗实而健壮；（物体）粗大而结实。
25	爪子	zhuǎzi	（名）	动物的有尖甲的脚。
26	蹿	cuān	（动）	向上或向前跳。
27	墙头	qiángtóu	（名）	墙的上部或顶端。
28	扒	bā	（动）	抓着可依附的东西。

终日不绝。太爷爷开始厌恶小狮子,打心眼里⑤厌恶,他把这些日子的不安宁归罪**于**小狮子的**日渐**成熟,尤其是当他修补破损的墙头和沟壑纵横的院门时就更加憎恨小狮子。一辈子行医行善的太爷爷想出了最为残酷的惩罚小狮子的办法,那就是把它远远地扔掉,让它找不到家门。

冬天就要到来了,太爷爷和村里的人们都在为过冬做准备。没隔几天,就有村子里的人赶着马车到50多里地以外的小火车站拉煤。

一个深秋的早晨,太爷爷瞒了父亲,把小狮子装在一条麻袋里,松松地扎了口,放到马车上,叮嘱车夫"扔得越远越好"。小狮子并不知道主人不喜欢它了,不想要它了,以为又要带它去赶集,兴高采烈地,乖乖地**任凭**主人摆布。

第二部分

年幼的父亲在没有了小狮子的日子里过得闷闷不乐,时间久了,就渐渐淡忘了。他又不断拥有了新的稀罕物。

一个雪后的清晨,该是腊月⑥二十八吧,满村飘荡着年食的甜香。太爷爷腋下夹着一卷写好的鲜红的对联,踩着厚厚的积雪,咯吱咯吱地走到院门口。推开院门的一刹那,太爷爷惊呆了。他分明看到一团小小的身躯蜷缩在积雪上,身后是一串深深的小脚印。那本来黄白相间的皮毛已经看不出颜色,在白雪的衬托下,**越发**灰黑,像一团用脏了的抹布。见到太爷爷,小狮子的眼睛一下子焕发了

29	呜咽	wūyè	(动)	低声哭泣。
30	归罪	guīzuì	(动)	把罪过归于(某个人或集体)。
31	日渐	rìjiàn	(副)	一天一天慢慢地。
32	破损	pòsǔn	(形)	残破损坏。
33	沟壑	gōuhè	(名)	山沟;坑。
34	纵横	zònghéng	(形)	形容横竖交错的样子。
35	憎恨	zēnghèn	(动)	厌恶痛恨。
36	行善	xíng shàn		做善事。
37	惩罚	chéngfá	(动)	严厉地处罚。
38	麻袋	mádài	(名)	用粗麻布做的袋子。

39	叮嘱	dīngzhǔ	（动）	再三嘱咐。
40	车夫	chēfū	（名）	旧时指以推车、拉车、赶兽力车或驾驶汽车为职业的人。
41	赶集	gǎn jí		到集市上买卖货物。
42	任凭	rènpíng	（动）	听凭；由别人任意去做。
43	摆布	bǎibù	（动）	操纵；支配（别人行动）。
44	闷闷不乐	mènmèn bú lè		因有不如意的事而心里不快活。
45	淡忘	dànwàng	（动）	印象逐渐淡漠以至于忘记。
46	拥有	yōngyǒu	（动）	领有；具有（大量的土地、人口、财产等）。
47	飘荡	piāodàng	（动）	随风飘动或随波浮动。
48	腋	yè	（名）	腋窝。上肢和肩膀连接处靠底下的部分，呈窝状。
49	鲜红	xiānhóng	（形）	鲜艳的红色。
50	对联	duìlián	（名）	写在纸上、布上或刻在竹子上、木头上、柱子上的对偶语句。
51	咯吱	gēzhī	（拟声）	踩雪的声音。
52	一刹那	yíchànà	（名）	极短的时间。
53	身躯	shēnqū	（名）	身体；身材。
54	蜷缩	quánsuō	（动）	弯曲收缩。
55	脚印	jiǎoyìn	（名）	脚踩过的痕迹。
56	相间	xiāngjiàn	（动）	（事物和事物）一个隔着一个。
57	衬托	chèntuō	（动）	为了使事物突出，用另一些事物放在一起来陪衬或对照。
58	越发	yuèfā	（副）	更加。
59	抹布	mābù	（名）	擦器物用的布块等。
60	焕发	huànfā	（动）	光彩四射；振作。

光彩，活蹦乱跳、摇头摆尾地扑了上来，终于到家了！它轻车熟路地跑进屋向每一个家庭成员打招呼。一跑进来，太爷爷才发现，它的一条后腿残废了，从留下的伤痕可以看出，那是被夹黄鼠狼的夹子卡断的。太爷爷在惊诧小狮子的顽强生命力的同时，依然厌恶它，这次是因为它瘸。于是，太爷爷在思忖着下次应该把它丢得更远。

太爷爷毕竟是善良的，他没有立即丢掉它，把它好好养了起来。两个多月后，春天来了，当村子里的狗开始闹春⑦的时候，太爷爷再次决定扔掉小狮子。这回是托一位串远门⑧的亲戚，把它带到80多里地的外村，到那里去要渡过一条河。太爷爷一定认为，那条河是小狮子不可逾越的天堑。然而，一个多月后，小狮子又回来了。

太爷爷有股子倔劲儿，他不相信小狮子居然扔不掉。以后，他又把小狮子丢弃了三回，一次比一次扔得远，可小狮子找回家的时间一次比一次短，它好像在和这个倔老头较劲，不断用它的忠诚和精灵与命运抗争，而每次的胜利者必定是小狮子。我始终想不明白，也无法知道，它到底经历了怎样的过程，一次次实现着"回家"的信念。

1954年，又是一个夏天，太爷爷要带9岁的父亲转到北京上学，并在北京住**上**半年。临走，太爷爷决定把小狮子带上火车，中途停车时丢掉。父亲畏惧太爷爷，虽然心中不情愿，也不敢反对。

火车风驰电掣般开出两站地，半夜临时停车时，太爷爷再次丢弃了小狮子，太爷爷坚信这回它再也不能回家了，就是鬼使神差回了家也会吃闭门羹⑨。

第三部分

半年后，太爷爷带着放寒假的父亲回老家过年。傍晚下的火车，那时候没有汽车，没有自行车，完全靠徒步，要赶100多里地。天越走越黑，越来越冷。已经走到下半夜了，父亲又冷又饿，实在走不动了。这时，恰巧路过一所乡村小学。太爷爷决定带父亲到学校过夜，等天亮再走。爷孙俩刚刚走近小学校，就听到大门里有狗在狂叫。太爷爷边叩门，边护住父亲，**生怕**父亲被狗咬

61	活蹦乱跳	huó bèng luàn tiào		欢蹦乱跳。形容健康、活泼、生命力旺盛。
62	摇头摆尾	yáo tóu bǎi wěi		指动物摆动头、尾的样子。
63	轻车熟路	qīng chē shú lù		驾着轻便的车在熟路上走，比喻对情况熟悉做起来容易。
64	残废	cánfèi	（动）	四肢或双目等丧失一部分或者全部的机能。
65	伤痕	shānghén	（名）	伤疤。也指物体受损害后留下的痕迹。
66	黄鼠狼	huángshǔláng	（名）	哺乳动物，身体细长，四肢短，尾蓬松，背部棕灰色。昼伏夜出，主要捕食鼠类，有时也吃家禽。是一种毛皮兽，尾毛可制毛笔。也叫黄鼬（yòu）。yellow weasel
67	卡	qiǎ	（动）	夹在中间，不能活动。
68	惊诧	jīngchà	（动）	惊讶诧异。
69	思忖	sīcǔn	（动）	〈书〉考虑，思索。
70	善良	shànliáng	（形）	心地纯洁端正，没有恶意。
71	逾越	yúyuè	（动）	超过，越过。
72	天堑	tiānqiàn	（名）	天然形成的隔断交通的大沟。
73	倔	juè	（形）	性子直，态度生硬。
74	丢弃	diūqì	（动）	扔掉；抛弃。
75	较劲	jiàojìn	（动）	作对；闹别扭；对着干。
76	精灵	jīnglíng	（形）	〈方〉机警聪明；机灵。
77	抗争	kàngzhēng	（动）	对抗；斗争。
78	畏惧	wèijù	（动）	害怕。
79	情愿	qíngyuàn	（动）	真心愿意。
80	风驰电掣	fēng chí diàn chè		像刮风闪电似的；形容非常迅速，一闪而过。
81	鬼使神差	guǐ shǐ shén chāi		有些原先没想做的事情，好像有鬼神暗中支配一样，不由自主地就做了。比喻事情的发生完全出乎意外。也说神差鬼使。
82	徒步	túbù	（动）	步行。
83	叩	kòu	（动）	敲；打。
84	生怕	shēngpà	（动）	生恐；很怕。

伤。一位看传达室的老人出来开门，门刚开了条缝，就从里面蹿出一条狗，跳着叫着扑向太爷爷和父亲。它没有扑咬，而是像久别重逢的老朋友一样在爷孙俩的脚边绕来绕去，摇头摆尾，激动万分。待传达室的老人用手电照亮，爷孙俩看清了，居然是小狮子！它依然不记得主人对它的冷漠和残酷，依然不在乎主人是否喜欢它。

传达室的老人说，小狮子是在半个多月前一个风雪交加的夜晚，在小学校的门口捡到的，它又饿又冷，已经不能动了，蜷缩在茅草窝里。捡回来后，喂了水和食，很快就精神起来，还能看院门了。末了，老人一声叹息："小命活得真艰难啊！"

我不敢想象，也想象不出，小狮子是怎样拖着一条残腿，步履蹒跚、忍饥挨饿地奔走在寻找家园、寻找主人的路上。我在想，**抑或**它果真又回了家，可怎么也找不到主人，没有主人的房子，还是家吗？它不得不东奔西走，苦苦寻觅着那个温暖的地方，那是它的天堂啊！在这个过程中，它是不是还要防备其他野兽的袭击，是不是还要奋力游过河湖，是不是还要躲避人类的追打啊！它多么执着、多么辛苦啊！而它所承受的这些苦难，全部缘于我们人类的一个不良的想法，一个轻易的举动，这是多么的不公平啊！

这回太爷爷一句话也没说。他认定了小狮子扔不得，它有灵性。

第二天天刚亮，爷孙俩谢过传达室的老人，上路了，在他们的身后，多了一个小小的、活泼且有些蹒跚的身影。

后来，父亲到北京上学。太爷爷和小狮子依然生活在那个农家小院里，相依为命。

再以后，确切地说，该是4年以后，北京的一家医学研究所到村子里收狗，要大家积极支持祖国的医学研究。虽然太爷爷一辈子行医，懂得医学对人类生存的重要，但当小狮子再次被装入麻袋时，这位一生倔强的老人像送别亲人那样，禁不住老泪纵横。他知道，这回，小狮子是真的回不来了。

小狮子最终献身于祖国的医学事业。

（作者：张蕾　选自《人与动物的故事》，金城出版社　有删节）

85	传达室	chuándáshì	（名）	单位门口管理登记和引导来宾的地方。
86	手电	shǒudiàn	（名）	利用干电池做电源的小型筒状照明用具。也叫手电筒、电筒或电棒。
87	冷漠	lěngmò	（形）	（对人或事物）冷淡；不关心。（冷漠——冷淡）
88	交加	jiāojiā	（动）	两种事物同时出现。
89	茅草窝	máocǎowō	（名）	用草做的鸟兽住的地方。
90	末了	mòliǎo	（名）	最后。
91	步履蹒跚	bùlǚ pánshān		行走时迈步缓慢，摇摆不稳。
92	忍饥挨饿	rěn jī ái è		忍受饥饿。
93	抑或	yìhuò	（连）	〈书〉表示选择关系，相当于"或者"。
94	果真	guǒzhēn	（副）	果然。
95	东奔西走	dōng bēn xī zǒu		形容到处奔走或为达到目的而到处活动。
96	防备	fángbèi	（动）	预防；戒备。
97	奋力	fènlì	（动）	竭尽全力。
98	执着	zhízhuó	（形）	泛指始终如一地坚持不变。也作执著。
99	承受	chéngshòu	（动）	接受；忍受。
100	苦难	kǔnàn	（名）	痛苦和灾难。
101	不良	bùliáng	（形）	不好的；不善的。
102	举动	jǔdòng	（名）	动作；行动。（举动——行动）
103	认定	rèndìng	（动）	确定地认为。
104	灵性	língxìng	（名）	天生的灵气，聪明。
105	身影	shēnyǐng	（名）	身体的影子或轮廓。
106	相依为命	xiāng yī wéi mìng		指互相依靠着生活下去。
107	确切	quèqiè	（形）	准确；恰当。（确切——确实）
108	倔强	juéjiàng	（形）	（性情）刚强不屈。也作倔犟。
109	老泪纵横	lǎo lèi zònghéng		形容年纪大的人伤心哭泣，泪流满面的样子。
110	最终	zuìzhōng	（副）	终归；到底。
111	献身	xiànshēn	（动）	贡献出自己的全部精力或生命。

① 太爷爷 tàiyéye：爸爸的爷爷。

② 伏天 fútiān：指三伏时期，包括初伏、中伏和末伏。一般从7月中旬开始到8月中旬，30天或40天。是一年中最热的时候。

③ 土狗 tǔgǒu：没有固定血统的普通家狗。

④ 西施、京巴 Xīshī、Jīngbā：西施是一种中国狮子犬（Shih Tzu），体毛长而蓬松，头上的毛呈放射状向各方向生长，像菊花。京巴也是狮子犬，是一种中国古老的宫廷狮子犬（Pekingese）。

⑤ 打心眼（儿）里 dǎ xīnyǎn(r) li：从心里，发自内心的。

⑥ 腊月 làyuè：农历十二月。

⑦ 闹春 nào chūn：指动物发情。

⑧ 串远门 chuàn yuǎn mén：到离得比较远的人家去看望、闲坐。

⑨ 吃闭门羹 chī bìméngēng：被主人拒之门外或主人不在，门锁着，对于上门的人叫吃闭门羹。

1 最为——最

【牛刀小试：把"最为"或"最"填入下面的句子中】

1. 请说出贵国的自然景物之（　　）和人造景物之（　　）。
2. 黑龙江的漠河是中国（　　）北边的城市，气候寒冷。
3. 这是这里（　　）有特色的菜品了，你一定要品尝一下。
4. 考入北大的学生都是当地（　　）优秀的学生。
5. 我（　　）希望今年秋天能够顺利进入我所理想的北大院系读本科。

【答疑解惑】

语义

"最为"与"最"都表示某种属性超过所有同类的人或事物。

用法

词性：都是副词，但"最"还可做名词，用于"……之最"的格式中。

【例】（1）在人造的建筑物中，长城的长度不仅可列入中华之最，而且也可列入世界之最。

搭配：a."最为"只与部分双音节形容词搭配，"最"没有此类限制，后面也可跟单音节形容词。

【例】（2）在所有的城市公共交通工具中，地铁最（为）便利。

（3）彗星形如过客，来去匆匆，是太阳系里最（为）奇异的成员。

（4）最快也要三个小时才能到达。

b."最"还可用在方位词、动词前边，"最为"不可。

【例】（5）麻烦你把最上边的那本书递给我。

（6）我最爱读哲学书籍。

（7）谁最能为民众造福，民众就最拥护谁。

语体

"最为"是书面语词，常用于政论、事务和科技语体。"最"适用于各种语体。

2　稀罕——稀奇

【牛刀小试：把"稀罕"或"稀奇"填入下面的句子中】

1. 偏僻的村子里来了个外国人，从来没见过外国人的村民都跑来看（　　）。

2. 最近我们宿舍发生了很多（　　）古怪的事情，搞得大家精神很紧张。

3. 现在的孩子什么都不缺，所以你给他买什么他都不（　　）.

4. 中国古典风格的房子在北大到处都是，没什么（　　）的。

5. 这只翡翠的手镯可是个（　　）物，是清代皇家留传下来的。

【答疑解惑】

语义

都有事物少见、稀有的意思，但侧重点不同，"稀罕"侧重指事物稀少，不容易得到，值得珍惜，多用于客观事物；"稀奇"侧重指少有并且新奇、特别，多用于人们的感受。

【例】（1）骆驼在南方是稀罕的动物。

（2）那个旅行家从非洲带回来很多稀罕的东西。

（3）世界上有很多我们以为稀奇其实并不稀奇的事。

（4）爷爷知道很多稀奇的事，让儿时的我好奇不已。

用法

词性：都是形容词，但"稀罕"还可用做动词和名词。

a. "稀罕"做动词时，表示因为觉得稀奇而喜欢的意思，多用于疑问句和否定句。

【例】（5）棒棒对明明说："谁稀罕你的玩具，我家有的是。"

（6）她不是没有条件追求享乐和地位，但是她不稀罕这些，她愿意过的是那种淡泊宁静的生活。

b. "稀罕"做名词时，表示稀罕的东西。

【例】（7）谁也没见过爱吃水果而不爱吃鱼的猫，大家都跑到他家去看稀罕。

搭配："稀奇"还可以在固定搭配"稀奇古怪"中使用。

【例】（8）他的房间里有很多稀奇古怪的东西。

3 冷漠——冷淡

【牛刀小试：把"冷漠"或"冷淡"填入下面的句子中】

1. 最近股票市场很（   ），投资者入市一定要谨慎，必须有风险意识。
2. 自从那件事情以后，他就一直故意（   ）我，连微笑都那么勉强。
3. 他是个内心（   ）的人，对别人的痛苦视而不见，更不用说关心了。
4. 我很热情地跟他打招呼，但他只是（   ）地点点头就过去了。
5. 我希望我们每个人都多一点热情，少一点（   ），这样世界会更美好。

【答疑解惑】

语义

都有不热情，不关心的意思。不同之处在于：

a. "冷漠"语意比"冷淡"重，"冷漠"着重指对人对事漠不关心，心肠硬，缺乏同情心；"冷淡"着重指对人对事缺乏感情，不热心，或疏远，不亲密。

【例】（1）那个小伙子长得很帅，可惜总是一副冷漠的神情，谁都不敢接近他。

（2）由于忽视道德教育，有些青少年出现了自私、冷漠、缺少爱心等人格缺陷。

（3）那家商店的售货员对顾客的态度大多很冷淡，难怪他们的顾客日渐减少。

（4）上个星期我问他去不去看展览，他的反应有点儿冷淡，所以我就一个人去了。

b. "冷淡"还指市场不热闹，不兴盛。"冷漠"没有这个意思。

【例】（5）这家鞋店因为生意冷淡，只好关门了。

用法

词性：都是形容词，但"冷淡"还可用做动词。

【例】（6）朋友来了，就应热情招待，千万别冷淡了朋友。

语体

"冷漠"只用于书面语，"冷淡"通用于书面语和口语。

4　举动——行动

【牛刀小试：把"举动"或"行动"填入下面的句子中】

1. 金丝猴与其他猴类一样，喜欢攀援跳越，（　　）十分敏捷。
2. 环保小组一成立，同学们就马上（　　）起来了。
3. 小刘的（　　）出乎所有人的意料，但大家还是对他表示了理解。
4. 他制定了一份详细的（　　）计划，这样参加的人心里就都有数了。

【答疑解惑】

语义

都有人们做事时的动作的意思。但"举动"一般指人的具体动作；"行动"的使用范围比"举动"广，可用于人，也可用于动物，可指人的具体动作，也可指某个团体所进行的规模较大的活动。

【例】（1）那位老人举动/行动迟缓。

（2）北极熊行动迟缓；猴子行动敏捷。

（3）这次反盗版行动战果辉煌，有效地保护了正版市场。

用法

词性：都是名词，但"行动"还可做动词。

【例】（4）既然意见不一致，咱们就分头行动吧，你去上海，我去海南。

（5）病刚好一点儿，不宜行动，你最好在屋里静养一段时间。

句法成分："举动"常带上定语做主语或宾语，但不做定语，而行动可做定语。

【例】（6）那个轻率的举动几乎毁了他的事业。

（7）没发现敌人有什么异常的举动。

（8）王老师给学生简要地说明了五四运动的行动纲领。

5 确切——确实

【牛刀小试：把"确切"或"确实"填入下面的句子中】

1. 这首诗（　　）不是李白写的，我已经问过老师了。
2. 你能（　　）地描述一下那个犯罪嫌疑人的外貌和穿戴吗？
3. 曝料人提供的信息是（　　）的，明天的报纸可以采用。
4. 等（　　）的数字出来以后，我们再做统计和分析。
5. 中国的书法艺术（　　）可以说是中华传统文化中的瑰宝。

【答疑解惑】

语义

都有真实可靠的意思，有时可以互换。但语义侧重点有所不同："确切"侧重指准确、恰当，没有一点差错，切合实际；"确实"强调真实可靠，没有虚假。

【例】（1）在得到确切/确实的证据以前，不要轻易下结论。

（2）如果汽车即将降价的消息确切/确实的话，我暂时就不买车了。

（3）在这篇论文中，每个数据都是经过确切计算的。

用法

词性：都是形容词，但"确实"还可做副词，意思是"的确"。

【例】（4）这家超市的商品确实物美价廉。

搭配："确切"多用于形容语言文字、对事物的描写、对人物的评价和对事物的计算等；"确实"多用于形容消息、情况等。

【例】（5）她今年二十多岁，确切地说，是二十二岁。

（6）她把那个小偷的样子描述得如此确切，警察很快就找到了小偷。

（7）要确切地评价一个历史人物，不是一件容易的事。

（8）我怀疑这家通讯社提供的消息不一定确实。

（9）她所说的情况是否确实，还需进一步调查。

重叠："确实"做形容词和副词时，都可重叠为"确确实实"，"确切"不行。

【例】（10）这种动物在我们这儿确确实实很稀罕。

（11）这件事是他亲眼看到的，所以说得确确实实。

6 最终——最后

【牛刀小试：把"最终"或"最后"填入下面的句子中】

1. 经理每次都让我们先走，他自己总是（　　）一个离开办公室。
2. 做菜的时候，盐、鸡精等调料要（　　）放，这样有利于营养素的保持。
3. 虽然医生尽了最大的努力，但（　　）还是没能挽回他的生命。
4. 他（　　）没有得到妻子的原谅，不得不离开了家。
5. 因为天气寒冷，冬泳的人纷纷上岸了，只有他坚持到（　　）。

【答疑解惑】

语义

这两个词都有在所有别的之后的意思。

【例】（1）在比赛的最终/最后结果还没有出来之前，大家的心里都像有十五个吊桶，七上八下的。

（2）双方唇枪舌剑，互不相让，最终/最后使谈判陷入了僵局。

但是，"最后"的使用范围大，有在时间上和次序上在所有别的之后的意思，而"最终"的使用范围小，只表示在最后的时间。试对比下面的句子：

【例】（3）晚会在热闹、快乐的气氛中结束了。最后，我们一起把房间整理了一下，互相告别后就回家了。

（4）她把鸡蛋炒了一下，盛出来，接着又把西红柿放到锅里翻炒，然后把两样东西混合在一起，最后再加上调料，一道西红柿炒鸡蛋就算做好了。

（5）他考入了北京大学中文系，最终实现了自己的理想。

（6）一个过于自私，只顾自己的人，最终会走到失去所有的朋友，失去所有的信任，众叛亲离的道路上去。

用法

这两个词都是名词，都可以做定语和状语。但有以下两个区别：

a. "最后"可以做"在、到"的宾语,与"在、到"组成词组做补语。"最终"不能这样用。

【例】(7)这部电影讲述了一个爱情悲剧。演到最后,观众都被剧情感动得唏嘘不已。

(8)一直看到最后,我才恍然大悟,这本侦探小说真精彩。

(9)每次开会他都坐在最后。

b. "最后"还可以修饰数词、量词、名词组成的词组,"最终"没有这种用法。

【例】(10)我是离开现场的最后一个人,可以为你们作证。

(11)这对我来说是最后一次机会了,希望你们无论如何要考虑一下我的请求。

语体

"最终"多用于书面语,而"最后"通用于口语和书面语。

1. 他把这些日子的不安宁归罪于小狮子的日渐成熟。

【解释】于:介词。用于书面。在此句中表示对象,有"对、向"的意思。用在动词后,后面一般接名词性成分。

【举例】有求于(人)/ 忠于(职守)/ 有利于(北京队)/ 适用于(各种场合)/ 不满足于(现状)/ 不大习惯于(这种方式)/ 不要苛(kē)求于(别人)/ 有感于(这件事)

【练习】选用或参考上面的例子,用"于"完成句子

(1)这次大赛分组的结果＿＿＿＿＿＿＿＿＿＿＿＿＿＿＿＿＿＿＿。

(2)你应该继续努力,＿＿＿＿＿＿＿＿＿＿＿＿＿＿＿＿＿＿＿＿。

(3)对待别人要宽容,＿＿＿＿＿＿＿＿＿＿＿＿＿＿＿＿＿＿＿＿。

(4)这条黑色的连衣裙＿＿＿＿＿＿＿＿＿＿＿＿＿＿＿＿,利用率极高。

(5)刚到中国留学的时候,我＿＿＿＿＿＿＿＿＿＿＿＿＿＿＿＿＿。

2. 他把这些日子的不安宁归罪于小狮子的日渐成熟。

【解释】日渐:副词。表示"一天一天慢慢地"的意思,后跟双音节动词或形容词。具有书面语色彩。

【举例】日渐进步 / 日渐减少 / 日渐增多 / 日渐紧张 / 日渐忙碌 / 日渐消瘦 / 日渐丰满 /
日渐衰老 / 日渐炎热 / 日渐密切 / 日渐好转 / 日渐提高 / 日渐长大

【练习】用"日渐"完成句子

（1）来中国以后，_____。

（2）他得了癌症以后，_____。

（3）我长大了，可是父母却_____。

（4）战争期间，人口_____。

（5）随着时间的流逝，我和同学们的关系也_____。

3. 小狮子并不知道主人不喜欢它了，不想要它了，以为又要带它去赶集，兴高采烈地，乖乖地<u>任凭</u>主人摆布。

【解释】任凭：动词。意思是"听凭；听任"。后面多跟表人的名词、代词。

【举例】（1）妈妈不耐烦地说："你想上什么专业，任凭你自己，反正我说什么你都不听。"

（2）要去要留，任凭你们，反正我的主意不变。

（3）如果有半点虚假，任凭你们惩罚。

（4）在传统的中式婚礼上，客人们为了活跃气氛，常常捉弄新郎新娘，在这种情况下，新郎新娘一般都得任凭客人捉弄，不能生气。

【链接】"任凭"还可做连词，意思相当于"无论""不论"，例如：

（5）任凭那个推销员怎么巧舌如簧地推销，我也不动心。

（6）任凭他多有钱，我也不嫁给他。

（7）任凭他是谁，都必须公事公办。

【练习】用"任凭"完成句子

（1）父亲对我说："去不去中国留学，_____，我不干涉。"

（2）他对警察说："这件事如何处理，_____。"

（3）_____，他还是天天迟到。

（4）_____，我也决不放弃。

4. 那本来黄白相间的皮毛已经看不出颜色，在白雪的衬托下，<u>越发</u>灰黑……

【解释】越发：副词。意思是更加。后面多跟双音节形容词或其他短语。

【举例】（1）小燕站在一群身材高大的小伙子中间，显得越发娇小。

（2）战争爆发以后，市民们的生活越发困难了。

（3）了解人生的意义以后，他越发热爱生活了。

（4）听了这番话后，他越发不高兴了。

（5）动完手术以后，他的记忆力越发不如从前了。

【链接】更加：用"越发"的地方都可换用"更加"，但"更加"用来表示两种事物比较时，如"他比妹妹更加用功"，"更加"不可换用"越发"。

【练习】用"越发"完成下面的句子

（1）结婚以后，＿＿＿＿＿＿＿＿＿＿＿＿＿＿＿＿＿＿＿＿＿＿＿＿＿＿。

（2）有了一次成功的经验以后，＿＿＿＿＿＿＿＿＿＿＿＿＿＿＿＿＿。

（3）那朵红玫瑰在绿叶的衬托下，＿＿＿＿＿＿＿＿＿＿＿＿＿＿＿。

（4）几年不见，她＿＿＿＿＿＿＿＿＿＿＿＿＿＿＿＿＿＿＿＿＿＿。

5 太爷爷要带9岁的父亲转到北京上学，并在北京住上半年。

【解释】动词＋上＋数量词语：表示达到一定的数量。一般省去"上"，不影响全句的意思。少数形容词也可以有这种用法。

【举例】（1）最近忙着准备毕业论文，每天只能睡上四五个小时。

（2）每次收到罚款单，他总是一边看，一边还要骂上几句。

（3）我们俩没说上几句话车就开了。

（4）扩建后的体育馆比现在的规模应该再大上两倍。

【链接】动词＋不上＋数量词语：意思相当于"动词＋不了＋数量词语"，例如：

（5）唉，我老了，身体不中用了，走不上半里路就走不动了。

（6）这家饭馆的饺子大得像包子，吃不上几个就饱了。

【练习】用"动词＋（不）上＋数量词语"完成句子

（1）下次回国，＿＿＿＿＿＿＿＿＿＿＿＿＿＿＿＿＿＿＿＿＿＿＿＿。

（2）这次日程安排紧张，没时间聊，下次一定＿＿＿＿＿＿＿＿＿＿＿。

（3）听说蒙古人爱喝酒，客人们一进蒙古包，就得＿＿＿＿＿＿＿＿＿。

（4）这座山真陡，＿＿＿＿＿＿＿＿＿＿＿＿＿＿＿＿＿＿＿＿＿＿＿。

（5）这部电影很无趣，我敢肯定你＿＿＿＿＿＿＿＿＿＿＿＿＿＿＿＿。

那年那月那狗 2

6 太爷爷边叩门,边护住父亲,<u>生怕父亲被狗咬伤</u>。

【解释】生怕:动词,意思是唯恐,十分担心,表示担心、疑虑。要注意的是:"生怕"前边不能加表示否定的词语;后边一般带动词性宾语。

【举例】(1)小张努力紧跟着队伍前边的人,生怕掉了队。

(2)开学的第一天,她生怕迟到,所以一大早就起床了。

(3)李明把论文又修改了一遍,生怕导师不满意。

(4)生怕坏人跑了,他们在后边紧紧追赶。

【练习】用"生怕"完成句子

(1)负责人把名单又检查了一遍,_____。

(2)她从不吃马路边小吃摊上的东西,_____。

(3)她反复向客人说明情况,_____。

(4)_____,他总是假装很有钱。

(5)_____,所以先走了。

7 <u>抑或</u>它果真又回了家,可怎么也找不到主人,没有主人的房子,还是家吗?

【解释】抑或:连词。连接词语或小句,表示选择关系,相当于"或者",用于书面语。连接两项时,用在中间;连接多项时,用在最后一项前。还可用在以"无论""不管"等开头的表示周遍性的短语或小句中。

【举例】(1)赞成抑或反对,你都应该明确表态。

(2)窗外一棵树,路边一朵花,天上一块云,抑或远处一座山,都能让他有所领悟。

(3)这种舞蹈,无论是现代派青年,抑或是传统观念较强的老人,都喜闻乐见。

(4)不管在绍兴酒的故乡,还是长白参的故乡,抑或景德镇瓷器的故乡,摄影家所倾注的都是普通百姓浓郁的感情。

【练习】用"抑或"完成句子

(1)作为领导,表扬下属,_____,都要有事实根据。

(2)一个人练书法,一个人品茶,_____,他都能感受到独处的乐趣。

(3)无论这幅画是成熟的,抑或_____,_____。

(4)不管在_____,还是在_____,抑或在_____,_____。

综合练习

I 词语练习

一　用画线的字组词

1. <u>鲜</u>红：(　　　)(　　　)(　　　)(　　　)
2. <u>越</u>发：(　　　)(　　　)(　　　)(　　　)
3. <u>果</u>真：(　　　)(　　　)(　　　)(　　　)
4. <u>灵</u>性：(　　　)(　　　)(　　　)(　　　)
5. <u>末</u>了：(　　　)(　　　)(　　　)(　　　)

二　填入合适的名词

宠爱　（　　　）　　　轰动　（　　　）　　　拥有　（　　　）

畏惧　（　　　）　　　防备　（　　　）　　　承受　（　　　）

娇小的（　　　）　　　粗壮的（　　　）　　　破损的（　　　）

鲜红的（　　　）　　　纵横的（　　　）　　　冷漠的（　　　）

三　填入合适的动词

（　　　）沟壑　　　（　　　）对联　　　（　　　）伤痕

（　　　）天堑　　　（　　　）手电　　　（　　　）举动

四　选择合适的动词填空（每个词只能用一次）

> 携　吠　蹿　扒　卡　叩

1. 那个公司的经理（　　　）款潜逃了。
2. 她用一个漂亮的发卡把头发（　　　）在了脑后。然后（　　　）了几下门，院子里的狗就狂（　　　）了起来。
3. 那只猴子一下子（　　　）到了树上，（　　　）着树枝，看着下边的人。

> 徘徊　呜咽　纵横　归罪　叮嘱　摆布　淡忘　飘荡
> 蜷缩　相间　衬托　焕发　较劲　情愿　交加

4. 歌声在空中（　　），走了一天的人们一下子（　　）了精神。

5. 她在门口（　　）了半天，然后很不（　　）地走了进去。

6. 这块布黑白（　　），两种颜色互相（　　），白的显得更白，黑的显得更黑。

7. 随着年纪越来越大，很多记忆中的往事都日渐（　　）了。

8. 苏杭一带道路（　　），交通发达。

9. 来中国留学前，父母一再（　　）我要注意身体健康。

10. 正是收割的季节，可是老天爷似乎在跟村民们（　　），天天下雨。虽然大家不愿听凭天气的（　　），可是也想不出什么办法来。

11. 在这个风雨（　　）的夜晚，他孤独一人，（　　）在地下通道的一个角落里，听着自己小声（　　）的声音。几年前，他因工作失误而失业了，从此妻子把生活里的种种苦难都（　　）于他……

五　写出下列词语的近义词或反义词

（一）写出近义词

稀罕——　　　　思忖——　　　　逾越——

畏惧——　　　　防备——　　　　越发——

（二）写出反义词

雌性——　　　　破损——　　　　憎恨——

惩罚——　　　　冷漠——　　　　倔强——

六　选词填空

> 最为　最　稀罕　稀奇　冷漠　冷淡　举动　行动　确切　确实

1. 学校（　　）东边的那座大楼就是电教楼。

2. 近几年来，IT业的发展（　　）迅速。

3. 他尽做些（　　）古怪的事，让人哭笑不得。

4. 熊猫是世界上十分（　　）的动物。

5. 她的外号是"冰美人"，但了解她的人都知道，在她看似（　　）的外表下，有一颗火热的心。

6. 因为店里生意（　　），爸爸很不开心。

7. 他们正在讨论下一步的（　　）计划。

8. 对方有什么新的（　　）？

9. 老板一再嘱咐店员，千万不能（　　）了顾客。

10. 这段描写，用词十分（　　），可见作者的文笔非同一般。

11. 狗（　　）是有灵性的，自古就有很多狗救主人的故事。

七 解释句中画线词语的意思

1. 太爷爷为了哄孙子高兴，经常趁出诊的机会不知从哪里弄来些当地<u>绝无仅有</u>的物件送给父亲玩儿。

    A. 极其少有　　　　　　B. 绝对没有　　　　　　C. 不可能没有

2. 村子里远远近近的雄性土狗开始<u>接二连三</u>地往太爷爷家跑。

    A. 一个接着一个　　　　B. 两三个一起　　　　　C. 一个一个地

3. 还有的整夜地<u>呜咽</u>低吼……

    A. 发出凄惨的声音　　　B. 大声哭喊　　　　　　C. 哭笑不得

4. 太爷爷开始厌恶小狮子，<u>打</u>心眼里厌恶。

    A. 为　　　　　　　　　B. 在　　　　　　　　　C. 从

5. ……乖乖地<u>任凭</u>主人摆布。

    A. 不管　　　　　　　　B. 听凭　　　　　　　　C. 凭借

6. 它好像在和这个倔老头<u>较劲</u>，不断用它的忠诚和精灵与命运抗争。

    A. 比力气　　　　　　　B. 生气　　　　　　　　C. 对着干

7. 太爷爷坚信这回它再也不能回家了，就是鬼使神差回了家也会<u>吃闭门羹</u>。

    A. 没找到家　　　　　　B. 家里的门锁着　　　　C. 家里的门打不开

8. <u>末了</u>，老人一声叹息："小命活得真艰难啊！"

    A. 最后的时候　　　　　B. 死的时候　　　　　　C. 到达的时候

9. 抑或它<u>果真</u>又回了家……

    A. 果然　　　　　　　　B. 结果　　　　　　　　C. 真正

八 选择正确的答案

1. 说它也算稀罕物，（　　）当地家家喂养的看门护院的土狗都长得一个模样。

    A. 由于　　　　　　　　B. 根据　　　　　　　　C. 是因为

2. 它没有名字，父亲依了它的长相（　　）它叫"小狮子"。

　　A. 管　　　　　　　　　B. 让　　　　　　　　　C. 使

3. 它们有的在门外（　　）地徘徊……

　　A. 继续　　　　　　　　B. 不停　　　　　　　　C. 一连

4. ……有的用粗壮的爪子把木头院门抓出了（　　）深沟。

　　A. 根根　　　　　　　　B. 个个　　　　　　　　C. 道道

5. 他把这些日子的不安宁归罪（　　）小狮子的日渐成熟。

　　A. 向　　　　　　　　　B. 在　　　　　　　　　C. 于

6. 尤其是当他修补（　　）的墙头和沟壑纵横的院门时就更加憎恨小狮子。

　　A. 破损　　　　　　　　B. 破坏　　　　　　　　C. 损失

7. 没隔几天，就有村子里的人（　　）着马车到50多里地以外的小火车站拉煤。

　　A. 骑　　　　　　　　　B. 赶　　　　　　　　　C. 开

8. 太爷爷腋下（　　）着一卷写好的鲜红的对联。

　　A. 包　　　　　　　　　B. 卡　　　　　　　　　C. 夹

9. 那本来黄白（　　）的皮毛已经看不出颜色……

　　A. 相间　　　　　　　　B. 相隔　　　　　　　　C. 相对

10. 它到底（　　）了怎样的过程，一次次实现着"回家"的信念。

　　A. 经验　　　　　　　　B. 经历　　　　　　　　C. 经受

11. 太爷爷坚信这回它再也不能回家了，（　　）鬼使神差回了家（　　）会吃闭门羹。

　　A. 就是……也……　　　B. 尽管……都……　　　C. 只要……就……

12. 它没有扑咬，而是像久别重逢的老朋友一样在爷孙俩的脚边绕来绕去，摇头摆尾，激动（　　）。

　　A. 十分　　　　　　　　B. 千万　　　　　　　　C. 万分

13. 而它所承受的这些苦难，全部缘于我们人类的一个不良的想法，一个（　　）的举动，这是多么的不公平啊！

　　A. 轻易　　　　　　　　B. 容易　　　　　　　　C. 简易

九 在每个空格中填入一个合适的汉字

1. 别看她身材娇（　　），人却一点儿也不柔弱。

2. 在重新踏上故乡土地的那一（　　）那，他禁不住老泪纵横。

3. 古代人常常把长江比喻成（　　　　）堑。

4. 他（　　　　）着地追求自己年轻时的梦，任何时候都没放弃过。

5. 动物都是有（　　　　）性的，我们不能随便虐待动物。

6. 他还不知道期中考试（　　　　）切的日期。

7. 他脸上那道长长的伤（　　　　），是上次跟人打架留下的"纪念"。

选词填空，并模仿其中的5个句子造句

> 绝无仅有　奔走相告　接二连三　闷闷不乐　活蹦乱跳　摇头摆尾
> 轻车熟路　风驰电掣　鬼使神差　东奔西走　相依为命　老泪纵横

1. 自从高考落榜以后，他成天（　　　　），愁眉苦脸。

2. 听到停战的消息，饱受战争之苦的人们都欣喜若狂，（　　　　）。

3. 这个拐弯处（　　　　）地发生事故，有必要在此竖一块警告牌。

4. 这匹马跑起来如飞一般，（　　　　），她不禁紧张起来。

5. 分别50年的老友见面了，大家都忍不住（　　　　），激动万分。

6. 这种活儿妈妈不知干过多少回了，她（　　　　），很轻松地就干完了。

7. 儿女们都住进了城里，老房子里，只剩下老两口（　　　　）。

8. 他总是有意躲避马莉，可是今天却像（　　　　）似的，不管马莉去哪儿，他总会出现在马莉面前。

9. 每天下班回到家，毛毛总是第一个跑过来迎接我，它（　　　　）的样子让我不由得把它抱起来。

10. 这只猫昨天还（　　　　）的，怎么今天就死了？

11. 为了找到一个理想的工作，小龙（　　　　），腿都快跑断了。

12. 这样幸福的一天，在她苦难的一生中，是（　　　　）的。

II 课文理解练习

一、根据课文内容判断正误

读第一部分课文，做下面的题：

1. "小狮子"是太爷爷趁出诊的机会弄回来的小狗。（　　　　）

2. "小狮子"跟村子里其他的狗长得差不多。（　　）

3. "小狮子"这个名字是太爷爷给取的。（　　）

4. "小狮子"招引来很多公狗，弄得家里不安宁。（　　）

5. "小狮子"总是弄坏墙头和院门，所以太爷爷开始厌恶它。（　　）

读第二部分课文，做下面的题：

6. 太爷爷先后三次扔掉"小狮子"。（　　）

7. 虽然一次比一次扔得远，可"小狮子"总能找到家。（　　）

8. 太爷爷在坐火车去北京的途中，再次丢弃了"小狮子"。（　　）

读第三部分课文，做下面的题：

9. 半年后，太爷爷发现"小狮子"在自己家门口等着。（　　）

10. 第二天，太爷爷把小狮子带回了家，跟它相依为命。（　　）

11. "小狮子"最终得病死了。（　　）

二 根据课文内容，用指定的词语回答问题或进行讨论

1. 太爷爷为什么开始厌恶"小狮子"并决定扔掉它？

（雌性　雄性　接二连三　徘徊　狂吠　爪子　蹿上　扒落　呜咽低吼　厌恶　归罪于）

2. 第一次被扔后，小狮子回到家时的情况怎么样？

（雪后　飘荡　夹着　推开　惊呆　蜷缩　深深……相间　越发　焕发　活蹦乱跳　轻车熟路　残废）

3. 太爷爷为什么最终认定"小狮子"扔不得？

（忠诚　抗争　冷漠和残酷　"回家"的信念　灵性）

4. 太爷爷对"小狮子"的感情是怎样变化的？你如何看待这个人物？

三 思考与表述

1. 你觉得动物是否有灵性？你有什么根据吗？

2. 说说你最喜欢的动物和喜欢它的原因。

3. 现在世界上有很多动物保护组织，你是否愿意加入其中？

4. 你认为动物是否应该跟人一样享有生命的尊严和权利？

阅读与理解

维他命 M

① 几年前,我在《新体育》杂志社工作。杂志社搞了一次优秀运动员的评选活动,请来一位台湾商人赞助。活动结束后的宴会上,恰巧我和这位台湾商人坐在一起。闲谈时,问起她为什么在内地能迅速打开局面,生意越做越红火,她对我坦率地说了这样一句话:"全靠维他命 M。"起初,我没有听明白,后来我恍然大悟(huǎngrán dàwù)。她说的这个维他命 M,指的是英文 MONEY(钱)。

② 我知道这是她自己的切肤经验,含有委婉的批评。我们刚刚进入社会转型期,穷惯了、穷怕了的人们,极容易染上金钱至上的毛病,火到猪头烂,钱到公事办,会在许多地方成为一道公式,她的维他命 M 方才可能成为她闯荡内地的一张畅通无阻的通行证。但她的这句话让我听得不舒服,总觉得她所说的这个维他命 M,很像是市场上盖在生猪屁股上的龙胆紫的徽印(huīyìn),印在刚刚发展的城市和我们的脸上,有些不大光彩。这多少有些像本该往脸上抹润肤霜(rùnfūshuāng),却偏偏抹上了开塞露(kāisāilù)一样。

③ 可是,你能说她讲得没有一点道理吗?金钱的确在许多方面改变着我们的生命,渗(shèn)透进我们一些人的道德血液中,要不怎么解释腐败蔓延,后门成风,假货盛行,甚至为了赚钱可以伤天害理地制造掺有甲醇(chún)的毒酒置人于死地?维他命 M 确实成了好东西,成了生命攸(yōu)关、不可须臾(yú)相离的宝贝,颇有些"喝令三山五岳开道,我来啦"的气势与气魄(pò)。

④ 前几天,一位朋友也这样对我说:我们的生活其实缺少不了一种维他命 M。我以为他说的维他命 M,依然指的是 MONEY。他笑着摇摇头说:"你不是喜欢音乐吗?"我明白了他说的维他命 M 是 MUSIC(音乐)。他的维他命 M 立刻让我又想起几年前那位台湾商人的维他命 M。同样是维他命 M,所指的竟是如此不一样。

⑤ 对于一个刚刚解决了温饱的民族来讲,似乎钱要比音乐更重要一些。我们的发展,我们的房子、汽车、公路、学校、牛奶……乃至我们的几百万

人口的脱贫，哪一样不需要钱？我们的音乐只要有一些流行的歌星在蹦跶（bèngda）就可以了，而交响乐似乎离我们还有些遥远，我们的国家歌剧院的建设也暂时没有建五星级宾馆重要。黑格尔（Hegel）说过："音乐是进入更高的知识世界的唯一的、非物质的方法。"我知道我的这位朋友的这些牢骚（láosāo），但我更知道他在这里所说的维他命M并不仅仅指音乐，还包括着精神在内的一切那些非物质的东西。一个国家、一个民族，乃至一个城市、一个家庭建设，所需要的是多种维他命的滋养。离开了前一种维他命M（MONEY）自然是不行的；离开了后一种维他命M（MUSIC）同样也是不行的。偏食，难免畸（jī）形，不是过于消瘦，就是容易过于肥胖。我们刚刚翻身跃下精神万能的骏马，很容易一下子蹿上金钱万能的列车。这两者都非常可能让我们产生风驰电掣的幻觉，以为都是在飞奔向前。如今，精神已经很容易被弃之如屣（xǐ），看不见又摸不着，而看得见摸得着的金钱，自然就容易越来越被我们奉为神明。

⑥ 客观地讲，两种维他命M，我们其实都是非常需要的，因为眼下这两样东西我们都很缺少。只是，我们别让前一种维他命M威风凛凛（lǐn）不可一世，把它揣（chuāi）在衣袋里或放在该放的地方就是了。纵是精神已经不再万能，但缺乏精神的滋养，失去精神的支柱，再多的钱也无法使得我们真正富有和强盛起来。

（作者：肖复兴　选自《读者》）

阅读练习

根据文章内容选择正确答案

读第①—③段，做下面的题：

1. 关于那位台湾商人，下面哪点正确？

    A. 她的生意发展很快

    B. 她是个金钱至上的人

    C. 她是《新体育》的热心读者

2. 我认为那位台湾商人的话:

   A. 有道理

   B. 不符合事实

   C. 太不委婉

3. 我认为她所说的这个维他命 M 让人感觉:

   A. 很奇特

   B. 很可笑

   C. 很难堪

读第④—⑥段,做下面的题:

4. 我的那位朋友认为:

   A. 音乐比什么都重要

   B. 离开了金钱,就没有音乐

   C. 人们忽视了非物质的东西

5. 我的那位朋友的牢骚是:

   A. 高雅的音乐不受重视

   B. 听不到高水平的交响乐

   C. 流行歌星们都看重金钱

6. 本文的主要想说明的是:

   A. 我们不可忽视精神的滋养

   B. 什么是一个人真正的财富

   C. 为什么会出现金钱至上的社会现象

二 思考与表述:

1. 你认为什么样的人容易染上"金钱至上"的毛病?

2. "金钱万能"的世界将出现哪些恶果?

3. 对你来说,这两种维他命 M 哪种更重要?

人在风中

课前思考

1. 最近你观察到身边有什么正在流行的事物吗?
2. 你是一个追赶时尚的人吗?你认为这样做有什么好处?
3. 这篇课文的作者刘心武是中国当代著名作家。在这篇文章中,作者通过几件小事表达了自己对时尚的看法,请你读完以后总结一下作者的观点。

课文

第一部分

　　一位沾亲带故的妙龄少女，飘然而至，来拜访我。我想起她的祖父，当年待我极好，却已去世八九年了，心中不禁泛起阵阵追思与惆怅。和她交谈中，我注意到她装束十分时髦，发型是"男孩不哭"式，短而乱；上衫是"阿妹心情"式，紧而露脐；特别令我感到触目惊心的，是她脚上所穿的"姐妹贝贝"式松糕鞋①。她来，是为了征集纪念祖父的文章，以便收进就要出版的她祖父的一种文集里，作为附录。她的谈吐，倒颇得体。但跟她谈话时，总不能不望着她，**就算**不去推敲她的服装，她那涂着淡蓝眼影、灰晶唇膏的面容，也使我越来越感到别扭。事情谈得差不多了，她随便问到我的健康，我忍不住借题发挥说："生理上没大问题，心理上问题**多多**。也许是我老了吧，比如说，像你这样的打扮，是为了俏，还是为了'酷'？总欣赏**不来**。我也知道，这是一种时尚。可你为什么就非得让时尚裹挟着走呢？"

　　少女听了我的批评，依然微笑着，客气地说："时尚是风。无论顺风还是逆风，人总**免不了**在风中生活。"少女告辞而去，剩下我独自倚在沙发上出神。本想"三娘教子"②，没想到却成了"子教三娘"。

1	沾亲带故	zhān qīn dài gù		多少有点儿亲戚、朋友、老熟人之类的关系（跟"非亲非故"相对）。
2	妙龄	miàolíng	（名）	女子的青春时期。
3	飘然而至	piāorán ér zhì		轻快而迅速地来到。
4	去世	qùshì	（动）	（成年人）死去，逝世。
5	心中	xīnzhōng	（名）	心里。
6	泛起	fànqǐ	（动）	产生。
7	追思	zhuīsī	（动）	追想怀念，回想思念。

8	惆怅	chóuchàng	（形）	伤感，失意。
9	装束	zhuāngshù	（动）	打扮。
10	时髦	shímáo	（形）	形容人的装饰、衣着或其他事物入时，符合潮流。
11	发型	fàxíng	（名）	头发的样式。
12	脐	qí	（名）	肚脐。navel；belly button
13	触目惊心	chù mù jīng xīn		看到某种严重的情况而引起内心的震动。
14	征集	zhēngjí	（动）	用公告或口头通知的方式收集。
15	文集	wénjí	（名）	把某人的作品汇集起来编成的书。
16	附录	fùlù	（名）	附在正文后面与正文有关的文章或参考资料。
17	谈吐	tántǔ	（名）	指谈话时的措辞和态度。
18	得体	détǐ	（形）	（言语、行动等）合适，恰当。
19	就算	jiùsuàn	（连）	即使。
20	推敲	tuīqiāo	（动）	反复思考、琢磨。
21	眼影	yǎnyǐng	（名）	一种用于眼部的化妆品。eye-shadow
22	灰晶	huījīng	（形）	一种有晶莹光泽的灰色。
23	唇膏	chúngāo	（名）	口红。lipstick
24	面容	miànróng	（名）	脸的长相，容貌。
25	别扭	bièniu	（形）	不顺心；难对付。
26	借题发挥	jiè tí fāhuī		借谈论另一个题目来表达自己真正的意思。
27	俏	qiào	（形）	（女子）好看，漂亮。
28	酷	kù	（形）	英语中"cool"的音译。
29	时尚	shíshàng	（名）	正在流行的，被人们喜爱的事物。
30	顺风	shùn fēng		行进的方向跟风向相同。
31	逆风	nì fēng		行进的方向跟风向不同。
32	免不了	miǎnbuliǎo	（动）	不可避免；难免。
33	出神	chū shén		因精神过度集中而发呆。

前些天，也是一位沾亲带故的妙龄少女，飘然而至，来拜访我。她的装束打扮，倒颇清纯。但她说起最近的一些想法，比如尝试性解放③，乃至毒品，以便"丰富人生体验"，跻身"新新人类"④等等，我便竭诚地给她提出了几条忠告，包括要珍惜自己的童贞，无论如何不能去"品尝"哪怕是所谓最"轻微"的如大麻那样的毒品……都是我认定的在世为人的基本道德与行为底线。她后来给我来电话，说感谢我对她的爱护。

第二部分

妙龄少女很多，即使同是城市白领型的，看来差异也很大。那看去清纯的，却正处在可能失纯的边缘。那望去扮"酷"的，倒心里透亮，不但并不需要我的忠告，反过来还给我以哲理启示。

几天后整理衣橱，忽然在最底下，发现了几条旧裤子。一条毛蓝布⑤的裤子，是40年前我最心爱的，那种蓝颜色与那种质地的裤子现在已经绝迹；它的裤腿中前部已经磨得灰白，腰围也绝对不能容下当下的我，可是我为什么一直没有遗弃它？它使我回想起羞涩的初恋，同时，它也见证着我生命在那一阶段里所沐浴过的世俗之风。一条还是八成新的绿军裤，腰围很肥，并不符合30年前我那还

34	清纯	qīngchún	（形）	清秀纯洁。（清纯——纯洁）
35	尝试	chángshì	（动）	试，试验。
36	乃至	nǎizhì	（连）	甚至。也说"乃至于"。（乃至——甚至）
37	毒品	dúpǐn	（名）	narcotics
38	人生	rénshēng	（名）	人的一生；人的生存和生活。
39	体验	tǐyàn	（动）	通过实践来认识周围的事物；亲身经历。（体验——体味、体验——体会）
40	跻身	jīshēn	（动）	登上，使自己上升到（行列、位置等）。
41	竭诚	jiéchéng	（副）	竭尽忠诚；全心全意。
42	忠告	zhōnggào	（名）	诚恳地劝告对方的话。
43	童贞	tóngzhēn	（名）	指没有经过性生活的人所保持的贞操。virginity

44	品尝	pǐncháng	（动）	尝试（滋味）。
45	轻微	qīngwēi	（形）	不重的，程度浅的。
46	大麻	dàmá	（名）	一种毒品。hemp；marijuana
47	在世为人	zài shì wéi rén		在这个世界上做人处世。
48	底线	dǐxiàn	（名）	原意是指球类运动场地两端的界限。比喻最低的、最基本的限度。
49	白领	báilǐng	（名）	指现代社会在企业中从事脑力劳动的人员。
50	型	xíng	（名）	类型。
51	差异	chāyì	（名）	差别，不相同。
52	望去	wàngqù	（动）	看上去。
53	透亮	tòuliàng	（形）	明白。
54	哲理	zhélǐ	（名）	关于宇宙和人生的道理。philosophic theory
55	启示	qǐshì	（动）	启发提示，使有所领悟。
56	衣橱（柜）	yīchú（guì）	（名）	放衣服的柜子。wardrobe
57	质地	zhìdì	（名）	某种材料的结构的性质。quality of a material
58	绝迹	juéjì	（动）	消失了，完全不出现。
59	裤腿	kùtuǐ	（名）	裤子穿在两腿上的筒状部分。
60	灰白	huībái	（形）	浅灰色。
61	腰围	yāowéi	（名）	腰部周围的长度。
62	容下	róngxià	（动）	包含，容纳。
63	当下	dāngxià	（名）	现在，当前。
64	遗弃	yíqì	（动）	抛弃，丢弃。
65	羞涩	xiūsè	（形）	因难为情而态度不自然。（羞涩——羞怯）
66	初恋	chūliàn	（名）	第一次恋爱。
67	见证	jiànzhèng	（动）	当场看见，可以作证。
68	沐浴	mùyù	（动）	洗澡，比喻沉浸在某种环境中。
69	世俗	shìsú	（名）	社会上的一般习俗。
70	军绿	jūnlǜ	（形）	军队专用的绿色。

很苗条的身材，我回想起，那是我费了九牛二虎之力，才讨到手的。那时"国防绿"的军帽、军服、军裤乃至军用水壶，都强劲风行，我怎能置身于那审美潮流之外？还有两条喇叭裤⑥，是20年前，在一种昂奋的心情里置备的；那时我已经38岁，却沉浸在"青年作家"的溢美之词里，记得还曾穿着喇叭开度极为夸张的那一条，大摇大摆地拜访过那位提携我的前辈，也就是，如今穿松糕鞋来我家，征集我对他的感念的那位妙龄少女的祖父；仔细回忆时，那前辈望着我的喇叭裤腿的眼神，凸现着诧异与不快，重新浮现在了我的眼前，只是，当时他大概忍住了涌到嘴边的批评，没有就此吱声。

第三部分

人在风中。风来不可抗拒，有时也毋庸抗拒。风有成因。风既起，风便有风的道理。有时也无所谓道理。风就是风，它来了，也就预示着它将去。凝固的东西就不是风。风总是多变的。风既看得见，也看不见。预报要来的风，可能总也没来。没预料到的风，却会突然降临。遥远的地球那边一只蝴蝶翅膀的

71	苗条	miáotiao	（形）	指女性的身材细长柔美。
72	九牛二虎之力	jiǔ niú èr hǔ zhī lì		比喻很大的力量。
73	讨	tǎo	（动）	索取，请求。
74	到手	dào shǒu		拿到手，获得。
75	国防绿	guófánglǜ	（形）	即"军绿"，军队在服装、器物上使用的一种绿色。
76	军用	jūnyòng	（形）	军事上使用的。
77	水壶	shuǐhú	（名）	一种装水的器具。canteen
78	强劲	qiángjìng	（形）	强有力的。
79	风行	fēngxíng	（动）	普遍流行。（风行——流行）
80	置身于	zhìshēn yú		把自己放在，存身于。
81	审美	shěnměi	（动）	领会事物或艺术品的美。
82	潮流	cháoliú	（名）	比喻社会或事物发展的趋势。
83	昂奋	ángfèn	（形）	（精神）振奋，（情绪）高涨。

84	置备	zhìbèi	（动）	购买（设备、用具等）。
85	沉浸	chénjìn	（动）	比喻处于某种境界或思想活动中。
86	溢美之词	yì měi zhī cí		过分夸奖的话语。
87	开度	kāidù	（名）	开口的宽度。
88	极为	jíwéi	（副）	表示程度达到极点。
89	夸张	kuāzhāng	（形）	夸大事物某个方面的特点。（夸张——夸大）
90	大摇大摆	dà yáo dà bǎi		形容走路挺神气、满不在乎的样子。
91	提携	tíxié	（动）	对后辈、晚辈在事业上照顾扶持。
92	前辈	qiánbèi	（名）	年长的、资历深的人。
93	感念	gǎnniàn	（动）	因为感激或感动而思念。
94	女郎	nǚláng	（名）	指年轻的女性。
95	眼神	yǎnshén	（名）	眼睛的神态。
96	凸现	tūxiàn	（动）	明显地表现出来。
97	诧异	chàyì	（形）	觉得十分奇怪。
98	不快	búkuài	（形）	不愉快。
99	浮现	fúxiàn	（动）	（过去经历的事情）再次在脑子里显现。
100	就此	jiùcǐ	（副）	就在此时或此地。
101	吱声	zī shēng		北方方言。指作声，说话。
102	抗拒	kàngjù	（动）	抵抗和拒绝。
103	毋庸	wúyōng	（副）	不用，不必。
104	成因	chéngyīn	（名）	形成的原因。
105	预示	yùshì	（动）	预先显示。
106	凝固	nínggù	（动）	比喻固定不变，停滞。
107	多变	duōbiàn	（动）	常常变化。
108	预料	yùliào	（动）	事先推测。
109	降临	jiànglín	（动）	来到。

微颤，可能在我们这里刮起一阵劲风。费很大力气扇起的风，却可能只相当于蝴蝶翅膀一颤的效应。风是单纯的、轻飘的，却又是诡谲的、沉重的。人有时应该顺风而行，有时应该逆风而抗。像穿着打扮，饮食习惯，兴趣爱好，在这些俗世生活的一般范畴里，顺风追风，不但**无可**责备，甚或还有助于提升生活情趣，对年轻的生命来说，更可能是多余精力的良性宣泄。有的风，属于刚升起的太阳；有的风，专与夕阳做伴。好风，给人生带来活力；恶风，给人生带来灾难。像我这样经风**多多**的人，对妙龄人提出些警惕恶风的忠告，是一种关爱，也算是一种责任吧。但不能有那样的盲目自信，即认定自己的眼光判断总是对的。有的风，其实无所谓好与恶，只不过是一阵风，让它吹过去就是了。于是又想起了我衣柜底层的喇叭裤，我为什么再不穿它？接着又想起了那老前辈的眼光，以及他的终于并没有为喇叭裤吱声。无论前辈，还是妙龄青年，他们对风的态度，都有值得我一再深思体味的地方。

（作者：刘心武　选自《人在风中》，作家出版社）

110	微颤	wēichàn	（动）	轻微地抖动。
111	劲风	jìngfēng	（名）	强而有力的风。
112	相当于	xiāngdāngyú	（动）	（数量、价值、条件、情形等）两方面差不多。
113	效应	xiàoyìng	（名）	某个人物的言行或某种事物的发生、发展所引起的反应和效果。
114	轻飘	qīngpiāo	（动）	轻轻飘动。
115	诡谲	guǐjué	（形）	奇异多变。
116	穿着	chuānzhuó	（名）	衣着，装束。
117	饮食	yǐnshí	（动）	吃东西和喝东西。
118	俗世	súshì	（名）	普通人生活的世界（区别于佛教的世界）。
119	无可责备	wú kě zébèi		没有什么可以责备的。
120	甚或	shènhuò	（副）	甚至。
121	有助于	yǒuzhùyú	（动）	（对某人、某事）有帮助。
122	提升	tíshēng	（动）	提高。
123	情趣	qíngqù	（名）	情调趣味。
124	良性	liángxìng	（形）	能产生好的结果的。

125	宣泄	xuānxiè	（动）	舒散、吐露（心中的郁闷）。
126	夕阳	xīyáng	（名）	傍晚的太阳。
127	作伴	zuò bàn		当陪伴的人。
128	活力	huólì	（名）	旺盛的生命力。
129	关爱	guān'ài	（动）	关怀爱护。
130	底层	dǐcéng	（名）	泛指事物最下面的部分。
131	深思	shēnsī	（动）	深刻地思考。
132	体味	tǐwèi	（动）	仔细体会。

注释

① 松糕鞋 sōnggāoxié：一种女式鞋子的样式，鞋底很厚，像一块蛋糕。

② 三娘教子 Sānniáng jiào zǐ：一出京剧曲目的名称。剧中的母亲用严厉的方式让孩子念书，这个孩子最后做了官。生活中常用这句话来指父母长辈严格教育孩子。

③ 性解放 xìngjiěfàng：西方社会提出的一个口号，主张男女性生活不受约束，绝对自由。

④ 新新人类 xīnxīnrénlèi：指20世纪80年代以后出生的一批在思想观念和行为作风上非常前卫的年轻人。他们的形象特征是：染着黄头发，说话带着洋腔，平时喜欢玩手机、看DVD、蹦迪、上网聊天；更为极端的则是，他们中的有些人鼓吹吸毒和性开放，把反文明、反社会当作先锋和前卫。

⑤ 毛蓝布 máolánbù：20世纪70年代以前中国人常常穿用的一种棉布，多为蓝色，抚摸布面时手感有一层薄绒毛。

⑥ 喇叭裤 lǎbakù：一种裤脚上窄下宽呈喇叭状的长裤。

词语辨析

1 清纯——纯洁

【牛刀小试：把"清纯"或"纯洁"填入下面的句子中】

1. 一个（　　）的女孩飘然而至，一下子吸引了大家的目光。
2. （　　）的爱情是每个人都向往和追求的。
3. 这个位于青藏高原上的湖泊水质（　　），空气新鲜，宛若人间仙境。
4. 完善的法律可以起到（　　）社会、（　　）市场的作用。

【答疑解惑】

语义

这两个词都是褒义词，都常常被用来形容年轻女性。

【例】（1）这个女孩看起来非常清纯/纯洁可爱，让人喜欢。

所不同的是："清纯"侧重于表现外貌的清秀单纯，"纯洁"侧重于表现内心和感情的纯粹，没有任何不好的成分，而且"纯洁"使用的范围比"清纯"广，不限于指年轻女性。

【例】（2）小王是个心地纯洁的小伙子。

（3）我和朋友们之间有着纯洁的友谊。

用法

词性：都是形容词，所不同的是，"纯洁"还有动词的用法，意思是使纯洁。

【例】（4）多读读书，听听音乐，可以纯洁我们的心灵。

（5）政府应该打击盗版现象，这样才能纯洁出版市场。

2 乃至——甚至

【牛刀小试：把"乃至"或"甚至"填入下面的句子中】

1. 这块大石头足有300公斤，（　　）连四五个小伙子也搬不动。
2. 要经过长期的（　　）艰苦的训练才能成为一个高水平的同声翻译。
3. 我们这里不但大人，（　　）连六七岁的小孩都会游泳。
4. 得了一场大病之后，他瘦多了，（　　）有的人都说他变样了。
5. 与2008年奥运会有关的很多东西都包含有中国元素，（　　）连运动员的奖牌也不例外。

【答疑解惑】

语义

这两个词都表示递进的关系，都可以用在并列的词语或分句的最后一项之前，表示需要突出、强调的事例或进一层的意思。语义上的主要差别在于："乃至"更侧重于表示一种意思的延伸，而"甚至"则侧重在指出极端情况。试比较：

【例】（1）他的这个研究成果，在今天，乃至/甚至今后都会对社会的发展和人们的生活产生极大的影响。

（2）中国的改革开放政策对中国，乃至/甚至全世界都是一个很大的震动。

用法

"乃至"和"甚至"后面都可以加"于"，但"甚至"还可以说成"甚而至于"；"甚至"的后面还可以加"连"，表示更加强调，而"乃至"一般不这样用。

【例】（3）他从几年前就开始信仰佛教，到后来甚而至于一点荤腥也不沾了。

（4）《红楼梦》是中国古典文学名著，不仅中国人都知道，甚至连很多外国人也很喜欢。

语体

"乃至"的书面语色彩更浓一些，而"甚至"则通用于口语和书面语。凡是用"乃至"的地方一般都可以换成"甚至"，而有些用"甚至"的地方就不可以改成"乃至"。

3 体验——体味

【牛刀小试：把"体验"或"体味"填入下面的句子中】

1. 在中国留学的一年中，我亲身（　　）到了丰富的中国文化的魅力。
2. 每一种音乐当中的内涵和情趣需要我们慢慢（　　）才能感悟到。
3. 文章中所写的都是我的亲身（　　），没有丝毫的编造。
4. 他反复吟诵着李白的这首诗，细细（　　）着诗中的深意。
5. 他凭着自己对农村生活的丰富（　　），创作了一系列反映农民生活的作品。

【答疑解惑】

语义

这两个词都有通过亲身的感受去了解、认识事物的意思。

【例】（1）今年冬天我第一次体验到了滑雪的乐趣。

（2）小林细细体味着"不识庐山真面目，只缘身在此山中"这两句诗的含义。

但是，它们的侧重点有所不同。"体验"侧重于在实践中从感性方面去认识事物，对象常常是生活、现实、现象等；而"体味"侧重于反复玩味、仔细琢磨语言文字中的深切意味、情趣，对象常常是语言文字所包含的意味、人的情意、事物的趣味等。

【例】（3）你只有亲自去农村生活几天，才能体验到真正的农村生活。

（4）我参加了一个叫做"生存体验"的活动，就是体验在各种极端困苦的条件下如果生存下去。

（5）体味诗中的深意／体味音乐的内涵／体味一幅画的风格

用法

词性：都能做动词，但"体验"还能做名词，"体味"没有这种用法。

【例】（6）作家有着丰富的人生体验，所以才能写出如此深刻的作品。

（7）这是我的亲身体验，我一辈子也忘不了。

语体

"体味"的书面语色彩比"体验"浓。

4 体验——体会

【牛刀小试：把"体验"或"体会"填入下面的句子中】

1. 周末我们去后海的酒吧街，（　　　）了一把北京的夜生活。
2. 通过跟来自世界各国的同学们的交往，我深深（　　　）到人与人之间的互相理解必须建立的交流和沟通的基础之上。
3. 父母这样说必定有他们的道理，你应该多多（　　　）他们的心情。
4. 他说话喜欢拐弯抹角，听的人必须仔细（　　　）才能明白他的真正意思。
5. 古代思想家的很多至理名言值得我们反复（　　　）。

【答疑解惑】

语义

这两个词的差别主要表现在语义上。它们都有感受、了解、认识客观事物的意思。

【例】（1）以前只是在电视上和书上了解中国的情况，这次来北京留学，我才真正体验／体会到了中国的文化和中国人的生活。

（2）在这个问题上我有切身的体验／体会。

但是，它们的侧重点有所不同。"体会"侧重于表现理性的认识，"体验"侧重于表现感性的认识。

【例】（3）通过这件事情我深深地体会到，"严以律己，宽以待人"这句话在人际交往中的重要性。

（4）随着年龄的增长，我慢慢体会到了人生的真正意义。

另外，"体会"的范围比"体验"大，用"体验"的地方都可以换成"体会"，而用"体会"的有些地方就不能换成"体验"。

【例】（5）体会道理 / 体会思想 / 体会心情 / 体会心意 / 体会意思 / 体会心理 / 体会精神 / 体会内容 / 体会感情 / 体会内涵 / 体会含义

5 羞涩——羞怯

【牛刀小试：把"羞涩"或"羞怯"填入下面的句子中】

1. 这个胆小的孩子每次上课发言都显得非常（　　）。
2. 当别人问她有没有男朋友时，一抹（　　）的红晕出现在她脸上。
3. 小李的父母囊中（　　），实在无力供他继续深造了。
4. 婚礼上，当主持人问她愿意不愿意嫁给她的丈夫时，她（　　）地点了点头。
5. 当女朋友看上一款昂贵的项链时，小李不得不直言相告："实在不好意思，最近我囊中（　　），等我有了钱再给你买吧。"

【答疑解惑】

语义

这两个词都有难为情，不好意思的意思。

【例】（1）小姑娘走上台去的时候，神态十分羞涩 / 羞怯。

（2）她羞涩 / 羞怯地向老师提出了第一个问题。

但有两个不同之处：

a. "羞怯"包含有"胆怯"的意思，"羞涩"则没有这层意思。（见例1、2）

b. "羞涩"还有贫穷没钱的意思，"羞怯"没有这个意思。

【例】（3）我最近囊中羞涩，连一本字典也买不起了。

用法

都是形容词，都不能重叠。

语体

都有比较浓的书面语色彩，但在口语中也可以使用。

6 风行——流行

【牛刀小试：把"风行"或"流行"填入下面的句子中】

1. 近年来，保护环境的思想（　　）全世界，成为一种潮流。
2. 听说今年冬天（　　）紫色，我打算去买一件紫色的羽绒服。
3. 这首歌是通过网络（　　）起来的。
4. （　　）的事物常常会昙花一现，很快从人们的记忆中消失。
5. "你太有才了"，这是春节晚会后社会上的（　　）语。
6. 这是今年的（　　）款式，追赶时尚的人们都忍不住掏钱购买。

【答疑解惑】

语义

这两个词都有盛行一时的意思。但"风行"比"流行"语义略重一些。

试比较：

【例】（1）最近在年轻人中这种发型很风行/流行。

（2）这首歌曾经在年轻人中风行/流行一时。

用法

词性：都是动词。

搭配：都可以受程度副词的修饰。（见例1、2）

但是，这两个词所能带的宾语有所区别。"风行"一般只能带表示处所的宾语，而"流行"则可以带表示流行的对象的宾语。

【例】（3）今年夏天超短裙风行整个城市。/今年夏天流行超短裙。

（4）中国菜风行海外。/海外流行中国菜。

7 夸张——夸大

【牛刀小试：把"夸张"或"夸大"填入下面的句子中】

1. 作者在作品中不止一次地采用了（　　）的艺术手法，给人留下了深刻的印象。
2. 这篇报道中（　　）了某些事实，以至于造成了非常严重的后果。
3. 你说的话太（　　）了吧，事情根本不像你说的那么严重。

4. 在北京，扭秧歌的老人常常穿着大红大绿的衣服，抹着红脸蛋，看起来样子有些（　　）。

5. 不要（　　）自己的优点，也不要（　　）别人的缺点，还是实事求是比较好。

【答疑解惑】

语义

这两个词都有把事情说得超过原有的程度的意思。

【例】（1）你的话太夸张/夸大了。

（2）这家公司在宣传新产品时对产品的性能过于夸张/夸大，反而失去了消费者的信任。

但是，"夸张"还是一种修辞方式的名称，"夸大"不是。

【例】（3）"蜀道难，难于上青天"这句诗采用了夸张的艺术手法。

用法

都是动词，也都可以受程度副词的修饰。但有以下两个区别：

a. "夸张"不能带宾语，而"夸大"则常常带宾语。

【例】（4）我觉得老师夸大了这个人物在历史上的作用。

（5）广告常常会夸大商品的优点。

b. "夸张"还有形容词的用法，意思是指事物的外在形式比较极端，超出了一般的程度。

【例】（6）你今天的打扮也太夸张了，简直像舞台上的流行歌星。

（7）小张今天穿的鞋子真夸张，鞋跟足有15厘米高。

语言点

1 就算不去推敲她的服装，她那涂着淡蓝眼影、灰晶唇膏的面容，也使我越来越感到别扭。

【解释】就算：连词，"即使"的意思，表示假设的让步。在"就算……也/还……"这个句式中，"就算"是举出假设的极端情况，"也/还"表明在这种情况下，其结果跟一般情况下是一致的。

【举例】（1）就算是下雨天或刮风天，王林也会想办法做各种运动，锻炼身体。

（2）他的行为伤透了她的心，就算他亲口向她说出请求原谅的话，还是不能挽回她的芳心。

【链接】与"就算……也……"意思和用法一样的句式还有：即使……也；即便……也；就是……也；哪怕……也；纵然……也；纵使……也等等。

【练习】用"就算……也"或"即便……也""哪怕……也""纵然……也"完成下面的对话：

（1）A：这本小说的主人公小时候的生活非常艰苦。

B：_____。

（2）A：经常去老年公寓做义工，会耽误你自己的学习的，我劝你还是少去几次吧。

B：_____。

（3）A：我刚才说的话可能有不正确或不恰当的地方，请大家多多包涵。

B：_____。

（4）A：我这个人有学语言的爱好，现在又开始学西班牙语了，可惜每天上班，没有那么多的时间。

B：_____。

2 生理上没大问题，心理上问题多多。
像我这样经风多多的人，……

【解释】多多：用在名词、动词或形容词的后面，表示很多的意思。

【举例】（1）大学毕业以后，我得找工作、找房子、找对象，还得照顾身体不好的父母，哎呀，真是麻烦多多呀！

（2）他是个老实人，即使吃亏多多，也不会去和别人计较什么。

（3）衷心祝愿你在新的一年里幸福多多，快乐多多，成功多多！

【链接】多多+动词，在这个句式中，"多多"当副词用，起强调的作用。

【举例】（4）我是新来的，以后请大家多多关照！

（5）出院以后，要多多注意自己的身体健康，别再让老毛病重犯。

【练习】用"名词/动词+多多"和"多多+动词"改写句子或完成句子、对话：

（1）学好一门外语需要下功夫，花时间，花钱，还得有好老师和好方法，会遇到很多困难。

　　　　　　　　　　　　　　　　　　　　　　　　　　　　　　　　　　　。

（2）他既贩毒，又偷窃，既贪污，又诈骗，＿＿＿＿＿＿＿＿＿＿＿＿＿＿＿。

（3）A：自从放假以后，我的身体越来越胖了，这可怎么办呀？

　　　B：＿＿＿＿＿＿＿＿＿＿＿＿＿＿＿＿＿＿＿＿＿＿＿＿＿＿＿＿＿。

（4）A：我的同屋最近失恋了，我很同情他，又不知道该怎么帮助他，你有什么好建议吗？

　　　B：＿＿＿＿＿＿＿＿＿＿＿＿＿＿＿＿＿＿＿＿＿＿＿＿＿＿＿＿＿。

3　……总欣赏不来。

【解释】……不来：动词 + 不来 = 动词 + 不了

【举例】（1）现在年轻人中流行一种叫做"街舞"的舞蹈，动作活泼好看，就是难度太大，我可学不来。

（2）四川火锅又辣又麻，我这个北方人实在吃不来。

【练习】用"动词 + 不来"完成句子或对话：

（1）在四种游泳姿势中，自由泳、蛙泳、仰泳我都没问题，唯独蝶泳＿＿＿＿＿＿＿＿＿＿＿＿＿＿。

（2）我这个人缺乏音乐细胞，＿＿＿＿＿＿＿＿＿＿＿＿＿＿＿＿＿＿＿＿。

（3）A：你挺会表演的，能模仿一下那个演员的动作和语言吗？

　　　B：＿＿＿＿＿＿＿＿＿＿＿＿＿＿＿＿＿＿＿＿＿＿＿＿＿＿＿＿＿。

（4）A：最近手机又有了一些新功能，你们公司的产品有吗？

　　　B：＿＿＿＿＿＿＿＿＿＿＿＿＿＿＿＿＿＿＿＿＿＿＿＿＿＿＿＿＿。

4　……，人总免不了在风中生活。

【解释】免不了：动词，意思是避免不了，无法避免。可以带动词、小句做宾语；动词前面常用"要""会""得"等词语。多用于口语。

【举例】（1）在一个家庭中生活，吵架这种事免不了。

（2）到国外去生活和学习，免不了会遇到各种各样的困难。

（3）过年过节的时候，免不了得给家里的孩子们送一些礼物。

【练习】用"免不了"完成句子和对话：

（1）要想学会游泳，＿＿＿＿＿＿＿＿＿＿＿＿＿＿＿＿＿＿＿＿＿＿＿＿。

（2）每个人的生活都不可能是一帆风顺的，＿＿＿＿＿＿＿＿＿＿＿＿＿＿。

（3）A：最近我开始看一些中国电影，但有一半的话都听不懂，心里特别着急。怎么办呢？

B：_____。

（4）A：我特别想养一只小动物，但又怕会有很多麻烦。你是怎么解决这个问题的呀？

B：_____。

5　一条还是八成新的绿军裤……

【解释】八成：即十分之八。几成即十分之几。"八成"还可作副词，八成+动词，表示程度较高的推测，意思是"很可能"。

【举例】（1）现在有一个流行的观点，就是吃饭吃七成饱对健康有好处

（2）我喜欢把鸡蛋煮到九成熟的时候就吃，这样口感比较好。

（3）好久没有看到他，他八成已经离开这里了。

（4）这只猫成天躲在暗处睡觉，一点儿精神都没有，八成是病了。

【链接】（1）动词+（了）+（八）成：明白了八成 / 猜出了七成 / 写出来九成 / 学会了五成 / 掌握了六成 / 看懂了九成 / 成功了九成

（2）（八）成+名词：八成的把握 / 九成的希望 / 七成的可能性

【练习】用上面提到的用法或例子完成对话：

（1）A：你要转让的冰箱是个什么情况，请给我介绍一下吧。

B：_____。

（2）A：小王说晚上8点左右给我打电话，怎么到现在还不打来呀？

B：_____。

（3）A：李教授讲的"中国古代哲学思想"课你都听懂了吗？

B：_____。

（4）A：据你分析，小莉会接受我的求爱吗？

B：_____。

6　只是，当时他大概忍住了涌到嘴边的批评，没有就此吱声。

【解释】就此：副词，意思是就在此地或此时。

【举例】就此告别 / 就此罢休 / 就此结束 / 就此停止 / 就此分手 / 就此改变 / 就此放弃

【练习】选用上面的词语填空：

(1) 我们两个人性格、爱好差别太大了，还是（　　　　）吧。

(2) 这次比赛他输了，但他绝不会（　　　　）的，下次一定会赢回来。

(3) 由于工作不认真，他两次被公司辞退，但他并没有（　　　　），还是保持着自己的老习惯。

(4) 今天的会议（　　　　），大家回去各干各的事儿吧。

7 顺风追风，不但<u>无可</u>责备，甚或还有助于提升生活情趣……

【解释】无可：没有什么可以。

【举例】无可非议 / 无可比拟 / 无可奉告 / 无可厚非 / 无可救药 / 无可讳言 / 无可奈何 / 无可争辩 / 无可置疑 / 无可挽回

【练习】选用上面的词语填空：

(1) 谈判进行得很顺利，至于谈判的具体内容，现在还（　　　　）。

(2) 谁的话他都不听，连爷爷都对他（　　　　），别人就更没辙了。

(3) 他的行为属于正当防卫，我认为（　　　　）。

(4) 这些数字（　　　　）地表明，中国的经济这几年的确得到了长足的发展。

(5) 这种最新型的电脑有着其他所有电脑都（　　　　）的优越性。

(6) 他们俩的关系彻底破裂，已经（　　　　）了。

综合练习

Ⅰ 词语练习

一　用画线的字组词

1. <u>顺</u>风：(　　　)　(　　　)　(　　　)　(　　　)

2. <u>征</u>集：(　　　)　(　　　)　(　　　)　(　　　)

3. <u>轻</u>微：(　　　)　(　　　)　(　　　)　(　　　)

4. <u>竭</u>诚：(　　　)　(　　　)　(　　　)　(　　　)

5. 遗弃：（　　　　）（　　　　）（　　　　）（　　　　）

二 填入合适的名词

（一）泛起（　　　　）　　追思（　　　　）　　装扮（　　　　）

　　　征集（　　　　）　　尝试（　　　　）　　遗弃（　　　　）

　　　置备（　　　　）　　提携（　　　　）　　提升（　　　　）

（二）（　　　　）绝迹　　（　　　　）到手　　（　　　　）风行

　　　（　　　　）凝固　　（　　　　）多变　　（　　　　）降临

（三）惆怅的（　　　　）　　时髦的（　　　　）　　得体的（　　　　）

　　　清纯的（　　　　）　　轻微的（　　　　）　　苗条的（　　　　）

　　　强劲的（　　　　）　　昂奋的（　　　　）　　诡谲的（　　　　）

三 填入合适的动词

别扭地（　　　　）　　竭诚地（　　　　）　　羞涩地（　　　　）

夸张地（　　　　）　　诧异地（　　　　）　　不快地（　　　　）

四 填入合适的形容词或副词

（一）（　　　　）的发型　　（　　　　）的文集　　（　　　　）的面容

　　　（　　　　）的装束　　（　　　　）的人生　　（　　　　）的差异

　　　（　　　　）的初恋　　（　　　　）的潮流　　（　　　　）的眼神

（二）（　　　　）地推敲　　（　　　　）地出神　　（　　　　）地体验

　　　（　　　　）地认定　　（　　　　）地浮现　　（　　　　）地抗拒

五 填入合适的量词

一（　　　）发型　　　一（　　　）文集　　　一（　　　）唇膏

一（　　　）劲风　　　一（　　　）情趣　　　一（　　　）附录

六 写出下列词语的近义词或反义词

（一）写出近义词

去世——　　　时髦——　　　得体——　　　面容——

体验——　　　　羞涩——　　　　遗弃——　　　　风行——

预料——　　　　范畴——　　　　宣泄——　　　　穿着——

（二）写出反义词

时髦——　　　　顺风——　　　　轻微——　　　　苗条——

昂奋——　　　　夸张——　　　　抗拒——　　　　凝固——

提升——　　　　良性——　　　　夕阳——　　　　不快——

七 选词填空

清纯　纯洁　体验　体味　体会　羞涩　羞怯　风行　流行　夸张　夸大

1. 同学四年，大家建立了（　　　）的友情，互相关爱，情同手足。

2. 这种发式因为在一部电影中出现而（　　　）全国。

3. 他本来有一些钱，但他花起来大手大脚，不知道节省，结果搞得现在囊中（　　　），连请女朋友喝杯茶的钱都不够了。

4. 父母说的话包含得深刻的人生道理，值得我们认真（　　　）。

5. 瞧你那瞪眼张嘴的样子，表情也太（　　　）了吧。这么点小事不至于吃惊成这样。

6. 女孩长得秀气灵巧，尤其是那一双会说话的眼睛，显得格外（　　　）可爱。

7. 她天性胆小，一跟陌生人说话就脸红。现在当了服务员，每次跟客人打交道也还是一副（　　　）的样子。

8. 她一边喝着咖啡，一边（　　　）着音乐的情调，越来越陶醉其中了。

9. 你不要（　　　）他的优点，还是实事求是地进行介绍比较好。

10. 这个假期我去了一趟云南，在那里生活了一个月，亲身（　　　）到了云南浓郁的民族风情。

11. 近年来，一直非常（　　　）通过吃药来减肥的方法，其实这么做对身体健康没有好处。

八 解释句子中画线词语的意思

1. 一位沾亲带故的妙龄少女，飘然而至，来拜访我。

　　A. 亲切、热情的　　　　B. 毫无关系的　　　　C. 有点儿关系的

2. 她那涂着淡蓝眼影、灰晶唇膏的面容，也使我越来越感到别扭。

　　A. 看起来不顺眼　　　　B. 看起来很难受　　　　C. 看起来很特别

3. 她随便问到我的健康，我忍不住借题发挥说："生理上没大问题，心理上问题多多……"

　　A. 借一个题目来抒发强烈的感情

　　B. 借一个题目来表达真实的意思

　　C. 借一个题目来表现对她的看法

4. 可你为什么就非得让时尚裹挟着走呢？

　　A. 跟着时尚走　　　　B. 跟不上时尚　　　　C. 走在时尚的前面

5. 本想"三娘教子"，没想到却成了"子教三娘"。

　　A. 像三娘那样教育孩子

　　B. 以长辈的身份教育晚辈

　　C. 三娘把孩子教育得很好

6. ……无论如何不能去"品尝"哪怕是所谓最"轻微"的如大麻那样的毒品……都是我认定的在世为人的基本道德与行为底线。

　　A. 对自己行为的最低标准

　　B. 对自己行为的最后要求

　　C. 对自己行为的最高要求

7. 那种蓝颜色与那种质地的裤子现在已经绝迹……

　　A. 绝对失去迹象　　　B. 根本没有出现　　　C. 完全不再出现

8. 我回想起，那是我费了九牛二虎之力，才讨到手的。

　　A. 比喻各方面的力量　B. 比喻很大的力量　　C. 比喻很大的权力

9. 那时"国防绿"的军帽、军服、军裤乃至军用水壶，都强劲风行……

　　A. 以强有力的势头流行

　　B. 像强大的风一样吹过去

　　C. 行为像强有力的风一样

10. 那时我已经38岁，却沉浸在"青年作家"的溢美之词里，……

　　A. 比喻处在某种环境或风景当中

　　B. 比喻处于某种境界或思想当中

　　C. 比喻处在人们的某种评价当中

11. 只是，当时他大概忍住了涌到嘴边的批评，<u>没有就此吱声</u>。

    A. 没有在当时直接说出来

    B. 没有对那个问题发表看法

    C. 没有直接发表自己的意见

12. 有的风，属于<u>刚升起的太阳</u>；有的风，专与<u>夕阳</u>做伴。

    A. 比喻不同的时间　　　　B. 比喻不同的地点　　　　C. 比喻青年和老年

13. 但不能有那样的<u>盲目自信</u>，即认定自己的眼光判断总是对的。

    A. 指失去目的和理想的自信

    B. 指没有明确根据和目标的自信

    C. 指没有经过认真考虑的自信

九　用所给的词语填空，并模仿造句

> 沾亲带故　飘然而至　触目惊心　借题发挥
> 九牛二虎之力　溢美之词　大摇大摆　无可责备

1. 车祸现场的情景使人（　　　　），也再一次告诫我们，只有遵守交通规则，才能有幸福的今天和明天。

2. 我刚才夸奖你的话并不是（　　　　），而是我的真实看法，你在我心目中就是这个样子的人。

3. 春节的时候，我把跟我们家（　　　　）的人都请到了新居，搞了一次大聚会。

4. 年轻人爱赶时髦（　　　　），只是要根据自己的情况量力而行。

5. 这次会议本来的议题是关于公司今后的发展，但他却（　　　　），表达了自己对现任领导的不满。

6. 打开窗户，一只美丽的蝴蝶（　　　　），给我带来一份激动和欣喜。

7. 博物馆的防盗系统根本没有起作用，小偷（　　　　）地进来把那幅名画给偷走了。

8. 动物园的一头大象病得不轻，倒在了地上，大家花了（　　　　）才把它庞大的身躯给拉起来。

II 课文理解练习

一 根据课文内容判断正误

读第一部分课文，做下面的问题：

1. 妙龄少女的来访引起了作者对她祖父的怀念。（   ）
2. 少女的装扮十分时髦，特别令作者感到吃惊的是她的上衫紧而露脐。（   ）
3. 作者觉得这位少女虽然谈吐得体，但她的打扮使他觉得越来越不舒服。（   ）
4. 作者认为自己不能欣赏少女的打扮，是因为自己老了，再加上心理上有很多问题。（   ）
5. 少女听了作者的批评，非常礼貌地接受了。（   ）
6. "本想'三娘教子'，没想到却成了'子教三娘'。"这句话的意思是，少女的话引起了作者的思考。（   ）
7. 第二位来访少女的装束与第一位少女不同，显得很清纯。（   ）
8. 第二位来访少女的语言和思想也与第一位少女不同，非常简单纯洁。（   ）
9. 作者非常真诚地给第二位少女提出了几条忠告，但都被她拒绝了。（   ）

读第二部分课文，做下面的问题：

10. 作者之所以没有扔掉那条毛蓝布的裤子，是因为它能使作者回想起初恋，而且也是作者"人在风中"的见证。（   ）
11. 那条八成新的军绿裤，也是作者年轻时追逐潮流的证明。（   ）
12. 38岁的作者穿着当时流行的喇叭裤去拜访第一位女孩的祖父时，那位前辈对他的打扮非常不满，马上当面批评了他。（   ）

读第三部分课文，做下面的问题：

13. 作者认为，风的来去自有它的道理，是不以人的意志为转移的。（   ）
14. 作者认为，风的来去和大小是可以预测的。（   ）
15. 作者认为，在俗世生活的范畴里顺风追风是应该受到指责的。（   ）
16. 作者认为有的风有好风与恶风之分，还有些则无所谓好恶。（   ）

二　根据课文内容，用指定的词语回答问题或进行讨论

1. 第一位飘然而至的少女是一位什么样的女孩？

   （注意到　时髦　触目惊心　谈吐得体　就算……也　别扭）

2. 作者本来想"三娘教子"，怎么会变成了"子教三娘"？

   （随便　借题发挥　心理　欣赏不来　时尚　非得　依然　免不了　出神）

3. 第二位飘然而至的少女与第一位少女有什么不同之处？作者是如何对待她的？

   （装束　清纯　但　想法　乃至　以便　跻身　竭诚　忠告　认定）

4. 衣橱最底层的几条旧裤子使作者回忆起了些什么？

   （毛蓝布　绝迹　初恋　世俗之风　军绿裤　九牛二虎之力　强劲风行　置身于　喇叭裤　沉浸　记得　拜访　眼神　只是　吱声）

5. 作者认为"风"有什么特点？人应该怎样对待"风"？

   （抗拒　道理　无所谓　预示　多变　有时应该　有时应该　范畴　有助于　好风　恶风　盲目自信　……就是了）

6. 读了课文，你认为作者所说的"风"是指什么？作者对"风"有什么样的看法？

7. 作者在文章中举出了两位妙龄少女的表现，也回忆了自己年轻时在"风"中的行为，目的是想说明什么？

8. 对于文章的最后提出的问题：作者为什么后来再也不穿喇叭裤了？老前辈为什么没有为喇叭裤吱声？你是怎么看的？

三　思考与表述

1. 说说你自己从小到大的"追风"故事。
2. 根据你的观察和得到的信息，现在社会上流行着哪些时尚之风？
3. 面对当今流行的这些"时尚之风"，你有什么样的看法？你是其中哪些"风"的追随者？
4. 文章中的内容或作者的观点使你想到了什么？对你有什么启发吗？具体说说。
5. 在你看来，时尚是怎么形成的？它跟经济和社会发展有着什么样的关系？

阅读与理解

简单的道理

① 有一个人去应聘工作，随手将走廊上的纸屑捡起来，放进了垃圾桶，被路过的口试官看到了，他因此得到了这份工作。

② 原来获得赏识很简单，养成好习惯就可以了。

③ 有个小弟在脚踏车店当学徒。有人送来一辆坏了的脚踏车，小弟除了将车修好，还把车子擦拭得漂亮如新，其他学徒笑他多此一举。车主将脚踏车领回去的第二天，小弟被挖到他的公司上班。

④ 原来出人头地很简单，吃点亏就可以了。

⑤ 有个小孩对母亲说："妈妈，你今天好漂亮。"母亲问："为什么？"小孩说："因为妈妈今天没有生气。"

⑥ 原来拥有漂亮很简单，只要不生气就可以了。

⑦ 有个牧场主人，叫他孩子每天在牧场上辛勤工作，朋友对他说："你不需要让孩子如此辛苦，农作物一样会长得很好的。"牧场主人回答说："我不是在培养农作物，我是在培养我的孩子。"

⑧ 原来培养孩子很简单，让他吃点苦头就可以了。

⑨ 有一个网球教练对学生说："如果一个网球掉进草堆里，应该如何找？"有人答："从草堆中心线开始找。"有人答："从草堆的最凹处开始找。"有人答："从草最长的地方开始找。"教练宣布正确答案："按部就班地从草地的一头，搜寻到草地的另一头。"

⑩ 原来寻找成功的方法很简单，从一数到十不要跳过就可以了。

⑪ 有一家商店经常灯火通明，有人问："你们店里用什么牌子的灯管？那么耐用。"店主回答说："我们的灯管也常常坏，只是我们坏了就换而已。"

⑫ 原来保持明亮的方法很简单，只要常常更换就可以了。

⑬ 住在田里的青蛙对住在路边的青蛙说："你这里太危险，搬来跟我住吧！"路边的青蛙说："我已经习惯了，懒得搬了。"几天后，田里的青蛙去探望

路边的青蛙，却发现它已被车轧死，暴尸在马路上。

⑭ 原来掌握命运的方法很简单，远离懒惰就可以了。

⑮ 有一只小鸡破壳而出的时候，刚好有只乌龟经过，从此以后小鸡就背着蛋壳过了一生。

⑯ 原来脱离沉重的负荷很简单，放弃固执和成见就可以了。

⑰ 有几个小孩很想当天使，上帝给他们一人一个烛台，叫他们保持烛台光亮。结果几天过去了，上帝没有来，几乎所有的小孩都不再擦拭那烛台。有一天上帝突然造访，很多人的烛台上都蒙上了厚厚的灰尘。只有一个小孩，大家都叫他笨小孩，因为上帝没来他也每天擦拭，结果这个笨小孩成了天使。

⑱ 原来当天使很简单，只要实实在在去做就可以了。

⑲ 有头小猪向神请求做他的门徒，神欣然答应。这时刚好有一头小牛由泥沼里爬出来，浑身都是泥。神对小猪说："去帮他洗洗身子吧！"小猪诧异地答道："我是神的门徒，怎么能去伺候那脏兮兮的小牛呢？"神说："你不去伺候别人，别人怎会知道你是我的门徒呢？"

⑳ 原来要变成神很简单，只要真心付出就可以了。

㉑ 有一支淘金队伍在沙漠中行走，大家步履沉重，痛苦不堪，只有一个人快乐地走着。别人问："你为何如此惬意？"他笑着说："因为我带的东西最少。"

㉒ 原来快乐很简单，拥有少一点就可以了。

㉓ 人生的光彩在哪里？

㉔ 早上醒来，光彩在脸上，充满笑容地迎接未来。

㉕ 到了中午，光彩在腰上，挺直腰杆活在当下。

㉖ 到了晚上，光彩在脚上，脚踏实地地做好自己。

㉗ 原来人生也很简单，只要懂得"珍惜、知足、感恩"，你就拥有了生命的光彩。

（作者：佚名　选自《读者》）

阅读练习

一 根据文章内容判断正误

阅读第①—⑫段，做下面的题：

1. 那个去应聘工作的人因为捡起了地上的纸屑而被录用了。（   ）
2. 小弟因为非常聪明而被一位老板挖走。（   ）
3. 小孩说妈妈漂亮是因为妈妈今天穿了新衣服。（   ）
4. 牧场的主人认为辛勤的工作可以培养孩子。（   ）
5. 网球教练的找球方法他的学生都没有想到。（   ）
6. 商店里常常灯火通明的原因是他们用的灯管质量好。（   ）

阅读第⑬—㉗段，做下面的题：

7. 由于懒惰，路边的青蛙被汽车轧死了。（   ）
8. 小鸡之所以背着蛋壳是因为乌龟这样教它了。（   ）
9. 笨小孩每天擦拭烛台，所以后来他成了天使。（   ）
10. 小猪帮小牛洗掉了身上的泥，所以成了神的门徒。（   ）
11. 那个淘金者找到了金子，所以十分快乐。（   ）
12. 要想拥有生命的光彩，必须懂得"珍惜、知足、感恩"。（   ）

二 根据文章的内容回答问题

1. 这篇文章讲了许多"简单的道理"，你能复述出至少三个吗？
2. 在作者讲的这些事例和道理中，你最赞成哪些？不赞成的有哪些？赞成或不赞成的原因是什么？
3. 你能试着编出一两个类似的故事来吗？

现代化和蜗牛

课前思考

1. 你最近忙不忙？在忙些什么？
2. 你是个慢性子还是急性子？你觉得这两种性格分别有什么好处和坏处？
3. 这篇课文的作者程乃珊是中国当代著名作家。这篇文章所谈论的是现代人的生活节奏问题。作者认为，现代人的生活节奏越来越快，这一点你感觉到了吗？请读一读课文，了解一下作者是如何看待这种情况的。

课文

第一部分

"最近怎样？忙吗？"

"忙……忙得七荤八素，连家里人都不认得！"听起来是怨艾，其实充满自豪。

"忙好……只怕不忙……"闲者连声赞许。

这应属新世纪①城市人最时髦的"今天天气哈哈哈"的现代版，不忙不**足以**表示你是现代人，不忙不足以体现你与世界接轨的步伐！

因为忙，飞机提速了还要超速；因为忙，看电影等不及最后一个镜头隐去便纷纷起身离场；因为忙，宁可以现成的问候卡代替给家人或恋人的书信；因为忙，今日不少城市人的厨房灶冷灯黑。往日温和灯光下阖家围桌进餐的天伦之乐，因为模范（无饭），也因为多丁克族②而越来越成一种待追忆的场景……人人像拉紧了的弹簧无法松弛下来，就算有心想放缓步子，也会被后面涌上来的人潮推着走，根本放不缓步子。

当年英国发明蒸汽机，原意为提高生产效率节省劳动力，但**随之而起**的流水

1	蜗牛	wōniú	（名）	一种软体动物。snail
2	七荤八素	qī hūn bā sù		课文中形容事情多而乱，十分忙碌。
3	怨艾	yuànyì	（动）	怨恨，对人或事强烈地不满或仇恨。
4	闲者	xiánzhě	（名）	有空闲时间的人。
5	连声	liánshēng	（副）	一声紧接一声。
6	赞许	zànxǔ	（动）	认为好而加以称赞。
7	属	shǔ	（动）	归属，属于。
8	版	bǎn	（名）	原意指书籍的版本。课文中指另一种说法。
9	足以	zúyǐ	（动）	完全可以，够得上。
10	接轨	jiē guǐ		连接路轨。课文中比喻把两种体制连接起来。
11	步伐	bùfá	（名）	行走的步子。课文中比喻事物发展的速度。

12	提速	tí sù		提高速度。
13	超速	chāo sù		超过规定的速度。
14	镜头	jìngtóu	（名）	拍摄电影、电视时用摄影机留下的一系列画面。shot；scene
15	隐去	yǐnqù	（动）	消失，看不见。
16	起身	qǐ shēn		站起身来。
17	卡	kǎ	（名）	卡片。
18	家人	jiārén	（名）	生活在同一个家庭里的人。
19	恋人	liànrén	（名）	恋爱中男女的一方。
20	书信	shūxìn	（名）	信。
21	灶	zào	（名）	生火做饭的设备。stove；kitchen range
22	往日	wǎngrì	（名）	过去的日子，从前。
23	阖家	héjiā	（名）	全家。
24	进餐	jìn cān		吃饭。
25	天伦之乐	tiānlún zhī lè		指父母子女、兄弟姐妹等亲属团聚带来的快乐。
26	追忆	zhuīyì	（动）	回忆。
27	场景	chǎngjǐng	（名）	（具体场合的）情形，景象。
28	弹簧	tánhuáng	（名）	利用材料的弹性作用制成的零件。spring
29	松弛	sōngchí	（形）	不紧张，放松。
30	有心	yǒu xīn		有某种心意或想法。
31	放缓	fànghuǎn	（动）	使速度慢下来。
32	步子	bùzi	（名）	脚步。比喻速度。
33	人潮	réncháo	（名）	像潮水般的人群。
34	蒸汽机	zhēngqìjī	（名）	利用水蒸气产生动力的发动机。steam engine
35	原意	yuányì	（名）	原来的意思或意图。
36	劳动力	láodònglì	（名）	人的劳动能力；也指参加劳动的人。labour force
37	随之而起	suí zhī ér qǐ		跟着某种事物而产生。

作业线③并未令我们的休闲时间增多；20世纪后期的电子革命④，更是大大精简了劳动力和时间，但冷冰冰的e时代⑤，反而失却了农业社会⑥给我们留下的浪漫和悠闲。我们的生活节奏继续令人目眩地递增，已到了分秒必争的地步。

第二部分

今天如果行动思维缓慢，会被视为犯罪；赞美悠闲，简直等同赞美懒惰！现代人要更快的电脑、更快的消费、更及时的资讯、更快捷的回报的理财方式……于是，就变得……越来越忙……

造成现代人如此忙碌，还有现在鼓吹的高消费模式。因为消费在今日已成为社会一种"比较"的方式，而不是一种社会的"需求"的反应。在农业社会、工业社会⑦，大家的比较范围较窄，不过只是几个家庭，最多一个村，一栋楼……现在，电视和电子传媒，可以将全世界最豪华的现象带到你眼前，令你觉得自己有多渺小，多寒酸；广告中呈现的中产生活⑧和上流社会对你似伸手可及又是遥遥无期，就像昔日上海跑狗场⑨那只引发跑狗亡命疾奔的电兔！

38	休闲	xiūxián	（动）	休息，过清闲的生活。
39	增	zēng	（动）	增加。
40	后期	hòuqī	（名）	某一时期的后一阶段。
41	大大	dàdà	（副）	强调数量很大或程度很深。
42	精简	jīngjiǎn	（动）	去掉不必要的，留下必要的。
43	冷冰冰	lěngbīngbīng	（形）	形容不热情或不温和。
44	失却	shīquè	（动）	失掉，失去。
45	浪漫	làngmàn	（形）	富有诗意，充满幻想。romantic
46	悠闲	yōuxián	（形）	形容没有压力，轻松舒服的生活。
47	节奏	jiézòu	（名）	比喻均匀的、有规律的工作、生活进程。tempo
48	目眩	mùxuàn	（动）	眼花。
49	递增	dìzēng	（动）	一次比一次增加。
50	分秒必争	fēn miǎo bì zhēng		一点儿时间也不放松。

51	视为	shìwéi	（动）	看成，看做。
52	等同	děngtóng	（动）	当做同样的事物看待。
53	懒惰	lǎnduò	（形）	不爱工作，不勤快。
54	资讯	zīxùn	（名）	资料与信息。
55	快捷	kuàijié	（形）	（速度）快，（行动）敏捷。
56	回报	huíbào	（动）	报答，酬报。
57	理财	lǐcái	（动）	管理财物或财务。
58	忙碌	mánglù	（形）	忙着做各种事情。
59	鼓吹	gǔchuī	（动）	宣传提倡。
60	高消费	gāoxiāofèi	（动）	花钱更多、更高档的消费。
61	模式	móshì	（名）	某种事物的标准形式或使人可以照着做的标准样式。
62	需求	xūqiú	（名）	由需要而产生的要求。
63	最多	zuìduō	（形）	数量最大的，程度最高的。
64	栋	dòng	（量）	指房屋。
65	传媒	chuánméi	（名）	传播媒介，特指报纸、广播、电视、网络等各种新闻工具。
66	豪华	háohuá	（形）	十分华丽。
67	渺小	miǎoxiǎo	（形）	微小。
68	寒酸	hánsuān	（形）	形容由于简陋或过于俭朴而显得不体面。
69	呈现	chéngxiàn	（动）	显出，露出。
70	上流社会	shàngliú shèhuì		指社会地位高的人群。
71	似	sì	（动）	似乎。
72	伸手可及	shēn shǒu kě jí		一伸手就可以碰到。形容距离很近。
73	遥遥无期	yáoyáo wú qī		没有确定的日期，指希望渺茫。
74	昔日	xīrì	（名）	从前。
75	引发	yǐnfā	（动）	引起，触发。
76	亡命	wángmìng	（动）	不顾性命地逃亡。
77	疾奔	jíbēn	（动）	快速奔跑。

今日急剧上升的消费欲念，将豪华代替了舒适，刻意代替了自然，在这样的冲击下，城市人根本无"足够收入"这样的概念！于是，整日忙忙碌碌！

英国埃塞克斯大学社会及经济研究中心前不久做了个调查，发现几十年前有人预测的，随着人类的生活日益富裕，人们的闲暇时间将会每周增加**起码**一天。主持调查的格尔舒尼教授沮丧地表示，19世纪和20世纪初的调查**过于**乐观。在20世纪初，闲暇是高层次人士的专利，但现在，越来越多的证据表示，消费成了高层次人士的专利，而闲暇已成稀世珍品……与两代以前的人相比，现代人在家吃饭的时间少了一半，与家人相处的时间也每日减少45分钟……

第三部分

这种事事讲求速度，将快速等同为进步的现代误导，率先在讲究效率的西方受到质疑。早在20世纪80年代末，**以美食著称**的意大利，开始发起"慢慢吃运动"，从提倡享受饮食开始，以抵制崇尚快速和大批量生产方式，提倡悠闲生活文化。20年来，据说已有超过12万人参加，全球有36个国家均设有分部。"慢慢吃运动"提倡众人回到餐桌，享受家人围桌进餐的天伦之乐，抵制快餐店的大批量生产的廉价的无营养的单一的食物，并由此派生出一个"慢慢城市联盟"，倡导悠闲生活。

除了"慢慢吃"，"慢慢城市联盟"还提倡城市扩大行人专用区和自行车通道，开辟更多绿化地，少一点汽车喇叭声和霓虹灯，支持有机耕种和作坊式经营……

78	急剧	jíjù	（副）	迅速而剧烈。
79	欲念	yùniàn	（名）	欲望。
80	刻意	kèyì	（副）	用尽心思。
81	足够	zúgòu	（形）	达到应有的或能满足需要的程度。
82	整日	zhěngrì	（名）	全天，整天。
83	预测	yùcè	（动）	预先推测或测定。
84	闲暇	xiánxiá	（名）	闲空。
85	起码	qǐmǎ	（形）	最低限度。
86	沮丧	jǔsàng	（形）	灰心失望。

87	过于	guòyú	（副）	表示程度或数量过分。
88	乐观	lèguān	（形）	精神愉快，对事物的发展充满信心。
89	层次	céngcì	（名）	同一事物由于大小、高低等不同而形成的区别。
90	专利	zhuānlì	（名）	法律保障创造发明者在一定时期内由于创造发明而独自享有的利益。比喻某人的专门利益或权力。
91	稀世珍品	xī shì zhēn pǐn		世上很少有的宝物。
92	快速	kuàisù	（形）	速度快的，迅速。
93	误导	wùdǎo	（动）	不正确地引导。
94	率先	shuàixiān	（副）	带头，首先。
95	质疑	zhìyí	（动）	提出疑问。
96	美食	měishí	（名）	精美的饮食。
97	著称	zhùchēng	（动）	著名。
98	抵制	dǐzhì	（动）	阻止某些事物，使不能侵入或发生作用。
99	崇尚	chóngshàng	（动）	尊重，推崇。
100	批量	pīliàng	（名）	成批地（制造）。
101	全球	quánqiú	（名）	整个地球。
102	众人	zhòngrén	（名）	大家，许多人。
103	餐桌	cānzhuō	（名）	饭桌。
104	廉价	liánjià	（形）	价钱比一般低。
105	单一	dānyī	（形）	只有一种。
106	由此	yóucǐ		从这里。
107	派生	pàishēng	（动）	从一个主要事物的发展中分化出来。
108	专用	zhuānyòng	（动）	专供某种需要或某个人使用。
109	通道	tōngdào	（名）	往来畅通的大路。
110	绿化	lǜhuà	（动）	种植树木花草，使环境优美卫生，防止水土流失。
111	霓虹灯	níhóngdēng	（名）	neon light
112	有机耕种	yǒujī gēngzhòng		有机，指有机化合物，即 organic；有机耕种，即使用有机化合物进行耕种。

这个"慢慢城市联盟"的标记,是一只穿插在现代和古代建筑物中的蜗牛!

不记得是哪位智者讲过:人类高一层次的时间体验,就是悠闲。就这点讲,现代人的体验,远远不及古人,难怪近代中外,都很少出绝代艺术大师和思想家!**幸好**,现代人已开始觉醒。清代文学家张潮⑩说得好:能闲世人所忙者,方能忙世人之所闲。

放慢一点生活脚步,从今晚的晚饭开始:今晚不吃麦当劳不吃盒饭,不赶三四个饭局忙应酬,回家炒几个母亲做惯的菜,与家人围桌慢慢吃,共享天伦之乐吧!

(作者:程乃珊　选自《广州日报》)

113	作坊	zuōfang	(名)	手工业工场。workshop
114	标记	biāojì	(名)	标志,记号。sign; mark; symbol
115	穿插	chuānchā	(动)	在其他物体的空隙间穿过。
116	建筑物	jiànzhùwù	(名)	人工修建的房屋、桥梁、亭子、宝塔等。building; structure
117	智者	zhìzhě	(名)	聪明人。
118	远远	yuǎnyuǎn	(副)	差得很多。
119	古人	gǔrén	(名)	泛指古代的人。
120	中外	zhōngwài	(名)	中国和外国。
121	绝代	juédài	(形)	当代没有可以相比的。
122	大师	dàshī	(名)	在学问或艺术上有很深的造诣,为大家所尊崇的人。
123	幸好	xìnghǎo	(副)	幸亏。
124	觉醒	juéxǐng	(动)	醒悟,觉悟。
125	盒饭	héfàn	(名)	装在盒子里出售的份饭。box lunch
126	饭局	fànjú	(名)	宴会,聚餐。
127	共享	gòngxiǎng	(动)	共同享受。
128	应酬	yìngchou	(动)	交际往来。

注释

① 新世纪 xīnshìjì：指21世纪。

② 丁克族 dīngkèzú：指结婚后不要孩子的夫妻，即DINK。

③ 流水作业线 liúshuǐ zuòyèxiàn：一种生产程序，把整个加工过程分成若干不同的工序，按照顺序像流水似的不断进行。

④ 电子革命 diànzǐ gémìng：指的是20世纪后期电子技术的发展，促进了以电脑芯片为代表的电脑技术的发展，从而又促进了整个科学水平的大提高。

⑤ e时代 e shídài：指网络时代。

⑥ 农业社会 nóngyè shèhuì：指以前的以农业生产为主要经济形式的社会形态。

⑦ 工业社会 gōngyè shèhuì：指以使用机器制造产品为主要经济形式的社会形态。

⑧ 中产生活 zhōngchǎn shēnghuó：中产，即中产阶级，课文中指目前中国社会中一部分经济基础雄厚、生活比较富裕的人士。中产生活即指这部分人的生活。

⑨ 跑狗场 pǎogǒuchǎng：指进行赛狗游戏的场所。

⑩ 张潮 Zhāng Cháo：1650—？，清代文学家。他所说的"能闲世人所忙者，方能忙世人之所闲"这句话的大意是，能够悠闲地对待世上一般人所忙碌的事情的人，才能够积极地去做世上一般人所不愿意做的事情。

词语辨析

1 赞许——赞同

【牛刀小试：把"赞许"或"赞同"填入下面的句子中】

1. 我很（　　）这样一种说法：人无远虑，必有近忧。
2. 老师听完我的回答，用（　　）的目光看着我说："看来这次你是真的动了脑筋了。"
3. 来客们把老李家装饰得非常豪华的别墅大大地（　　）了一通。
4. "人类的未来将会是非常光明、美好的"，这个观点你（　　）吗？
5. 周围的人们对小王见义勇为的行为深表（　　）。

【答疑解惑】
语义

　　这两个词都有认为好而加以肯定的意思,但是"赞许"侧重在夸奖、称赞;"赞同"侧重在同意。试比较:

　　【例】(1)观众们对这部电影十分赞许。

　　　　　(2)观众们对这部电影所表达的观点十分赞同。

　　另外,"赞许"多用于自己认为好的人或事物,"赞同"多用于与自己一致的看法。

　　【例】(3)老师对这个聪明而又用功的学生大加赞许。

　　　　　(4)这个旅行计划全家人都赞同,剩下的就是如何实施了。

用法

　　词性:都是动词。

　　搭配:都可以受程度副词的修饰。但有两个不同之处:

　　a."赞许"有时可以带补语,"赞同"一般没有这个用法。

　　【例】(5)经理对他赞许了一番。/看到他的成绩,妈妈赞许了几句。

　　b."赞许"可以用于"把"字句,"赞同"一般不这样用。

　　【例】(6)在客人面前,妈妈把孩子赞许了一番。

2 快捷——敏捷

【牛刀小试:把"快捷"或"敏捷"填入下面的句子中】

1. 这家快递公司十分守信用,为顾客提供了(　　　)的服务。

2. 要当一个好老师,不仅要知识渊博,而且要思维(　　　)。

3. 猴子在树林中(　　　)地跳来跳去,充分施展着自己的攀爬本领。

4. 我们小区上网的速度非常(　　　),业主们对此相当满意。

【答疑解惑】
语义

　　这两个词都有迅速、灵敏的意思。

　　【例】(1)武术运动员的动作都非常快捷/敏捷。

　　　　　(2)他刚一松手,小鹿就快捷/敏捷地逃进树林里去了。

　　但是,它们也有两个不同之处:

　　a.侧重点不同。"快捷"侧重在速度快,"敏捷"侧重在动作或反应灵敏、灵活。

（见例1、2）

b. "敏捷"的使用范围更大一些。"快捷"一般形容动作、行为；"敏捷"除了形容动作、行为以外，还可以形容思维活动。

【例】（3）现在办理护照的手续十分简便快捷，为更多的人出国带来了方便。

（4）老教授已经80高龄，但仍然思维（头脑）敏捷，语言风趣。

用法

这两个词都是形容词，都不能重叠，在用法上没有明显的差别。

3　预测——推测

【牛刀小试：把"预测"或"推测"填入下面的句子中】

1. 警察根据案发现场的情况，（　　）犯罪嫌疑人是谋财害命。
2. 有科学家（　　），二十年以后人类将攻克艾滋病这个不治之症。
3. 根据气象台的（　　），下周将会是持续大风降温的天气，大家一定要注意防寒保暖。
4. 这次地震已经被我们（　　）到了，这样可以减少很多损失。
5. 从孔子的话语中，我们可以（　　）出他的一些基本思想。

【答疑解惑】

语义

这两个词都有根据已知情况估计未知情况的意思。

【例】（1）经济系的王教授是股票专家，他常常能够准确地预测/推测股票市场的涨跌变化。

（2）中国有句老话：三岁看小，七岁看老。意思是说，从一个人小时候的表现可以预测/推测他长大以后的情况。

所不同的是：

a."推测"既可以用于未来的事物，也可以用于过去的事物；"预测"只能用于未来的事物（如例1、2）。

【例】（3）根据他的谈吐风度，我推测他以前一定当过老师。

（4）从车祸现场的情况来看，可以推测当时肇事车的速度在每小时120公里以上。

b. "推测"的范围更大,可以用于具体事物和抽象事物,而"预测"一般不用于思想、心理等抽象事物。

【例】(5) 我们可以从一个人的表情来推测他内心的情绪变化。

(6) 世界上最了解我的人是妈妈,她常常可以准确地推测出我对某个问题的看法。

用法

这两个词都是动词,在用法上没有明显的差别。

4 过于——过分

【牛刀小试:把"过于"或"过分"填入下面的句子中】

1. 他说的一些(　　)的话伤害了朋友的感情,从此两人就疏远了。
2. 家长(　　)宽容会助长孩子的任性,使他们没有是非观念,为所欲为。
3. 有的电影导演为了拍电影而破坏了外景地的自然环境,我认为这种做法简直是太(　　)了。
4. 事情的结果现在还不好说,你先不要(　　)乐观。
5. "婚姻破裂的一切责任都应该由他来承担",这个说法未免(　　)了。

【答疑解惑】

语义

这两个词都有说话、做事超过一定的程度或限度的意思。

【例】(1) 有时候过于/过分谨慎反而对自己不利,也容易使别人也紧张。

用法

词性:这两个词都可以在句子中做状语(见例1)。但是,"过于"是副词,"过分"是形容词。

【例】(2) 这篇文章的内容过于艰深,不太适合中学生阅读。

(3) 你这么说太过分了,一定会引起对方反感的。

(4) 对于学生提出的过分要求学校没有办法满足。

(5) 这么明显的标志你都没看见,你也粗心得太过分了。

语体

相比之下,"过于"的书面语色彩更浓一些。

现代化和蜗牛 4

5 快速——迅速

【牛刀小试：把"快速"或"迅速"填入下面的句子中】

1. 他被称为"飞人"，跑起步来非常（　　），简直无人可及。
2. 事发后，他（　　）拨打110报警，警察及时赶到，将抢劫犯擒获。
3. 士兵们纪律严明，动作（　　），受到上级军官的嘉奖。
4. 老师提出问题后，学生们的反应很（　　），都抢着要回答。

【答疑解惑】

语义

这两个词都有速度很快的意思，但"迅速"的语义更重一些。试比较：

【例】（1）一辆汽车 快速/迅速 向前开去。

（2）接到报警电话，警察 快速/迅速 来到现场。

用法

词性：这两个词都是形容词。

搭配：都不能重叠（见例1、2）。但有两个不同之处：

a. "迅速"常做谓语，"快速"不常做谓语。

【例】（3）大家的动作迅速点儿，否则要赶不上飞机了。

（4）我们向他们发出了合作的信号，他们的反应很迅速，马上做出了回应。

b. "迅速"可以受程度副词的修饰（见例4），而"快速"一般不能。

语言点

1 ……不忙不足以表示你是现代人，不忙不足以体现你与世界接轨的步伐！

【解释】足以：副词，意思是足够，完全可以，表示程度够得上。足以+动词短语。

【举例】（1）这些诗歌足以说明这位作家感情丰富，而且有很深的艺术造诣。

（2）不审判这个贪官不足以平民愤。

【练习】用"足以"或"不足以"完成句子或对话：

（1）她失踪以后，全班同学都非常着急，＿＿＿＿＿＿＿＿＿＿＿＿＿。

（2）虽然火星上的确有空气，但＿＿＿＿＿＿＿＿＿＿＿＿＿＿＿＿。

（3）A：那个新建的体育馆有多大？

B：_____。

（4）A：我男朋友每天都对我说："我爱你。""我永远不离开你。"

B：_____。

2 ……但随之而起的流水作业线并未令我们的休闲时间增多。

【解释】随之而起：随着某种事物的出现而出现。

【举例】（1）随着电脑应用的普及，与电脑有关的产品也就随之而起，越来越丰富和发达起来。

（2）上个世纪八十年代初中国开始实行改革开放，随之而起的市场经济给中国带来了新的活力。

【链接】随之而来 / 随之而去 / 随之而产生 / 随之而消失 / 随之而提高 / 随之而降低 / 随之而结束 / 随之而开始 / 随之而离开 / 随之而发展 / 随之而停止

【练习】选用"随之而来"和"链接"中的词语填空：

（1）最近田中的汉语词汇量扩大得很快，同时他的阅读、写作和听力水平也（　　　　）了。

（2）7点半一到，电影院里黑了下来，电影也就（　　　　）了。

（3）在今天的中国，中外经济和文化交流越来越频繁，"英语热"也就（　　　　）了。

（4）现在人们都非常重视自己的身体健康，（　　　　）的是，与保健有关的药品和器材的销售形势都非常好。

（5）随着时代的快速发展，一些旧的传统观念（　　　　），而一些新的思想观念则（　　　　）。

3 ……人们的闲暇时间将会每周增加起码一天。

【解释】起码：既是形容词，又是副词，表示最低限度的，至少。除了"最""顶"以外，不接受其他程度副词的修饰。

【举例】做形容词的时候：

（1）这是老师对你们的最起码的要求了，希望同学们都能够做到。

（2）这个罪犯连一点起码的人性和道德都没有。

做副词的时候：

（3）在做出最后的决定之前，起码要征求一下家人的意见。

（4）《红楼梦》这部小说我起码看过五遍。

（5）骑车从这里到颐和园起码一小时。

【练习】用"起码"的形容词用法和副词用法完成句子或对话：

（1）对于生命来说，空气和水_____。

（2）A：在你们国家，大学生打工的报酬是怎么算的？

　　　B：_____。

（3）A：小王最近情绪很低落，甚至产生了自杀的念头。作为朋友，咱们得好好劝劝他啊。

　　　B：_____。

（4）A：你说说朋友之间的交往最需要注意的是什么？

　　　B：_____。

4　19世纪和20世纪初的调查过于乐观。

【解释】过于：副词，用在形容词或动词性结构前面，表示在数量上、程度上超过了一定的标准；多用于贬义；后面常跟双音节的词语。

【举例】（1）这种材料过于柔软，不适合我们公司的产品使用。

（2）家长要注意培养孩子的独立性，使他们不过于依赖家庭和父母。

【练习】用"过于"完成对话：

（1）A：刚才试的那件衣服很适合你，价钱也不贵，你为什么不买呢？

　　　B：_____。

（2）A：你为什么不喜欢这部爱情题材的新电影呢？

　　　B：_____。

（3）A：你觉得他们俩离婚的主要原因是什么？

　　　B：_____。

（4）A：小王平时学习挺好的，为什么一到考试就砸锅呢？

　　　B：_____。

5 **以美食著称的意大利，开始发起"慢慢吃运动"。**

【解释】著称：动词，意思是因某方面有名而被人们称说。不能单独做谓语，常带由介词短语"以"充当的状语或由介词短语"于"充当的补语。

【举例】（1）安徽黄山以其优美的风景和形态各异的松树而著称。

（2）北京这个城市以悠久的历史和丰富的文化而著称于世。

【练习】用"著称"完成下面的句子或对话：

（1）长城是到北京旅游的人必须参观的地方，＿＿＿＿＿＿＿＿＿＿＿＿＿＿＿＿。

（2）饺子是最典型的中国传统美食之一，＿＿＿＿＿＿＿＿＿＿＿＿＿＿＿＿。

（3）A：请你给我们介绍一下你们国家最有名的事物吧。

　　　B：＿＿＿＿＿＿＿＿＿＿＿＿＿＿＿＿＿＿＿＿＿＿＿＿＿＿＿＿＿＿＿。

（4）A：你了解 IBM 公司吗？我毕业以后打算申请到这家公司工作。

　　　B：＿＿＿＿＿＿＿＿＿＿＿＿＿＿＿＿＿＿＿＿＿＿＿＿＿＿＿＿＿＿＿。

6 **幸好，现代人已开始觉醒。**

【解释】幸好：副词，表示由于偶然出现的有利条件而避免了某种不利的事情。意思和用法与"幸亏"相同，但多用于口语。

【举例】（1）房子倒塌的时候，幸好里面没有人。

（2）刚到中国时，我遇到了很多困难，幸好遇到一位好朋友，在他的帮助下，我才渐渐适应了这里的环境。

（3）幸好飞机起飞的时间推迟了，否则我们肯定得迟到。

【练习】用"幸好"完成句子或对话：

（1）我以为妈妈对这部电脑制作的 3D 影片不会感兴趣，但没想到她也想去看，不过，＿＿＿＿＿＿＿＿＿＿＿＿＿＿＿＿＿＿＿＿＿。

（2）他得的这种病是致命的，＿＿＿＿＿＿＿＿＿＿＿＿＿＿＿＿＿＿＿。

（3）A：小李，寒假里的黑龙江之行怎么样？

　　　B：＿＿＿＿＿＿＿＿＿＿＿＿＿＿＿＿＿＿＿＿＿＿＿＿＿＿＿＿＿＿＿。

（4）A：听说你昨天去参加求职面试了，感觉怎么样？

　　　B：＿＿＿＿＿＿＿＿＿＿＿＿＿＿＿＿＿＿＿＿＿＿＿＿＿＿＿＿＿＿＿。

4 现代化和蜗牛

综合练习

Ⅰ 词语练习

一 用画线的字组成其他的词

1. 懒惰：（　　　）（　　　）（　　　）（　　　）
2. 人潮：（　　　）（　　　）（　　　）（　　　）
3. 隐去：（　　　）（　　　）（　　　）（　　　）
4. 预测：（　　　）（　　　）（　　　）（　　　）
5. 派生：（　　　）（　　　）（　　　）（　　　）

二 填入合适的名词

（一）隐去（　　　）　追忆（　　　）　放缓（　　　）
　　　精简（　　　）　回报（　　　）　鼓吹（　　　）
　　　呈现（　　　）　引发（　　　）　预测（　　　）
　　　误导（　　　）　抵制（　　　）　崇尚（　　　）

（二）松弛的（　　　）　浪漫的（　　　）　冷冰冰的（　　　）
　　　懒惰的（　　　）　豪华的（　　　）　渺小的（　　　）
　　　寒酸的（　　　）　廉价的（　　　）　单一的（　　　）

（三）一栋（　　　）　一味（　　　）

三 填入合适的动词

（一）连声（　　　）　大大（　　　）　急剧（　　　）
　　　刻意（　　　）　快速（　　　）　率先（　　　）
　　　悠闲地（　　　）　忙碌地（　　　）　远远地（　　　）

（二）（　　　）闲暇　（　　　）层次　（　　　）专利
　　　（　　　）中外　（　　　）标记　（　　　）饭局

四 填入合适的形容词或副词

（一）（　　　）的步伐　　（　　　）的镜头　　（　　　）的场景

　　　（　　　）的节奏　　（　　　）的资讯　　（　　　）的模式

　　　（　　　）的欲念　　（　　　）的美食　　（　　　）的建筑物

（二）（　　　）地赞许　　（　　　）地递增　　（　　　）地穿插

五 填入合适的量词

一（　　）卡　　　一（　　）书信　　　一（　　）蒸汽机

一（　　）灯　　　一（　　）餐桌　　　一（　　）作坊

六 写出下列词语的近义词或反义词

（一）写出近义词

赞许——　　　往日——　　　追忆——　　　原意——

休闲——　　　快捷——　　　豪华——　　　寒酸——

呈现——　　　欲念——　　　预测——　　　率先——

抵制——　　　崇尚——　　　廉价——　　　觉醒——

（二）写出反义词

时髦——　　　松弛——　　　放缓——　　　增——

后期——　　　浪漫——　　　懒惰——　　　冷冰冰——

快捷——　　　忙碌——　　　豪华——　　　渺小——

沮丧——　　　乐观——　　　廉价——　　　单一——

七 选词填空

> 赞许　赞同　快捷　敏捷　预测　推测　过于　过分　快速　迅速

1. 现在的服务都讲究方便、（　　　），一切为消费者着想。

2. 他不仅不辞而别，而且还拿走了她的东西和钱，真是太（　　　）。

3. 看小丽紧皱着眉头的样子，我（　　　）她一定在为明天的考试犯愁呢。

4. 在比赛进行到一半的时候，红队展开了新的一轮（　　　）进攻，马上占据了比赛的优势。

5. 小王在学校里无论是学习，还是运动都非常出色，性格也很招人喜欢，常常受到老师、同学的（　　　）。

6. 孩子不接受你的意见，是因为你说话的态度（　　　）粗暴，让人感觉很不舒服。

7. 要打好乒乓球，不仅要动作灵活，而且还要反应（　　　）。

8. 气象局的一项重要任务是（　　　）天气变化的情况，提前向公众报告。

9. 老师提出问题后，学生们反应得很（　　　）。

10. 我非常（　　　）保护环境、保护动物的观点，而且认为每个人一定要从我做起，从每一件小事做起。

八　选择正确的答案

1. 他因为堵车来晚了，进来后向大家（　　　）道歉。
   A. 连续　　　　　　　　　B. 连忙　　　　　　　　　C. 连声

2. 自从火车（　　　）以后，从北京到上海就只需要十二个小时了。
   A. 超速　　　　　　　　　B. 提速　　　　　　　　　C. 快速

3. 她真是个（　　　）人，朋友们的生日都记在心里，从不忘记送上祝福的话语。
   A. 有心　　　　　　　　　B. 关心　　　　　　　　　C. 爱心

4. 每次一来冷空气，医院里患感冒和心血管病的病人就（　　　）多了。
   A. 加　　　　　　　　　　B. 提　　　　　　　　　　C. 增

5. 每到寒假或暑假，他都会到大自然中去，享受轻松（　　　）的时光。
   A. 休闲　　　　　　　　　B. 悠闲　　　　　　　　　C. 空闲

6. 自从有了电视，人们每天都可以获得更多、更快、更形象的（　　　）。
   A. 材料　　　　　　　　　B. 资料　　　　　　　　　C. 资讯

7. 清晨，旭日东升，城市从沉睡中醒来，（　　　）出一派勃勃生机。
   A. 出现　　　　　　　　　B. 呈现　　　　　　　　　C. 浮现

8. 本来形势对我们非常有利，但没想到突然发生了（　　　）变化，我们必须制订新的应对措施。
   A. 急剧　　　　　　　　　B. 急性　　　　　　　　　C. 急忙

9. 1500米的决赛进入了最后的冲刺阶段，运动员们都全力以赴地向前跑去，结果还是李明体力充沛，（　　　）冲过了终点。
   A. 优先　　　　　　　　　B. 争先　　　　　　　　　C. 率先

10. 这种电视机是名牌，又有很多新功能，价钱肯定不会便宜，（　　）得5000元以上。

　　A. 起头　　　　　　　B. 起先　　　　　　　C. 起码

11. 地震发生时，我（　　）躲在了一张大桌子下面，才捡回一条命。

　　A. 幸运　　　　　　　B. 幸好　　　　　　　C. 幸免

12. 大夫给我开的这张方子上一共有12（　　）药，都是清热解毒的。

　　A. 粒　　　　　　　　B. 颗　　　　　　　　C. 味

九 选择下面的四字词语填空，并模仿造句

> 天伦之乐　随之而起　分秒必争　伸手可及　遥遥无期　稀世珍品

1. 苹果就在旁边，你（　　　），自己拿一下吧。

2. 在中国传统的大家庭里，人们可以享受到数代同堂的（　　　），但现在这种大家庭不多了，取而代之的是两口或三口人的小家庭。

3. 大学毕业后大家各奔东西，见面的日子（　　　）。

4. 我们公司特别讲究工作效率，上班的时候非常紧张，简直到了（　　　）的地步，到下班时，早就累得什么都不想干了。

5. 这套青花瓷器是明代的产品，同样的东西现在仅存这一套，所以说它是（　　　）一点儿也不过分。

6. 在1919年，以反封建为主要内容的五四运动开始了，文学和文字的改良运动也（　　　），白话文开始盛行起来。

II 课文理解练习

一 根据课文内容判断正误

读第一部分课文，回答下面的问题：

1. 说自己"忙得七荤八素"的人为自己的"忙"而感到自豪。（　　）

2. 问对方忙不忙成了现代社会时髦的问候语。（　　）

3. 根据课文内容，现代人用现成的问候卡代替书信是因为问候卡很漂亮。（　　）

4. 根据课文内容，现代人在工作之余经常全家一起进餐，享受天伦之乐。（　　）

5. 有的人想放慢自己生活的节奏，但因为客观原因而不能实现。（　　）
6. 根据课文内容，蒸汽机的发明使我们的休息时间大大增加。（　　）
7. 根据课文内容，上个世纪的电子革命大大提高了劳动效率。（　　）
8. 根据课文内容，e时代的到来使我们的生活充满诗意。（　　）
9. 作者认为，我们现在的生活节奏越来越快了。（　　）

读第二部分课文，回答下面的问题：

10. 根据课文内容，在现代社会，如果你的行动和思维缓慢，心理上会受到很大的压力。（　　）
11. 作者认为，现代社会反对高消费的生活模式。（　　）
12. 作者认为，先进的电子传媒是造成人们互相比较的罪魁祸首。（　　）
13. 在高消费的冲击下，人们对自己收入永远不满足。（　　）
14. 英国一所大学的调查表明，随着人们生活水平的提高，现在人们的闲暇时间每周至少增加了一天。（　　）

读第三部分课文，回答下面的问题：

15. 事事讲求速度的观念现在已经在东西方流行，没有任何人加以反对。（　　）
16. "慢慢城市联盟"是从意大利的"慢慢吃运动"发展而来的。（　　）
17. "慢慢城市联盟"除了提倡"慢慢吃"以外，还积极支持很多降低生活速度的措施。（　　）
18. 根据文章内容，近代之所以很少出艺术大师和思想家，是因为现代人缺少艺术才能和思想深度。（　　）
19. 文章的最后呼吁大家放慢生活的脚步，常去饭馆吃饭。（　　）

根据课文内容，用指定的词语回答问题或进行讨论

1. 现代人如何看待"忙"？忙碌使现代人的生活发生了什么样的变化？
（听起来　其实　时髦　不足以　因为忙　提速　等不及　代替　往日　松弛　就算　也　根本）

2. 越来越先进的科学技术给我们带来了什么？
（蒸汽机　随之而起　并未　电子革命　精简　反而　递增　到了……地步）

3. 为什么作者说高消费的模式也造成了现代人的忙碌?

（已成为　而不是　不过　最多　传媒　令　呈现　似　又　急剧　代替）

4. 那位英国教授为什么会感到沮丧?

（做调查　发现　预测　起码　过于　上世纪初　但现在　相比　减少）

5. 西方人是如何向"事事讲求速度"的观念发起挑战的?

（质疑　早在　著称　发起　从……开始　提倡　抵制　享受　由此　除了　还　扩大　开辟　少一点　支持　标记）

6. 总结课文内容，造成现代人忙碌的原因有哪些?

7. 对于"慢慢吃运动"和"慢慢城市联盟"所提倡的行为和观念你有什么看法?

三　思考与表述

1. 课文的作者认为，之所以近代很少出艺术大师和大思想家，是因为现代人缺少体验悠闲的感觉，你同意这种看法吗? 说出你的理由。

2. 你认为人们生活节奏的快慢和社会的发展之间有一种什么关系? 在现代社会中能不能有悠闲的生活?

3. 你觉得你现在的生活与你的爷爷奶奶相比有什么变化? 你对自己现在拥有的闲暇时间满意吗?

4. 有人说，又有钱又有闲的生活是最理想的。你同意这种看法吗? 如果这两者只能选择一个，你会选择什么?

5. 如果你有很多闲暇的时间，你最想做哪些事情?

生活是可以这样拐弯的

① 傍晚，从客厅窗子望去，稻田和尽头那幢白墙红瓦的村民小楼笼罩在一片淡淡夕照中，总使我不禁想起卢梭（Étienne Pierre Théodore Rousseau, 1812 – 1867, 法国风景画家）的那些画——《有牛的风景》《河岸》等，笔触严整，流溢的却是梦幻般的静谧。田野、树、小路、人以及动物，一切仿佛可以这样如梦

如幻地安宁下去。

② 然而，城市高架飞速的汽车流、霓虹斑驳（bó）的商厦、灯光通明的商务楼，一切似乎提醒自己应该上紧发条（wind a clock）跟上时代的步伐，否则很有些被淘汰之虞，于是我们多少有点身不由己地裹挟在社会的种种潮流中。我们拥有的物质越来越多，生活越来越复杂丰富，我们的心灵却日益疲惫（píbèi），不见得增添多少愉悦。我们也感叹，却难以放下，或者拐个弯，改变生活方式。于是，那幅淡金色的田园画面就仿佛是一种慰藉，朴素简单的生活大概总归是一种梦想吧，我们有多少力量与社会主流意识抗争？甚至这幅画面本身或许多少也是一种想象？

③ 但总是有许多人听从内心的召唤，从复杂纷繁的社会主流轨道上抽身，走向并创造出自己的生活空间。在堪称世界最发达国家的美国，有些人离开繁华都市，比如纽约，去乡下买一块地，自己耕种、做食物、缝衣服，与邻居一起交流耕作经验，物物交换，共享劳动成果。他们远离电视等现代媒体，步行去小镇商店购物；他们比赚钱更看重家庭成员间的亲密关系，重视和体验着爱的价值；孩子们参与劳作，在大自然中玩耍和体验、唱儿歌、自己讲故事，用身心感受真实的世界……这些图景来自《简朴生活读本》一书，那些信奉和实践着简朴生活的人写出自己的想法和感受，告诉我们这样一种生活信念和生活方式。

④ 选择过简朴生活，并不是一种被动的选择，而是源于心灵深处对现代生活的个性化理解的主动选择。他们感到"这个世界都好像坐在一列飞速下坡、不断加速的火车上，虽然许多人为自己所走的方向感到惊愕（è），但他们又似乎找不到安全跳车的方法"。于是，他们重新选择生活：慢速度、朴素衣服、低科技、更多的体力劳动，心灵的简单纯净，抵制漫卷一切的消费文化和技术的统治。他们实践着，也欢乐着。

⑤ 我并不完全认同诸如"颠覆生活的经典之作"之类的阿谀（ēyú）之词，但我认同"这是一本关于欢乐的书"，我感觉叙述人的确弥散着一种心灵单纯的欢乐。当然，简朴生活其实还是有所"待"的，比如要有点地以耕种，有社区形成一种生活互助。事实上，它的意义更在于一种理念：生活的欢乐不在于拥有永远没个够的物质资源，真正重要的是人内心的丰富，是家庭和人际之间的爱和温情。在人们越来越多地希望占有更多资源的现时代，在全球社会都趋于技术理性和消费同一性的当下，简朴生活的意义彰（zhāng）显于此。

⑥ 现代人其实是很难回到过去的，我想简朴生活也应该不是为了回到过去，如此，人类文明史上的所有发明创造似乎都将是一种虚妄，而非人类智慧的成功。问题在于，人类文明过分地相信发展，以至于人类如今受制于自己的文明，受制于大量攫（jué）取地球资源的商品生产，而忽略人性的平衡发展，以为机器文明就意味着人类的一切。那么，重新选择过一种低技术的生活，与其说是一种生活的选择，不如说更诠（quán）释着一种心灵所趋。毕竟，生活的状态也许并非永远该这样"进化"下去的，它可以拐弯，可以离开主河道，关键在于我们对生活的认识和思考，以及在众口一词中自身的选择。

⑦ 虽然这需要勇气，但值得去努力。

（作者：龚静　选自《青年报》）

阅读练习

一　根据文章内容判断正误

阅读第①—③段，做下面的题：

1. 从作者所用的语言可以看出，作者很欣赏卢梭的画所表现的意境。（　　）
2. 作者所说的"上紧发条"意思就是人们要像钟表一样准时准点。（　　）
3. 作者认为丰富的物质给我们的生活带来了幸福和愉快。（　　）
4. 根据文章的内容，我们的生活方式之所以难以改变，是因为我们被社会的潮流裹挟着，身不由己。（　　）
5. 根据文章的内容，有些美国人来到乡村过一种简朴的生活。（　　）
6. 这些过着简朴的生活的美国人也每天都会看电视或上网。（　　）
7. 在这些过着简朴生活的美国人看来，家庭成员之间的亲密关系比赚钱更加重要。（　　）
8. 作者是从一本书上了解到这些美国人的生活的。（　　）
9. 这些美国人之所以选择简朴的生活，是因为受到了社会的逼迫，不得已而为之。（　　）

读第④—⑦段，做下面的题：

10. 在作者说的"简朴生活"中，人们是独立完成自己的所有事情，不需要别人的帮助。（　　）
11. "简朴生活"的一个重要理念是：拥有丰富的物质资源并非欢乐的生活的根本。（　　）
12. 作者写出这样的内容，目的是希望人们回到过去的时代去。（　　）
13. 作者认为"机器文明就意味着人类的一切"这种观点是错误的。（　　）
14. 作者所说的"生活可以拐弯"，意思就是"离开主河道"，改变我们现在的生活方式。（　　）
15. 作者之所以说这样做"需要勇气"，是因为要找到一个可以过简朴生活的地方不容易。（　　）

二　思考与表述

1. 这篇文章所表述的内容与课文相比有什么相同与不同之处？
2. 你是怎样理解作者所说的"生活是可以这样拐弯的"这句话的意思的？
3. 如果可以选择，你会去过作者所说的那种"简朴生活"吗？为什么？
4. 你认为人类技术与经济的继续进化与人性的平衡发展是否矛盾？

上天自有安排

课前思考

1. 在你看来，命运是上天安排的还是自己创造的？
2. 你如果爱上了一个人，会主动向对方表达吗？
3. 这篇小说的作者述平是中国当代著名作家、电影编剧。故事讲述了男主人公周健的阴差阳错的婚恋经历。请读一读，思考一下，周健的命运是由什么决定的。

第一部分

　　第一眼看到女医生的时候,周健觉得有这样的一个女人做妻子还是挺合适的。几次约会以后,又更进一步地印证了自己的这一想法。女医生不但**给**他**以**各种关心,同时也很依赖他,两人终于在三个月以后,也就是在看了十几部电影,走了几十公里的马路以后,举行了一次小有规模的婚礼,组成了一个家庭。

　　这时候的周健已经在这所中等专业学校①工作了三年多,其间有不少人给他介绍过对象,都被他用各种办法回绝了。大家都普遍认为此人的眼光挺高。他举行婚礼的那天,单位里有关的人都来庆贺,不少人都觉得他找的这个人看着挺一般的,不比他们介绍的那些姑娘强多少。

　　对此周健自己也是清楚的,他真正倾心的女人在所有的这些女人之外,事实上这个女人差不多每天都在自己的眼皮底下②,这就是坐在他办公桌对面的小刘。

　　小刘大学毕业以后就来了这里。她刚分到这个教研室③的那天,周健觉得自己一下子变得特殊的敏感,感觉周围的景物都因此而发生了某种变化。他甚至闻到了主任放在窗台上已经多年的一盆月季花散发出来的阵阵清香,以前他对这东西毫无感觉。

1	上天	shàngtiān	(名)	上帝;天帝。
2	印证	yìnzhèng	(动)	证明与事实相符。
3	依赖	yīlài	(动)	依靠别的人或事物而不能自立或自给。(依赖——依靠)
4	其间	qíjiān	(名)	指某一段时间。
5	回绝	huíjué	(动)	答复对方,表示拒绝。
6	庆贺	qìnghè	(动)	为共同的喜事表示庆祝或向有喜事的人道喜。
7	倾心	qīngxīn	(动)	一心向往;爱慕。
8	敏感	mǐngǎn	(形)	生理上或心理上对外界事物反应很快。
9	清香	qīngxiāng	(形)	清淡的香味。

一只小鸟。

这是他自己给小刘起的名字，实际上是个俗不可耐的比喻，但也是一个最恰当不过的比喻，一种爱称。他从未用这个爱称叫过她，也未对其他人说起过，它只存在于他的内心，一只想象的手在不断地抚摸着它的羽毛。两人始终保持着同事之间的正常交往，每次当他的目光在她的脸上停留得多一些的时候，她就会抬起头来看他一眼，然后又迅速地把目光移向别处。

一天，当小刘去讲课的时候，周健在她的桌子上发现了一本泰戈尔④的诗集。他把这本诗集拿在手里翻着看了看，觉得这个小女孩很不一般。回家以后，他也把尘封已久的另外的一本泰戈尔诗集翻出来看，越看越觉得老人家的诗写得真是不错。

主任老魏似乎看出了一点什么，跟他谈起了小刘，他并且还意味深长地说，小刘对他的印象也是很好的。此时周健不禁有些心慌，尽可能不去看老魏的眼睛。

老魏的话给了他一定的信心。他开始认真地设想自己与小刘继续接近的可能。

终于有一天，他说自己过生日，邀请教研室的全体同事都到他的家里去，这是他有意识采取的一个步骤，以前对所谓生日不生日的他并不在意，对于他来说，发起这样的一次集体活动不过是一个借口而已，他真正的目的其实就是想让小刘到他家来认认门⑤。

大家在一起的时候自然都很快活。这个生日由于小刘的到来，以及同事们共同营造的那样一种气氛，远远地超出了他预先想到的效果。平时面孔很严肃的人这时候都好像焕发了青春，老魏甚至还讲到了他年轻时候跟一个姑娘的浪漫故事。当他讲到这个姑娘在排队买饭的时候如何用胳膊肘碰他，他又是如何吓得直躲的时候，大家都乐了，都说看不出来他还有这么一段。这种情形让周健很高兴。

有人提议在场的人以后无论谁过生日都要来这么一次聚会，说完这话以后，大家就开始互相询问各自的生日并作了一个记录。周健注意到小刘的生日与现在隔得很远。

周健的姐姐有一幅照片摆放在桌面上，小刘过去盯着看的时候说，她长得很美。

"还有更美的。"周健于是就翻出了一本影集拿给她看，那里面有很多他小时候的照片。他指指点点地给她讲解，周健指着自己的一张显得非常无知的百日照⑥说："你看我那时候像不像一只熊？"小刘一边看一边捂着嘴乐。她对他成长过程中被固定下来的那些时候很感兴趣。后来小刘又站在了他的书架前，当她浏览那些花花绿绿的书脊的时候，一下子就发现了泰戈尔。周健注意到此时小刘的眼睛明显地亮了一下。

10	俗不可耐	sú bù kě nài		庸俗得让人无法忍受。
11	比喻	bǐyù	（名）	指用甲事物来说明乙事物的特点。
12	爱称	àichēng	（名）	表示喜爱、亲昵的称呼。
13	抚摸	fǔmō	（动）	用手轻轻按着并来回移动。
14	羽毛	yǔmáo	（名）	鸟类身体表面所长的毛。
15	诗集	shījí	（名）	编辑一个人或许多人的诗而成的书。
16	尘封	chénfēng	（动）	搁置已久，被尘土盖满。
17	意味深长	yìwèi shēncháng		意思深刻，耐人寻味。
18	此时	cǐshí	（名）	这时候。
19	有意识	yǒuyìshí	（副）	主观上意识到的；有目的有计划的。
20	而已	éryǐ	（助）	罢了。用在陈述句的末尾，有"仅此而已"的意思，常与"不过、无非、只是"等词前后呼应。
21	营造	yíngzào	（动）	有目的地造（气氛、环境）。（营造——营建）
22	胳膊肘	gēbozhǒu	（名）	肘，也说胳膊肘子。elbow
23	在场	zàichǎng	（动）	亲身在事情发生、进行的地方。
24	影集	yǐngjí	（名）	用来收集和保存照片的本子。
25	指点	zhǐdiǎn	（动）	指出来使人知道；点明。（指点——指示）
26	讲解	jiǎngjiě	（动）	解释；解说。
27	无知	wúzhī	（形）	缺乏知识；不明事理。
28	捂	wǔ	（动）	遮盖住或封闭起来。
29	浏览	liúlǎn	（动）	大略地看。
30	花花绿绿	huāhuālǜlǜ	（形）	形容颜色鲜艳多彩。
31	书脊	shūjǐ	（名）	书籍被钉住的一边。一般印有书名、出版机构名称等。也叫书背。spine（of a book）

"你的这本跟我的那本不一样。"

"送给你。"

"那我看完就还你。"

"还和不还都是一样的。"周健觉得自己的这句话说得意味深长,在家里说话跟在单位就是不一样。

小刘的脸微微红了一下,继续看别的什么书。

周健觉得跟小刘在一起的时候在某些方面似乎有那么一种天然的默契。只要一方说什么,另一方就会敏捷地作出反应,而且还有那么一种极其微妙的交流,这正是他这么些年来努力寻找的一种感觉。

这个生日过得很有意义,他不禁为此而有些陶醉,觉得自己正在接近小刘。

因为小刘的存在,他觉得自己在这所学校里的意义一下子显得非常重大,似乎他来此地就是为了等待她的到来似的。这简直就是上天安排好了的,一切都在表明这种安排**纯属**天意。

一个星期六,周健趁小刘要下课的时候匆匆地写了一张字条,大意是说他想在星期天请小刘在家里一块吃饭,并和她一起谈谈泰戈尔。他定的时间是星期天的下午两点。

这个决定整个上午都在他的脑袋里转,它终于在下班之前转出来了,落实在了一张纸上。对于他来说,这是一个大胆的举动。他在写字的时候,脑袋里有一个声音在竭力地劝阻他,而他的笔却还是不由自主地写下去,只是这时候他的手不免有些不易察觉的颤抖,字迹看起来略显潦草。

他把这张字条夹在小刘的那本诗集里了,一块纸边明显地露出了书外,很容易看到的。小刘进屋来的时候,他就起身往门边走。他不想在她看字条的时候,和她的目光对视,那会使他觉得无地自容。当他看到小刘准备拿出夹在书里的那张字条的时候,就飞快地闪出了门外。

第二部分

星期天下午,他把家里所有的人都赶走了,让他们七点钟以后再回来,说是有一些朋友要在这里聚会,然后他就自己上街买了一些东西,亲自动手下厨房。他在做这些的时候,既紧张又愉快。

将近两点钟的时候，他已经把大部分的菜都做好了，剩下的几个热菜到时候在锅里炒一下就行。这时候他的音响正播放着美妙舒缓的乐曲，而他自己却觉得更加紧张。

时间在一点一点地向两点靠近，想象中小刘像个小鸟一样正朝这边缓缓地飞来。他坐在那里，静静地等待着敲门的声音，等待着一个重大时刻的降临。

当两点钟这个致命的时刻终于到来的时候，他仿佛听到了敲门的声音。他

32	微微	wēiwēi	（形）	很细小；很轻微。
33	默契	mòqì	（形）	双方的意思没有明白说出而彼此有一致的了解。
34	敏捷	mǐnjié	（形）	（动作等）迅速而灵敏。（敏捷——灵敏）
35	微妙	wēimiào	（形）	深奥玄妙，难以捉摸。delicate；subtle
36	陶醉	táozuì	（动）	很满意地沉浸在某种境界或思想活动中。
37	纯属	chúnshǔ	（动）	纯粹是。
38	天意	tiānyì	（名）	上天的意旨。
39	匆匆	cōngcōng	（形）	急急忙忙的样子。
40	落实	luòshí	（动）	使落到实处，可以实现。carry out；make sure；ascertain
41	竭力	jiélì	（动）	用尽一切力量；尽力。
42	劝阻	quànzǔ	（动）	劝人不要做某事或进行某种活动。
43	察觉	chájué	（动）	发觉；看出来。
44	字迹	zìjì	（名）	字的笔画和形体。
45	潦草	liáocǎo	（形）	（字）不工整。
46	字条	zìtiáo	（名）	写上简单话语的纸条。
47	对视	duìshì	（动）	互相看。
48	无地自容	wú dì zì róng		没有地方可以让自己藏起来，形容十分羞惭。
49	将近	jiāngjìn	（副）	（数量等）快要接近。
50	音响	yīnxiǎng	（名）	播放音乐等声音的电器设备。
51	播放	bōfàng	（动）	通过广播等放送。
52	美妙	měimiào	（形）	美好，奇妙。
53	舒缓	shūhuǎn	（形）	缓慢。
54	乐曲	yuèqǔ	（名）	音乐作品。

站在门边听了听，却什么也没有听到，把门拉开一看，外面空无一人。这一次他把门开了一条缝，并去屋里把音响的音量调小了许多。

两点钟缓慢地过去了，这时候他在想，小刘是不是在路上遇到了诸如交通阻塞之类的问题。他像一个老太婆担心自己的年幼的孙子在外面会出什么事一样担心着小刘。这时候他不免有些心烦意乱，一时间，把有关这个问题的方方面面都考虑了一遍，却得不出任何一个确定的结论。

接着就三点钟了，再接下去就到了四点，然后又到了五点，几个小时过去了以后，他感到自己差不多垮下来了。这个下午的几个小时使他觉得自己经历了整整一个世纪。他的思绪因此而纷纷扬扬，延伸到了很远很远的地方。

天渐渐黑下来了，屋子里已经显得很暗。周健没有开灯，他坐在沙发上，好像已经死去了一般。

后来他终于听到了敲门的声音，这个声音在绝望之中给了他最后的一点光亮，他急步来到门前。

来人已经推门进来了，门本来就是开着的，周健在暗影中看到的是一个男人的身材。

"怎么不开灯，干嘛呢？"

"没干什么，睡着了。"

他做出一副疲倦的样子，把灯打开了。

来的人是他在大学时的一个同学。他们并不经常见面，他能在今天来这儿，也是出乎周健意外的一件事。

"哟，弄了这么些菜，等谁呢？"

"没等谁，你既然来了，那就是等你了。"

"什么人什么命⑦。我正饿着呢，有酒吗？"

"应有尽有。"周健勉强地笑了一下。

这个家伙来得可真是时候，否则这一桌的饭菜摆在这儿等家里人回来还没法解释呢。现在终于有个人能和他一起坐这里像模像样地吃上一顿了。

一切都按照应有的程序进行，把该炒的菜炒了，把酒打开，坐下来一边谈话一边吃东西。地方还是这个地方，只不过时间变了，人也不是那个人，这个时候周健的心情很复杂。

这个同学说他今天来这儿，没什么别的事，就是想给他介绍个对象。在此之前，他曾开玩笑说，包办他的婚姻大事是他一生的重大使命。他已经给他介绍过两个了，周健说他看了以后很伤心。

"这次这个肯定行。"接着这个同学就把女方的情况对他作了一下介绍。

如果在此之前的某个时刻，这个同学不会使他认真起来，他会像以往一样对这件事给以充分的调侃，但此时的周健却非常急于见到这个被描述的女人。这个女人的出现可以让自己头脑中的那个形象变得模糊起来，此时此刻

55	致命	zhìmìng	（形）	可能导致丧失生命，形容后果极其严重。
56	空无一人	kōng wú yì rén		一个人也没有。
57	缝	fèng	（名）	缝隙（xì）。chink；slit；crack
58	音量	yīnliàng	（名）	声音的强弱；响度。
59	调	tiáo	（动）	使配合得均匀合适。
60	诸如	zhūrú	（动）	举例用语。放在所举例子的前面，表示不止一个例子。
61	老太婆	lǎotàipó	（名）	老年妇女。
62	年幼	niányòu	（形）	年纪小。
63	心烦意乱	xīn fán yì luàn		心情烦躁，思绪杂乱。
64	一时间	yìshíjiān	（名）	很短的时间里；突然间。
65	垮	kuǎ	（动）	课文中指精神崩溃。
66	思绪	sīxù	（名）	思想的头绪；思路。
67	纷纷扬扬	fēnfēnyángyáng	（形）	（雪、花、叶等）飘洒很多而杂乱。
68	延伸	yánshēn	（动）	延长；伸展。（延伸——延长）
69	绝望	juéwàng	（动）	希望断绝；毫无希望。
70	光亮	guāngliàng	（名）	亮光。
71	急步	jíbù	（名）	快步。
72	暗影	ànyǐng	（名）	阴影。shadow
73	应有尽有	yīng yǒu jìn yǒu		应该有的全都有了，表示一切齐备。
74	像模像样	xiàng mú xiàng yàng		像个模样。指像正式的、合乎标准或本应有的样子。
75	包办	bāobàn	（动）	一手办理，单独负责。
76	使命	shǐmìng	（名）	派人办事的命令，多比喻重大的责任。
77	以往	yǐwǎng	（名）	从前；过去。
78	调侃	tiáokǎn	（动）	用言语戏弄；嘲笑。
79	急于	jíyú	（副）	想要马上实现。
80	描述	miáoshù	（动）	形象地叙述。

这对于他很重要。

他问了来人一句："我什么时候能见到你说的这个人？"

"随时都可以。"

"过一会儿咱们就去看看行不行？"

"你**至于**这么急吗？"

"你说的这个人对于我来说可能是最合适的一个，我想验证一下是不是那么回事，要不我整个晚上都睡不好觉。"

"这样也好，我还没跟那边说你，咱们假装路过吧，反正我回去也是顺道，不算太远，到那儿坐一会儿就走。"

两人骑着自行车去了那里，结果一坐就是一个多小时。

没想到双方的谈话来得很投机，对随便说起的很多事情都有相近的看法。被介绍的这个年轻的女医生跟同学描述的样子差不太多，情况基本属实，一看就是那种可以做妻子的人。看了让人很放心。

自从小刘那天下午没有出现，他在办公室里再看见她的时候，就很不得劲，他尽量装得没那么回事似的，小刘见到他的时候也是一副很不自在的样子，两人的眼光一旦对上，马上就都迅速地闪向另一边。他们都在互相躲避，基本上不说话了。

与此同时，周健开始了正式的恋爱。他经常在没什么事的时候请假离开。在办公室里他或者打电话给女医生，或者女医生来电话找他，两人频繁约会，每次接电话他的样子都显得很甜蜜。每当这种时候，小刘就借故走开。两人接触的机会少了，泰戈尔也一下子显得陌生而遥远。

周健在和女医生谈恋爱期间有很多热烈而丰富的内容，尤其是在后期，周健对她提出的各种要求她都极其顺从地**予以**满足。两人配合得很好，关系发展得极其迅速。她的确是个适合做妻子的人。

有一次他的那个同学问情况怎么样。他说，"挺好，就像谈恋爱一样。"

再以后不久，周健就和女医生开始筹备结婚了。他邀请了单位里的一些有关人士，并且还邀请教研室的全体同事去他那里参加婚礼。大家对他这么快就宣布了结婚消息都感到很惊奇。

小刘则一声不吭。

结婚那天，来了不少人。

周健穿着新衣服，戴着小红花，喜气洋洋地站在门口迎接所有的来宾，接受着大家的祝贺。小刘出现得比较晚，她给他带来了一个很大的玩具熊。周健曾开玩笑说自己有些像熊，他那么说的时候，小刘曾捂着嘴笑过。

周健在接受这个礼物的时候，显得很轻松的样子说了一句："等你结婚的时候，我送你一只胖鸟。"

小刘微微笑了一下，说话的声音很轻：

"其实那天我到你家去了，在外面走了好几圈儿，就是没敢进去。"

听到这话，周健低下头去，他再一次抬头说话的时候眼睛里已经有了泪水。

"这话你要是提前一天跟我说，我今天就不结婚了。"

（作者：述平　选自《作家》）

81	来人	láirén	（名）	前来办事的人。
82	验证	yànzhèng	（动）	通过试验使得到证实。verify
83	顺道	shùn dào		顺路。
84	投机	tóujī	（形）	兴趣相合，见解相同。
85	属实	shǔshí	（动）	符合事实。
86	得劲	déjìn	（形）	舒服合适。
87	自在	zìzài	（形）	安闲舒适。
88	频繁	pínfán	（形）	（次数）多。
89	甜蜜	tiánmì	（形）	形容感到幸福、愉快、舒适。
90	借故	jiègù	（动）	以某种原因为借口。
91	顺从	shùncóng	（动）	依照别人的意思，不违背，不反抗。
92	予以	yǔyǐ	（动）	给以。
93	筹备	chóubèi	（动）	为某种重要活动或成立机构事先筹划准备。
94	一声不吭	yì shēng bù kēng		一句话也不说。
95	喜气洋洋	xǐqì yángyáng		形容人心中喜悦，非常快乐的样子。
96	来宾	láibīn	（名）	前来的客人，多指来参加重要活动的客人。
97	玩具熊	wánjùxióng	（名）	模仿熊的形象做的玩具。

注释

① **中等专业学校** zhōngděng zhuānyè xuéxiào：实施专业教育的学校，修业年限一般为二至三年。如农业专科学校、师范专科学校、医学专科学校等。简称中专。

② **在自己的眼皮底下** zài zìjǐ de yǎnpí dǐxia：强调就在眼前。

③ **教研室** jiàoyánshì：教育机构中研究教学问题的组织。

④ **泰戈尔** Tàigē'ěr：（Rabindranath Tagore，1861—1941）印度作家、诗人、社会活动家，获1913年诺贝尔文学奖。

⑤ **认认门** rènren mén：去别人的家，熟悉一下别人家在哪儿。

⑥ **百日照** bǎirìzhào：孩子出生一百天时拍的纪念照。

⑦ **什么人什么命** shénme rén shénme mìng：什么样的人有什么样的遭遇或机遇。

词语辨析

1 依赖——依靠

【牛刀小试：把"依赖"或"依靠"填入下面的句子中】

1. 现在中国的年轻人中，有一种人被称为"啃老族"，指的是那些已经成年但还在经济上（　　）于父母的人。

2. 在中国，大部分老年人在失去生活能力后，主要还是要（　　）子女的照顾。

3. 市长因为犯法而被抓起来以后，有些人在政治上就失去了（　　）。

4. 在大自然中，各种动植物都是互相（　　）而生存的。

5. 父母对孩子的过度照顾不利于培养孩子的独立生活能力，而只会使他们的（　　）性越来越强。

【答疑解惑】

语义

都有凭借他人或事物的支持的意思。不同之处在于：

a. 语义轻重不同，"依赖"的语义比"依靠"重。

【例】（1）你早该自立了，不能再依赖 / 依靠父母了。

（2）你不能总是 依赖/依靠 别人的帮助。

b. 语义侧重点也有所不同，"依赖"着重指完全依靠，不能自主或自给；"依靠"着重指凭借（别的人或事物来达到一定目的）。

【例】（3）一个经济上完全依赖他国的国家是不可能保持独立自主的国格的。

（4）我们要准确地掌握天气变化的情况，还得依靠当地的天气预报。

（5）依靠一种必胜的信念，他们爬到了山顶。

c. "依赖"还表示各个事物或现象互为条件而不可分离。"依靠"没有这个意思。

【例】（6）生产部门和销售部门是两个相互依赖、相互促进的部门。

（7）黑与白、高与矮、美与丑都是互相依赖而存在的。

用法

词性：都是动词，但"依靠"还可做名词，指可以依靠的人或事物。"依赖"没有这个用法。另外，"依赖"可以组合成"依赖性"。

【例】（8）生活在这个社区里，我们这些孤寡老人生老病死都有了依靠。

（9）那个失宠的政治家正在努力寻求政治上的依靠。

2 营造——营建

【牛刀小试：把"营造"或"营建"填入下面的句子中】

1. 为了防风固沙，中国政府早在几十年前就开始（　　　）三北防护林，现在已经初见成效。

2. 工人们正在搬运建筑材料，准备在花园的中心（　　　）一座民族风格的建筑物。

3. 在举行婚礼的过程中，很多人喜欢燃放爆竹，来（　　　）欢乐的气氛。

4. 爸爸妈妈用勤劳的双手为孩子们（　　　）了一个幸福温暖的家。

5. 近年来，为了吸引外资，中国政府出台了一系列的政策和措施，改善投资环境，（　　　）了一个良好的合作氛围。

【答疑解惑】

都是动词，都有经营建造的意思，不同之处在于：

a. "营造"的对象比"营建"广泛。"营造"除用于经营建筑工程外，还用于有计划地建造森林；"营建"主要用于建筑工程。

【例】（1）近十年来，房地产公司 营造/营建 了大批商品房。

（2）这个小小的儿童乐园是村民集资 营造/营建 的。

（3）我们应该在大西北营造大面积防护林，以防沙漠继续南移。

b."营造"还可用于有目的地制造气氛，"营建"不可。

【例】（4）春节来临之前，中国人通常都利用春联、倒贴的"福"字、年画等营造出过年的气氛。

（5）这家咖啡馆的桌上都点着蜡烛，摆着鲜花，努力营造一种温馨浪漫的气氛。

3 指点——指示

【牛刀小试：把"指点"或"指示"填入下面的句子中】

1. 这是我的论文初稿，请老师给我（　　）。
2. 听到背后有人对自己（　　）的，老王嗤之以鼻，毫不理睬。
3. 领导（　　）我们一定要搞好市场调查，为新产品的开发做好准备。
4. 我初来乍到，对什么都不了解，今后还请各位多多（　　）。
5. 这是校长的（　　），我们必须遵照落实，丝毫马虎不得。

【答疑解惑】

语义

都有给人指明方向、方法的意思，但侧重点和程度深浅不同。"指点"侧重于指出来使人知道，有"点明、点拨"的意思，程度浅；"指示"侧重于指明处理问题的原则和方法，多用于上级对下级或长辈对晚辈，语义庄重，程度深。

【例】（1）爷爷指点给我看，哪是织女星，哪是牵牛星。

（2）小王耐心地指点我怎么在电脑里输入汉字。

（3）经武林高手指点后，他的武功大有进步。

（4）公司总部指示：该部门经理必须就此事故写一份详细的报告。

（5）国务院指示各级政府要进一步做好反腐倡廉的工作。

"指点"还指在一旁或背后说人的缺点或错误。"指示"没有这个意思。

【例】（6）有话当面说，别在背后指点。

用法

词性：都是动词。但"指示"还可做名词，指给下级下达的文件或口头指示下级的话。"指点"没有这种用法。

【例】（7）这件事必须按照上级的指示办理。

（8）李区长把市长的指示一一记在了本子上。

重叠："指点"是"指出来使人知道"的意思时，重叠为"指点指点"；是"在一旁或背后说人的缺点或错误"时，重叠为"指指点点"。"指示"一般不重叠使用。

【例】（9）我是新手，工作方面还不太熟悉，请大家多指点指点我。

（10）自从同学们都知道她在书店偷书的事之后，她总是感觉有人在她背后指指点点的。

4 敏捷——灵敏

【牛刀小试：把"敏捷"或"灵敏"填入下面的句子中】

1. 灾害现场，搜救犬利用它们（　　）的嗅觉挽救了一个又一个生命。
2. 参加这样的智力竞赛要求选手必须有一个（　　）的头脑。
3. 这个火灾报警器非常（　　），只要有一点烟雾它就会作出反应。
4. 这位功夫大师身手（　　），武艺高强，在武林中所向无敌，谁也不是他的对手。
5. 这位老寿星已经九十高龄了，但耳朵还非常（　　）。

【答疑解惑】

都是形容词，都有迅速灵巧的意思。不同之处在于：

a. "敏捷"侧重于思维、行动方面的灵活、迅速；"灵敏"除了用于思维、行动上，还可用在感觉方面。

【例】（1）老赵虽然年纪大了，但思维还很敏捷/灵敏。

（2）一群猴子敏捷/灵敏地在树上攀援跳跃。

（3）狗的嗅觉十分灵敏。

（4）蝙蝠完全依靠灵敏的耳朵来辨别方向。

b. "灵敏"还可指对极微弱的刺激、信号、先兆等能迅速作出反应；"敏捷"没有这个意思。

【例】（5）仪器上灵敏地显示出患者的病情。

（6）这台收音机不太灵敏，只能收到几个电台，而且还不太清楚。

（7）报春花之所以叫报春花，是因为它十分灵敏地反映了春天的脚步。

5 延伸——延长

【牛刀小试：把"延伸"或"延长"填入下面的句子中】

1. 我打算（　　）在北大的学习时间。

2. 道路蜿蜒曲折地向前（　　　），一直通到我家的门口。

3. 为了（　　　）患者的生命，医生采取了一切可以采取的措施。

4. 沙漠在不断地向四面（　　　），吞噬了大片的绿地和森林，我们必须采取措施遏制这种现象的发展。

5. 考试期间，图书馆晚自习的时间（　　　）到晚上 12 点。

【答疑解惑】

语义

　　都有向长的方面发展的意思。但侧重点不同，"延伸"侧重于向长的方面伸展，着眼于距离和范围；"延长"主要指延长距离和时间。

　　【例】（1）高速公路**延伸/延长**至这个小镇以后，迅速带动了当地的经济发展。

　　　　（2）这条国际航线**延伸/延长**了 500 多公里。

　　　　（3）本国的法律是不能**延伸**到国外的。

　　　　（4）安娜想**延长**在华居留时间。

用法

　　词性：都是动词。

　　搭配："延伸"使用范围窄，只能用于物；"延长"使用范围较广，既可用于物，也可用于生命等。

　　【例】（5）车子继续朝前开去，地平线也不断地**延伸**着。

　　　　（6）因为遇到特殊情况，交货期只好**延长**一天。

　　　　（7）器官移植手术帮助无数患者**延长**了生命。

语言点

1　女医生不但给他以各种关心，同时也很依赖他……

　　【解释】给……以……："给"是介词，介绍出事物的接受者。"以"字也可以不用，意思相同。用"以"，书面色彩较浓。

　　【举例】（1）我们怎样才能**给**历史人物**以**公正的评价呢？

　　　　　（2）孔子的思想**给**中国**以**巨大的影响。

（3）母亲的话虽然只有短短的几句，却给了这几个正在成长中的孩子以巨大的推动力量。

（4）这次战役给侵略者以致命的打击。

（5）他总是给周围的人以春天般的温暖。

【练习】用"给……以……"完成句子

（1）他的勤劳勇敢＿＿＿＿＿＿＿＿＿＿＿＿＿＿＿＿＿＿＿的印象。

（2）这次失败＿＿＿＿＿＿＿＿＿＿＿＿＿＿＿＿＿＿＿＿的教训。

（3）这次高考落榜＿＿＿＿＿＿＿＿＿＿＿＿＿＿，他从此失去了自信心。

（4）＿＿＿＿＿＿＿＿＿＿＿＿＿＿＿＿＿＿＿＿＿＿＿＿＿的影响。

2 一切都在表明这种安排纯属天意。

【解释】"纯属"意思是"完全是"，常用于四个字的固定词组中。

【举例】纯属巧合 / 纯属误会 / 纯属捏造 / 纯属虚构 / 纯属狡辩 / 纯属无稽之谈 / 纯属谎言 / 纯属欺骗 / 纯属偶然 / 纯属偏见 / 纯属个人意见

【练习】选用上面的词语完成句子

（1）这条新闻完全没有根据，＿＿＿＿＿＿＿＿＿＿＿＿＿＿＿＿＿＿＿。

（2）那个被告在法庭上说的话＿＿＿＿＿＿＿＿＿＿＿，其目的无非是掩盖自己的罪行。

（3）本片＿＿＿＿＿＿＿＿＿＿，如果电影里的情节与某人的情况一致，那＿＿＿＿＿＿＿＿＿＿。

（4）这件事＿＿＿＿＿＿＿＿＿＿，希望你们双方尽快坐到一起谈一谈，消除彼此间的误解。

3 ……但此时的周健却非常急于见到这个被描述的女人。

【解释】急于：副词，表示想要立即实现。

【举例】（1）记者采访那位歌手时问道："我发现无论你的歌路还是服饰，都开始变得成熟，对于刚刚20岁的你来说，为什么那么急于"长大"？"

（2）俗话说"慢功出细活"，我们不能急于求成。

（3）对新发行的股票，一部分人尚在观望，并不急于购买。

（4）他急于告诉大家这个好消息，也不管时间有多晚，拿起电话就打。

（5）这家商场急于回笼资金，所有过季商品一律降价处理。

【练习】用"急于"完成句子

（1）做事情要一步一步地来，＿＿＿＿＿＿＿＿＿＿＿＿＿＿＿＿＿＿＿＿＿＿。

（2）开会时，他总是想好了再说，＿＿＿＿＿＿＿＿＿＿＿＿＿＿＿＿＿＿＿。

（3）因为＿＿＿＿＿＿＿＿＿＿＿＿＿＿＿＿＿＿，我买了半夜上车的火车票。

（4）那个姑娘＿＿＿＿＿＿＿＿＿＿＿＿＿＿＿，就自动降低了自己的择偶标准。

4 你<u>至于</u>这么急吗？

【解释】至于：动词，表示达到某种程度。常用于否定式"不至于"；也常用于反问"至于……吗""何至于""哪至于"。承接上文或对话时，"不至于"可单独做谓语。

【举例】（1）不就是听写生词吗？至于这么紧张吗？

（2）这道数学题不太难，好好想一想，不至于做不出来。

（3）平时多复习，何至于考试不及格？

（4）当初要是听我的，事情哪至于发展到这种程度？

（5）A：他不会反对我的意见吧？

　　B：我看，不至于。

（6）A：听说他们俩因为意见不合，现在都互不理睬了。

　　B：不至于吧？

【练习】完成句子或对话（1-2题用"至于"）

（1）他眼睛近视，但这么大的字还＿＿＿＿＿＿＿＿＿＿＿＿＿＿＿＿＿＿＿。

（2）A：他俩不会分手了吧？

　　B：＿＿＿＿＿＿＿＿＿＿＿＿＿＿＿＿＿＿＿＿＿＿＿＿＿＿＿＿＿＿＿。

（3）＿＿＿＿＿＿＿＿＿＿＿＿＿＿＿＿＿＿＿＿＿？至于这么紧张吗？

（4）要是＿＿＿＿＿＿＿＿＿＿＿＿＿＿＿＿＿＿＿＿＿，哪至于病成这样？

（5）当初要是＿＿＿＿＿＿＿＿＿＿＿＿＿＿＿＿＿＿＿，公司何至于破产呢？

5 周健对她提出的各种要求她都极其顺从地<u>予以</u>满足。

【解释】予以："予"是动词，意思是"给"。"予以"的意思是"给以……"，后面多跟双音节及物动词。

【举例】予以解决 / 予以肯定 / 予以表扬 / 予以批评 / 予以核实 / 予以支持 / 予以解释

予以警告 / 予以指导 / 予以关注 / 予以照顾 / 予以关照 / 对这起事故予以调查 / 予以了高度评价 / 予以了无私的帮助

【练习】选用上面的例子完成句子

（1）群众要求对这家企业破产的真相＿＿＿＿＿＿＿＿＿＿＿＿＿＿＿＿。

（2）在大会上，校领导对他所做的一切＿＿＿＿＿＿＿＿＿＿＿＿＿＿＿＿。

（3）这家公司决定对女子足球的发展＿＿＿＿＿＿＿＿＿＿＿＿＿＿＿＿。

（4）市政府表示：对于本市存在的一些交通问题，将努力＿＿＿＿＿＿＿＿。

（5）总编明确表明，对每条新闻都必须先＿＿＿＿＿＿＿＿＿＿，再发表。

综合练习

I 词语练习

一 用画线的字组词

1. 印证：（　　　）（　　　）（　　　）（　　　）

2. 诗集：（　　　）（　　　）（　　　）（　　　）

3. 劝阻：（　　　）（　　　）（　　　）（　　　）

4. 察觉：（　　　）（　　　）（　　　）（　　　）

5. 舒缓：（　　　）（　　　）（　　　）（　　　）

二 填入合适的名词

（一）俗不可耐的（　　　）　恰当不过的（　　　）

尘封已久的（　　　）　纷纷扬扬的（　　　）

花花绿绿的（　　　）　空无一人的（　　　）

致命的（　　　）　确定的（　　　）　潦草的（　　　）

清香的（　　　）　频繁的（　　　）　自在的（　　　）

（二）庆贺（　　　）　讲解（　　　）　浏览（　　　）

落实（　　　）　播放（　　　）　筹备（　　　）

三 填入合适的形容词

（　　　）的羽毛　　（　　　）的字迹　　（　　　）的乐曲

（　　　）的思绪　　（　　　）的使命　　（　　　）的来宾

四 选择合适的动词填空

庆贺　抚摸　营造　播放　浏览　陶醉　劝阻　降临　躲避　筹备

1. 广场上（　　　）着轻快的音乐，老人们翩翩起舞，脸上焕发了青春。
2. 他接到大学录取通知书的那天，亲戚朋友都去他家向他表示（　　　）。
3. 他（　　　）在美好的月色中，白天的烦恼似乎都消失了。
4. 灾难（　　　）时，有几个人能保持冷静呢？
5. 他去干坏事，你怎么不（　　　）他呢？
6. 生日的那天晚上，她用蜡烛、鲜花在家里（　　　）了一种温馨的气氛。
7. 有的书需要细读，有的只要（　　　）一下就行了。
8. 妈妈（　　　）着孩子受过伤的手，不禁流下了眼泪。
9. 又有一批学生要毕业了，有关部门正在（　　　）毕业典礼。
10. 谁不希望自己有一个（　　　）人生的风雨的港湾呢？

五 写出下列词语的近义词或反义词

（一）写出近义词

印证——　　　庆贺——　　　竭力——

讲解——　　　察觉——　　　顺道——

（二）写出反义词

回绝——　　　俗——　　　依赖——

以往——　　　微妙——　　　潦草——

六 选词填空

依赖　依靠　营造　营建　指点　指示　敏捷　灵敏　延伸　延长

1. 主任（　　　）我们必须按时完成任务。
2. 父母相继离开了人世，两个孩子都失去了（　　　）。
3. 大家都同意下周（　　　）工作时间，但都要求老板增加工资。

4. 工业和农业相互（　　），相互支援。
5. 经过同事（　　）之后，我才知道了怎么跟这几个部门打交道。
6. 大厅墙上挂着的巨幅"和平鸽"（　　）出一种祥和的气氛。
7. 他把自己的势力范围（　　）到了邻省。
8. 这几幢住宅楼是由城建公司负责（　　）的。
9. 这种手机接收信号十分（　　），因此颇受欢迎。
10. 一块石头突然朝他飞过来，他（　　）地闪开了。

七　解释句中画线词语的意思

1. 他拍着胸脯说："我保证完成你交给我的<u>使命</u>。"
   A. 重大的任务　　　　B. 重要的采访　　　　C. 重要的活动
2. 以往，他会对这件事给以充分的<u>调侃</u>。
   A. 调解矛盾　　　　B. 戏弄讥笑　　　　C. 调节气氛
3. 他们俩谈得很<u>投机</u>。
   A. 机会合适　　　　B. 时间很长　　　　C. 意趣相合
4. 每当这种时候，小刘就<u>借故</u>走开。
   A. 找借口　　　　B. 故意　　　　C. 借机
5. 小李说："我没做什么，可是大家却给了我这么多荣誉，这让我觉得心里很<u>不得劲</u>。"
   A. 没力气　　　　B. 不满意　　　　C. 不舒服

八　选择正确的答案

1. 窗前的玫瑰花（　　）出阵阵清香。
   A. 焕发　　　　B. 散发　　　　C. 挥发
2. 他们俩非常默契，只要一方说什么，另一方就会敏捷地作出（　　）。
   A. 反映　　　　B. 反应　　　　C. 感应
3. 一切都在（　　）这种安排纯属天意。
   A. 表明　　　　B. 表现　　　　C. 表达
4. 他还是给小刘写了一张字条，只是写的时候因为紧张，他的手（　　）有些不易觉察的颤抖，字迹看起来略显潦草。
   A. 以免　　　　B. 免得　　　　C. 不免

5. 天渐渐黑（　　）了，屋子里已经显得很暗。
   A. 起来　　　　　　　B. 下来　　　　　　　C. 上来

6. 朋友说："你（　　）这么急吗？半个小时以后出发也来得及。"
   A. 至于　　　　　　　B. 关于　　　　　　　C. 对于

7. 那天，两个好朋友坐在一起喝茶聊天，一聊（　　）是三个小时。
   A. 就　　　　　　　　B. 才　　　　　　　　C. 还

8. 他决定找（　　）部门反映一下自己面临的困难。
   A. 关于　　　　　　　B. 有关　　　　　　　C. 有个

九 选词填空，并模仿造句

| 俗不可耐 | 意味深长 | 不由自主 | 无地自容 |
| 空无一人 | 心烦意乱 | 应有尽有 | 喜气洋洋 |

1. （　　　　）的时候，不妨去外边走走，活动活动，心情就会好多了。
2. 这本书的内容低级趣味，（　　　　）。
3. 这家超市商品齐全，（　　　　）。
4. 在他的面前，我觉得（　　　　），恨不得在地上找一个洞钻进去。
5. 听到别人唱歌，她也（　　　　）地跟着唱了起来。
6. 饭店开张的那天，她（　　　　）地站在门口，迎接顾客。
7. 那位老演员站在（　　　　）的舞台上，回想起了很多往事。
8. 他说的那番话（　　　　）。虽然已经过去很长时间了，可还经常回荡在我耳边。

Ⅱ 课文理解练习

一 根据课文内容判断正误

读第一部分课文，做下面的问题：

1. 单位里的同事看到周健的新娘后，都觉得周健的眼光很高。（　　）
2. 小刘的到来使周健对周围的一切变得很敏感。（　　）
3. 周健和小刘都喜欢泰戈尔的诗。（　　）
4. 主任老魏看出周健和小刘彼此有好感。（　　）

5. 周健对自己的生日很重视，所以邀请同事们都去他家。（ ）

6. 在周健的生日聚会上，周健向小刘直接表白了自己对她的爱意。（ ）

7. 写字条约小刘来家里吃饭对周健来说是一个大胆的举动。（ ）

读第二部分课文，做下面的问题：

8. 小刘没来吃饭，周健只好约了一个大学同学一起吃饭。（ ）

9. 这个同学给周健介绍了一个女医生。（ ）

10. 周健很快就爱上了女医生。（ ）

11. 周健和女医生认识以后马上就开始了频繁的交往和约会。（ ）

12. 在周健的婚礼上，周健终于知道了小刘其实也喜欢他。（ ）

二 **根据课文内容，用指定的词语回答问题或进行讨论**

1. 周健是如何与女医生认识并结婚的？他为什么选择这位女医生？

（第一眼　合适　印证　给……以……　依赖　终于　组成）

2. 周健为什么要邀请同事来自己的家里？

（有意识　步骤　不在意　对于……来说　发起　不过是……而已）

3. 在周健家的生日聚会中，周健觉得跟小刘在一起的时候怎么样？

（默契　一方　另一方　交流）

4. 周健是如何为迎接小刘的到来而做准备的？

（赶　亲自　既……又……　播放　紧张　想象　静静　降临）

5. 小刘迟迟没有来到，周健的心情是怎么样的？

（仿佛　担心　心烦意乱　结论　垮　世纪　纷纷扬扬　延伸　好像……一般）

6. 自从小刘那天下午没有出现，周健和小刘再见时是什么情形？

（不得劲　不自在　一旦……就　闪　躲避　基本上）

7. 请你分析一下周健和小刘各自的性格。

8 分析一下周健迅速选择跟女医生交往的心理。

9. 请你预测一下周健今后的婚姻生活，并说说你的理由。

三 **思考与表述**

1. 周健和小刘表达爱情的方式与现代青年人有很大差别。对此你怎么评价？

2. "什么人什么命",这句话的含义是什么?你对这句俗语有何看法?

3. 你相信命运和缘分吗?请说说你的理由。

4. 分组做一个小调查,看看中国人和其他国家的人在择偶标准上有什么不同。向全班同学报告调查结果。

母亲的纯净水

① 这是我一个朋友的故事。

② 一瓶普通的纯净水,两块钱;一瓶名牌的纯净水,三块钱。真的不贵。每逢体育课的时候,就有很多同学带着纯净水,以备在激烈地运动之后,可以酣畅地解渴。

③ 她也有。她的纯净水是乐百氏的,绿色的商标牌上,帅气的黎明(人名)穿着白衣,含着清亮腼腆的笑。每到周二和周五中午,吃过午饭,母亲就把纯净水拿出来,递给她。接过这瓶水的时候,她总是有些不安。家里的经济情况不怎么好,母亲早就下岗了,在街头卖零布,父亲的工资又不高。不过她更多的感觉却是高兴和满足,因为母亲毕竟在这件事情上给了她面子,这大约是她跟得上班里那些时髦同学的唯一一点时髦之处了。

④ 一次体育课后,同桌没有带纯净水。她很自然地把自己的水递了过去。

⑤ "喂,你这水不像是纯净水啊。"同桌喝了一口,说。

⑥ "怎么会?"她的心跳得急起来,"是我妈今天刚买的。"

⑦ 几个同学围拢过来:"不会是假冒的吧?假冒的便宜。"

⑧ "瞧,生产日期都看不见了。"

⑨ "颜色也有一点儿别扭。"

⑩ 一个同学拿起来尝了一口:"咦,像是凉白开呀!"

⑪ 大家静了一下,都笑了。是的,是像凉白开。瞬间,她突然清晰地意识到。自己喝了这么长时间的纯净水,确实有可能是凉白开。要不然,一向节俭的母亲怎么会单单在这件事上大方起来呢?

⑫ 她当即扔掉了那瓶水。

⑬ "你给我的纯净水，是不是凉白开？"一进家门，她就问母亲。

⑭ "是。"母亲说，"外面假纯净水太多，我怕你喝坏肚子，就给你灌进了凉白开。"她看了她一眼，"有人说你什么了吗？"

⑮ 她不作声。母亲真虚伪，她想，明明是为了省钱，还说是为我好。

⑯ "当然，这么做也能省钱。"母亲仿佛看透了她的心思，又说，"你知道吗？家里一个月用七吨水，一吨水八毛五，差不多六块钱。要是给你买纯净水，一星期两次体育课，就得六块钱，够我们家一个月的水费了。这么省下去，一年能省一百多块钱，能买好多只鸡呢。"

⑰ 母亲是对的，她知道。作为家里唯一的纯消费者，她没有能力为家里挣钱，总有义务为家里省钱——况且，喝凉白开和喝纯净水对她的身体来说真的没什么区别，可她还是感到有一种莫名的委屈和酸楚。

⑱ "同学里有人笑话你吗？"母亲又问。

⑲ 她点点头。

⑳ "那你听听我的想法。"母亲说，"我们是穷，这是真的。不过，你要明白这几个道理：一，穷不是错，富也不是对，穷富都是日子的一种过法。二，穷人不可怜。那些笑话穷人的人才真可怜。凭他怎么有钱，从根儿上查去，哪一家没有几代穷人？三，再穷，人也得看得起自己，要是看不起自己，心就穷了。心要是穷了，就真穷了。"

㉑ 她点点头。那天晚上，她想了很多。天亮的时候，她真的想明白了母亲的话：穷真的没什么。它不是一种光荣，也绝不是一种屈辱；它只是一种相比较而言的生活状态，是她需要认识和改变的一种现状。如果她把它看做是一件丑陋的衣衫，那么它就真的遮住了她心灵的光芒。如果她就可以把它看做是一块宽大的布料，那么她就可以把它做成一件温暖的新衣——甚至，她还可以把它做出魔术师手中的那种幕布，用它变幻出绚丽多姿的未来和梦想。

㉒ 就是这样。

㉓ 后来，她去上体育课，依然拿着母亲给她灌的凉白开。也有同学故意问她："里面是凉白开吗？"她就沉静地看着问话的人说："是。"

㉔ 再后来，她考上了大学，毕业后找了一个不错的工作，拿着不菲的薪水。她可以随心所欲地喝各种名贵的饮料，更不用说纯净水了。可是，只要在

家里，她还是喜欢喝凉白开。她对我说，她从来没有喝过比凉白开的味道更好的纯净水。

（作者：乔叶　选自《散文百家》）

一　根据文章的内容判断正误

读第①—⑮段，做下面的题：

1. 学生们每天都带着矿泉水，在体育课以后喝。（　　）
2. 当母亲给"她"矿泉水时，"她"每次都觉得心安理得。（　　）
3. "她"高兴和满足的原因是矿泉水使她在同学中得到了面子。（　　）
4. "她"的同桌首先发现她带的矿泉水原来是凉白开。（　　）
5. 当"她"知道矿泉水是凉白开时，很生母亲的气。（　　）
6. "她"认为母亲虚伪的原因是她认为母亲打着为她好的旗号省钱。（　　）

读第⑯—㉔段，做下面的题：

7. "她"觉得母亲的解释完全是没有道理的。（　　）
8. 母亲猜到了"她"生气的原因是在同学面前丢了面子。（　　）
9. 母亲认为看不起自己才是真正的贫穷。（　　）
10. "她"根本就听不进去母亲讲的道理。（　　）
11. 后来"她"去上体育课再也不拿母亲给她的凉白开了。（　　）
12. 在她挣了足够的钱以后，她就喝起了各种饮料和纯净水。（　　）

二　根据文章的内容回答问题

1. "她"每次拿过母亲给的矿泉水时是什么样的心情？
2. 同学们是怎么发现"她"带的水是凉白开的？
3. 母亲是如何向她解释理由的？她听了以后，心理发生了什么样的变化？
4. "她"想了一夜之后，是怎么理解母亲对"穷"的理解的？
5. 你认为这件事情对"她"有什么样的影响？

球迷种种

> **课前思考**

1. 你是不是球迷？你喜欢什么球类运动？你是怎么迷上这种运动的？
2. 在贵国，哪种球迷最多？有什么原因吗？
3. 这篇课文的作者方方是中国当代著名作家。作者在文章中把球迷分为多种类型。请读一读作者的分析，想一想你自己属于什么样的球迷，你喜欢什么样的球迷。

课文

第一部分

有时候觉得球迷是世上最有趣的一群人。人家打得热火朝天，你只不过是个看客，你倒是坐一边急得又是喊又是唱又是跳的，甚至吵架甚至斗殴甚至游行骂街，弄得不好还婚姻破裂还拘留坐牢。球员们或庆功或分钱或同京都①大牌的女歌星们对唱卡拉OK时，你却是满腹怅然，不停地回想那个球是怎么踢进的或是那个球怎么就没踢进，为了你脑子里想不通的那个球，你几天都吃睡不香，见人便谈，直谈得认识你的人都烦了你，拿你当了"足球祥林嫂②"。而实际上，真甩给你一个球，你抬脚迎上，**多半**会是球没踢着，倒把鞋踢飞了。可你却对足球的痴迷远比人家正经打球的人还胜过一千倍。那一切胜败兴衰又与你有什么相干呢？想来想去都找不出与你有关系之处，任何一场球赛的比分都不会因你的存在或不存在而**有所**波动，更谈不上改变。

正是因为没有什么功利，大家才都说球迷最可爱。但球迷却是有很多类型的，不是人人都是真正的球迷。

球迷之第一种是喜欢热闹型。有一种人是天生就喜欢看热闹的。他不光喜欢看球，而是什么热闹都喜欢看，夫妻吵架，小孩斗殴，里巷里狗追得鸡鸭乱跑以及街上的车祸、菜场的叫骂，**诸如此类**，他都是热情的观众。但生活中的热闹总是有限，而最要命的是这些热闹很难有让旁观者喝彩的机会。于是足球赛便给这类人提供了极好的场地。再没有比足球赛更大的热闹了，人多时间长**且不说**，**还**可以由人放声地叫喊和狂呼。对于一个好看热闹的人来说，能在这种可以纵情欢乐的热闹场所待上一两个小时，真是人生莫大的快乐，这种氛围远比足球本

1	热火朝天	rè huǒ cháo tiān		形容场面、情绪或气氛热烈高涨。
2	看客	kànkè	（名）	〈方〉观众，多指看热闹的人。
3	斗殴	dòu'ōu	（动）	互相打架。
4	游行	yóuxíng	（动）	广大群众为了庆祝、纪念、示威等目的在街上结队而行。

5	骂街	mà jiē		不指明对象当众漫骂。
6	破裂	pòliè	（动）	双方的感情、关系等遭破坏而分裂。（破裂——分裂）
7	拘留	jūliú	（动）	公安或司法机关依法对某些人在一定时间内限制其自由。
8	坐牢	zuòláo		被关在监狱里。
9	庆功	qìnggōng	（动）	为成功的事而庆贺。
10	大牌	dàpái	（形）	指水平高、实力强的或名气大的。
11	满腹怅然	mǎn fù chàngrán		心中充满失望的情绪。
12	烦	fán	（动）	厌烦；厌恶。
13	痴迷	chīmí	（形）	沉迷；入迷。
14	正经	zhèngjing	（形）	正式；正规；合格。
15	兴衰	xīngshuāi	（名）	兴盛和衰亡。
16	相干	xiānggān	（动）	互相关联；彼此牵连。（相干——相关）
17	波动	bōdòng	（动）	起伏不定。
18	功利	gōnglì	（名）	效能和利益。
19	类型	lèixíng	（名）	根据事物的性质、特点分成的类。
20	天生	tiānshēng	（形）	天然生成。
21	里巷	lǐxiàng	（名）	街巷；胡同。
22	诸如此类	zhūrú cǐlèi		用于承接上文，意思是还有许多像这一类的。
23	有限	yǒuxiàn	（形）	有一定限度。
24	要命	yàomìng	（动）	使人陷于困境，难于忍受和应付。
25	旁观者	pángguānzhě	（名）	身在局外的人；从旁观察的人。
26	放声	fàngshēng	（副）	放开喉咙；大声。
27	纵情	zòngqíng	（副）	尽情。
28	莫大	mòdà	（形）	没有更大于此的；最大的。
29	氛围	fēnwéi	（名）	周围的气氛和情调。

身有意思得多。至于球赢球输便全是次要的了。我觉得球迷中最大量的是这样一种类型的人。这一类型的人因为是为自己快乐而来，所以一般看球都不会惹事，也可以说是属于安全型球迷。

　　球迷之第二种是情绪宣泄型。人有情绪是非常需要宣泄的。但宣泄情绪也需要由头和场合。倘若宣泄得不是地方，那只会更加倒霉，比方把火撒在老婆头上或是在公车上狂笑一番，其结果都不太妙。但若到球场上去，情况就不一样了。放开嗓子乱喊一通，对中看不中用的球员骂上几句（下意识里没准是为给自己气受的领导准备的话），或是挥动着小旗子呐喊数声，手里若有个矿泉水瓶亦冒险扔它出去，球赛结束时，顿觉浑身轻松。私下里觉得已经把该骂领导的话都骂出去了或是把自己该欢呼的口号也喊出去了，于是内心变得平静舒服。吹着口哨回家时，深觉这种好心情是足球给的。其实，很可能连哪个队赢了哪个队输了、唯一一个进球是谁进的也没记住。这类球迷人数不少，倘碰上非常情况和有人煽动，容易走极端，烧汽车、追打球员，诸如此类的事都敢干——谁让他进球场前心里就有情绪呢？惹上他还能不疯狂？

第二部分

　　球迷之第三种是附庸风雅型。这跟一些当官的或大款喜欢字画、喜欢买精装书放在客厅里一样，只是把看足球当做一种时髦，仿佛当了球迷，便可以将自己从同类人中剥离出来，显得出类拔萃了一些。这类人在足球不红火时，一定不是球迷。所以我说他们所爱好的本不是足球，而是时髦。这类人中相当多的是文人。这些文人可能也不看什么球，只是看看球报上的消息，知道几个球

30	次要	cìyào	（形）	不太重要的。
31	惹事	rě shì		引起麻烦或祸害。
32	由头	yóutou	（名）	可作为借口的事。多用于口语。
33	倘若	tǎngruò	（连）	如果。
34	番	fān	（量）	回；次；遍。
35	若	ruò	（连）	〈书〉如果；假如。

36	通	tòng	（量）	用于动作。
37	下意识	xiàyìshí	（名）	心理学上指由一定条件引起的不知不觉的心理活动。也叫潜（qián）意识。
38	没准	méizhǔnr	（动）	不一定；说不定。
39	挥动	huīdòng	（动）	挥舞。
40	呐喊	nàhǎn	（动）	大声喊叫助威。
41	矿泉水	kuàngquánshuǐ	（名）	含有较多对人体有益的矿物质的地下水。mineral water
42	亦	yì	（副）	〈书〉也；也是。
43	顿	dùn	（副）	立刻；忽然。
44	私下里	sīxiàlǐ	（副）	背地里。也说私下。
45	口哨	kǒushào	（名）	双唇合拢，中间留一小孔或把手指插在口内，使气流通过而发出的像口哨的声音。
46	唯一	wéiyī	（形）	单一的；独一无二的。
47	倘	tǎng	（连）	倘若；假如。
48	非常	fēicháng	（形）	异乎寻常的；特殊的。
49	煽动	shāndòng	（动）	鼓动（别人去做坏事）。
50	极端	jíduān	（名）	事物达到的顶点。
51	附庸风雅	fùyōng fēngyǎ		为了装点门面而结交名士，从事有关文化的活动。
52	大款	dàkuǎn	（名）	指拥有大量金钱的人。
53	字画	zìhuà	（名）	指书法和国画。
54	精装	jīngzhuāng	（形）	书籍的精美的装订，一般指封面是硬壳的，区别于"平装"。
55	剥离	bōlí	（动）	（组织、皮层、覆盖物等）脱落；分开。
56	出类拔萃	chū lèi bá cuì		形容超出同类之上。也说出类拔群、出群拔萃。
57	红火	hónghuǒ	（形）	（长势）茂盛；（事业）兴旺；（气氛）热烈。
58	文人	wénrén	（名）	读书人，多指会做诗文的读书人。

星的名字，供聊天时做谈资。风雅程度高一点的，还喜欢写点关于足球的文章。虽说对球事只知皮毛③，倒也能把文章写得花团锦簇，让人觉得国际足球形势和赛场上的战略战术都在这些文人掌握之中，而不在足球官员和足球教练手上。这的确是文人最大的本事。

球迷之第四种是战争爱好型，也可以说是好斗型。这群人对于凡是分为两大阵营相竞争的东西都有兴趣，比方斗鸡④斗蟋蟀⑤斗牛⑥以及蚂蚁打架以及两人下棋以及战争电影，诸如此类，不单只爱看足球。对这种"争斗"，场面越是激烈壮阔他们越来劲，我总怀疑他们是一群盼望着世界大战再次爆发的人。只是现在的世界局势全都朝着和平的方向发展，他们也只好将好战之兴致全都放在了足球上。因为在和平时期，最大的、最激烈的并且可以让他们自在而合法驻足一观的"战争"似乎只有足球。于是他们全都成了狂热的球迷。

球迷之第五种是生命寄托型。有些人一生什么事业都没有，或是因为错过机会，或是原本就一无所长。他们无法成就自己，但心又有所不甘，总想为自己找到一个寄托之地。于是足球在他们眼前出现了。他们把少年时代留着准备成就事业的热情和精力，全都投入到足球里去了。足球使他们感到生活的乐趣，感到自己的价值，感到人间的情谊，于是足球就成为他们生命的支点。当然，再也没有比当球迷更省事的事了。不费力气（至少是不费自己不想费的力气），又可以看球（自己本来就爱看），还能有低水平的足球爱好者向他们欢呼致敬。一想到玩都能玩出一片天地⑦来，他们实在感到满足，于是更加加倍地热爱足球。如果没有足球，他们会觉得人生真是无趣。

球迷类型有很多很多，如纯粹消遣型、纸上谈兵型等等，篇幅所限，无法

59	谈资	tánzī	（名）	谈话的资料。
60	风雅	fēngyǎ	（形）	文雅，不粗俗。
61	花团锦簇	huā tuán jǐn cù		形容五彩缤纷、十分华丽的形象。
62	战略	zhànlüè	（名）	指导战争全局的计划和策略，比喻决定全局的策略。
63	战术	zhànshù	（名）	进行战斗的原则和方法，比喻解决局部问题的方法。
64	好斗	hàodòu	（动）	喜欢争斗。
65	凡是	fánshì	（副）	总括一定范围里的一切。

66	阵营	zhènyíng	（名）	为了共同的利益和目标而联合起来进行斗争的集团。
67	不单	bùdān	（副）	不只；不仅仅。
68	蟋蟀	xīshuài	（名）	昆虫，身体黑褐色，触角很长，后腿粗大，善于跳跃。也叫促织，有的地区叫蛐蛐儿。
69	激烈	jīliè	（形）	（动作、言论等）剧烈。（激烈——剧烈——强烈——猛烈）
70	壮阔	zhuàngkuò	（形）	宏伟；宏大。
71	来劲	láijìn	（形）	使人振奋。
72	爆发	bàofā	（动）	（力量、情绪等）忽然发作；（事变）突然发生。
73	局势	júshì	（名）	（政治、军事等）一个时期内的发展情况。
74	兴致	xìngzhì	（名）	情趣，兴趣。（兴致——兴趣）
75	驻足一观	zhù zú yì guān		停下脚步看一看。
76	狂热	kuángrè	（形）	一时所激起的极度热情。
77	寄托	jìtuō	（动）	托付；把理想、希望、感情等放在（某人或某种事物上）。
78	错过	cuòguò	（动）	失去（时机、对象）。
79	原本	yuánběn	（副）	原来；本来。
80	一无所长	yī wú suǒ cháng		没有一点儿专长或长处。
81	成就	chéngjiù	（动）	完成（多指事业）。
82	不甘	bùgān	（动）	不甘心；不情愿。
83	情谊	qíngyì	（名）	相互间的感情和友谊。
84	支点	zhīdiǎn	（名）	比喻事物的中心或关键。
85	致敬	zhìjìng	（动）	向人敬礼或表示敬意。
86	加倍	jiābèi	（副）	泛指程度比原来深得多。
87	纯粹	chúncuì	（副）	单纯地；完全；一点也不错。
88	消遣	xiāoqiǎn	（动）	用自己感觉愉快的事来度过空闲时间；消闲解闷。
89	纸上谈兵	zhǐ shàng tán bīng		在文字上谈用兵策略，比喻不联系实际情况，空发议论。
90	篇幅	piānfú	（名）	文章的长短。

——列举。但要说的是,真正的球迷其实并不很多。好在不管是因为什么去看球,足球却总是热诚地欢迎人们成为球迷,并且愿意自己的球迷包容形形色色的人,因为只有这样,球迷队伍才能更加有趣,更加富于魅力。

(作者:方方 选自《方方散文》,浙江文艺出版社)

91	列举	lièjǔ	(动)	一个一个地举出来。
92	热诚	rèchéng	(形)	热情诚恳。
93	包容	bāoróng	(动)	容纳。
94	形形色色	xíngxíngsèsè	(形)	各种各样;形容事物种类繁多。
95	富于	fùyú	(动)	充分具有某种能力、特性等。
96	魅力	mèilì	(名)	特别吸引人、感动人的力量(多用于积极方面,说明美好的、值得倾慕的人或事物)。

注 释

① 京都 jīngdū:首都,文中指北京。

② 祥林嫂 Xiánglínsǎo:鲁迅先生的小说《祝福》里的女主人公。她命运悲惨,儿子被狼吃掉以后,她的精神极其痛苦,逢人就诉说儿子的不幸遭遇。开始的时候人们还同情她,后来因为她不停地重复,所以人们都渐渐厌烦了。

③ 只知皮毛 zhǐ zhī pímáo:只知道大概,见识浅薄。

④ 斗鸡 dòu jī:一种游戏,使公鸡相斗以取乐。

⑤ 斗蟋蟀 dòu xīshuài:一种游戏,使蟋蟀相斗以取乐。

⑥ 斗牛 dòu niú:人与牛相斗的活动,比较知名的是西班牙斗牛,斗牛士在助手帮助下,利用灵活的动作,对牛边挑逗(tiǎodòu)边把镖(biāo)投入其颈胛(jiǎ)间,直至最后用剑把牛杀死。

⑦ (玩)出一片天地(wán)chū yí piàn tiāndì:"天地",比喻地步、境地。课文中的意思是球迷通过看球给自己开辟出一个可以施展的环境。

词语辨析

1. 破裂——分裂

【牛刀小试：把"破裂"或"分裂"填入下面的句子中】

1. 随着两国和平谈判的（　　　），战争的爆发也就不可避免了。
2. 由于政治理念的不同，这个政党已经（　　　）为两个派别。
3. 在中国，很多人申请离婚的理由都是感情（　　　）。
4. 动物和植物的成长都是从细胞（　　　）开始的。
5. 任何（　　　）国家和民族的行为都是大家不愿意看到的。
6. 这个国家原来是统一的，现在已经（　　　）为大大小小的好几个国家了。
7. 相处多年的老朋友，由于一件小事而关系（　　　）了，真让人痛心。

【答疑解惑】

语义

都可指双方关系、感情等不能维系，由本来相处很好而产生裂痕或分开。但侧重点不同，"破裂"侧重于"破"，指完整的东西出现裂缝，又指关系、感情、谈判等被破坏、中断而不能再继续下去；"分裂"侧重于"分"，指整体事物分开。

【例】（1）杯子突然破裂了，水迅速地渗了出来。

（2）虽然他俩感情已经破裂了，但是为了孩子，还继续勉强维持着这个家。

（3）精神分裂症是最常见的一种精神病。早期主要表现为性格改变，如不理睬亲人、不讲卫生、一个人对着镜子笑等等。病情进一步发展，即表现为思维紊乱，有的还出现妄想与幻觉。

用法

词性：都是动词。

搭配："破裂"的对象通常是杯子、花瓶之类具体的事物以及会谈、关系、感情、战线等；"分裂"的对象常是党、组织、民族、群众、队伍、细胞等。

【例】（4）从现在的形式看，这次两国经贸合作谈判极有可能破裂。

（5）合作关系破裂以后，这两家公司两败俱伤。

（6）我们坚决反对在民族内部制造分裂。

（7）这几幅图形象地说明了癌细胞分裂的情况。

另外，"分裂"可以带宾语，比如分裂国家、分裂团体、分裂阵营等，但"破裂"不能这样用。

2 相干——相关

【牛刀小试：把"相干"或"相关"填入下面的句子中】

1. （　　）的资料在网上有很多，你可以自己上网去查一下。
2. 水资源的保护与我们每个人的生活息息（　　），所以政府非常重视。
3. 高血压病是一种生活方式病，与你的生活习惯密切（　　）。
4. 那个地区虽然离我们比较远，但那里的情况也不能说与我们毫不（　　）。
5. 我是负责公司财务的，与新产品的开发基本上不（　　）。

【答疑解惑】

语义

都有彼此关联或牵涉的意思。

【例】（1）宇宙间没有完全不相干的两种事物。

（2）利益相关的厂家要团结合作，才能共同发展。

用法

词性：都是动词。

搭配：a. 都常用于"跟/和——相关/相干"格式里，但"相干"常用于表示否定意义的句子中，强调彼此之间毫无关系，可用于人，也可用于事物之间；"相关"多用于肯定句中，强调彼此之间有关联，主要用于事物之间。

【例】（3）这事跟他不相干，你不能责怪他。

（4）人家的男朋友帅不帅，和你有什么相干呢？

（5）这项新法规和百姓生活密切相关。

b. "相关"前边常用"密切""息息"等修饰，"相干"前边则常用"毫不"修饰。

【例】（6）环境卫生和人民健康密切相关。

（7）国家的前途与个人的命运息息相关。

（8）在这位著名歌星的新专辑发布会上，记者们问了很多和她的新专辑毫不相干的问题。

c. "相关"还可作定语修饰名词,"相干"没有这种用法。

【例】(9)在本科阶段,除了本专业以外,还应该学一点相关的学科。

(10)我们的产品说明会到此结束,相关的内容都会在我们公司的网站上公布。

3 激烈——剧烈——强烈——猛烈

【牛刀小试:把"激烈""剧烈""强烈"或"猛烈"填入下面的句子中】

1. 随着强台风的登陆,(　　)的暴风雨随之而来,刮倒了很多建筑物。
2. 辩论的双方唇枪舌剑,争论得非常(　　),一个个都面红耳赤了。
3. 八十年代以来,中国社会产生了天翻地覆的(　　)变化。
4. 太阳照在雪地上,产生了(　　)的反光,会对人的眼睛造成影响。
5. 比赛场上,运动员你追我赶,为争夺金牌展开了(　　)的竞争。
6. 她们两个,一个完全是中式打扮,一个则穿戴着非常时尚的服饰,站在一起对比很(　　)。
7. (　　)的爆炸声震耳欲聋,附近的人们都惊恐不安地冲到了大街上。

【答疑解惑】

语义

都有迅猛、厉害的意思,但语义侧重点不同。"激烈"侧重在动作紧张、言论激昂热烈、斗争尖锐等;"剧烈"侧重指急剧、厉害;"强烈"侧重指强而有力,也指程度高,浓度大;"猛烈"侧重指来势凶猛、迅疾。

【例】(1)在辩论赛上,选手们唇枪舌剑,展开了激烈的辩论。

(2)脚扭伤了以后,医生嘱咐他要避免剧烈的运动。

(3)强烈的麻辣味刺激了她的味觉,她顿时胃口大开。

(4)猛烈的大火烧毁了整个森林,而这一切都起源于一个小小的烟头。

用法

词性:都是形容词。

搭配:这四个词形容的对象有所区别。

"激烈"常形容激昂热烈的言论、情绪,或者紧张、激化的搏斗、竞赛等。如:激烈的比赛 / 激烈的战斗 / 激烈地争论 / 激烈地争吵 / 辩论赛十分精彩激烈 / 市场竞争激烈 / 斗争很激烈。

"剧烈"常形容社会的巨大变革,事物的矛盾、冲突以及药性、运动、疼痛等。如:剧烈的思想斗争 / 剧烈的运动 / 忍受剧烈的疼痛。

"强烈"能形容光线、色彩、气味、表现、对比、反映等客观事物,也能形容欲望、愿望、感情、要求等。如:强烈的灯光 / 强烈的感情 / 强烈的感觉 / 强烈的愿望 / 强烈的对比 / 强烈的香水味 / 形成强烈的对比 / 强烈的求知欲 / 强烈地反映了普通人的愿望 / 强烈要求改革。

"猛烈"常形容爆炸、响声、攻击、冲击、炮火、火势、暴风雨、药性等。如:猛烈的轰击 / 猛烈的大火 / 药性很猛烈 / 海浪猛烈地冲击岩石。

4 兴致——兴趣

【牛刀小试:把"兴致"或"兴趣"填入下面的句子中】

1. 听说北大的赛克勒博物馆收藏了很多文物,我(　　)勃勃地前去参观。
2. 他是个(　　)广泛的人,运动、音乐、绘画、电脑什么都能来几下。
3. 孩子们(　　)正高,一个个又唱又跳,天真可爱让人一览无余。
4. 有时候(　　)是可以培养的。这与家庭环境有密切的关系。
5. 最近小王对书法产生了浓厚的(　　),一天到晚不是读帖就是练习。

【答疑解惑】

语义

都指对某种活动喜好的情绪,但"兴致"语义范围较窄,主要指某一时对某一事喜好的程度高低;"兴趣"一般是较长时间的,涉及一个方面或多方面。兴致多指一时一事,正在发生的。

【例】(1) 8月份以来,虽然出现持续高温天气,但游客出行旅游的兴致并没有因此而减弱。

(2) 因为长期重病缠身,所以他对旅游毫无兴趣。

(3) 我进屋的时候,他在看球赛,兴致正浓。

用法

词性:都是名词。

搭配:a. "兴致"常与"浓""高"等词搭配;"兴趣"则常与"广泛""浓厚"等词搭配。

【例】（4）那个导游一路上边说边讲，兴致浓时还会高歌一曲。

（5）虽然爸爸会做菜，但做不做就要看他兴致高不高了。

（6）这位老艺术家的兴趣十分广泛，打网球、旅游、摄影都给他的生活带来了无限的乐趣。

（7）退休以后，父亲对养花产生了浓厚的兴趣。

b. "兴致"还常用在成语"兴致勃勃"中。

【例】（8）在中国文化实践课上，玛丽兴致勃勃地学习包饺子，别提多有意思了。

语体

"兴致"多用于书面语。"兴趣"多用于口语。

1 你抬脚迎上，<u>多半</u>会是球没踢着，倒把鞋踢飞了。

【解释】多半：副词。这里表示对情况的估计，相当于"大概""很有可能"。

【举例】（1）借书证找了半天也没找到，多半在图书馆里丢了。

（2）你派他去办这件事，多半会是事情没办成，倒把钱都花光了。

（3）过了立秋，天气多半会变得凉爽起来。

【链接】"多半"还有"超过半数""大半"的意思。

【举例】（4）游览八达岭长城的多半是外地人。

【练习】用"多半"完成句子

（1）下午_____，你最好带把伞。

（2）碰到不开心的事情，他_____，很少一个人闷在心里。

（3）_____，也有一小部分是妈妈买的。

（4）我五音不全，唱歌_____，还是你来一首吧。

2 任何一场球赛的比分都不会因你的存在或不存在而<u>有所</u>波动，更谈不上改变。

【解释】有+所+动词："所+动词"作"有"的宾语，多用于书面语。

【举例】有所发明／有所创造／有所增长／有所提高／有所准备／有所作为／若有所思／

心有所属／各有所长（cháng）／日有所思，夜有所梦／有所不甘／有所不为才能有所为（一个人只有放弃一些事情，才能集中力量完成一些事情）／有所失必有所得。

【练习】选用上面例子中的词语完成句子

（1）加大产品的广告力度以后，＿＿＿＿＿＿＿＿＿＿＿＿＿＿＿＿＿＿＿＿。

（2）改变学习方法以后，＿＿＿＿＿＿＿＿＿＿＿＿＿＿＿＿＿＿＿＿＿＿。

（3）＿＿＿＿＿＿＿＿＿＿＿＿＿＿＿，对于善于学习的人来说，谁都可以成为自己的老师。

（4）俗话说：＿＿＿＿＿＿＿＿＿＿＿＿＿＿＿＿。如果你什么事都想干，结果就是什么事都干不好。

（5）在赌场上输光了的人，总是＿＿＿＿＿＿＿＿＿＿＿＿＿＿＿，总想再回到赌场里把钱捞回来。

3 夫妻吵架，小孩斗殴，里巷里狗追得鸡鸭乱跑以及街上的车祸、菜场的叫骂，诸如此类，他都是热情的观众。

【解释】诸如此类：意思是"还有许多像这一类的"，"与这相似的种种事物"。"诸"意为"众多"。"诸如此类"用于承接上文，前面需列举两三项，而且常常会有"就是""都""不外乎""无非是"等词语与之搭配。

【举例】（1）打球、跑步、爬山，诸如此类，都是有益健康的运动。

（2）节日的公园里，有说相声的，有演杂技的，诸如此类，不胜枚举。

（3）在她的画笔下，莲花、玫瑰花、月季花，诸如此类的花卉都各有各的特点。

（4）他所谓的生活享受，无非是看演出、喝红酒、打高尔夫和诸如此类的事。

（5）那个孩子的房间里堆满了漫画书、变形金刚、玩具车和诸如此类的东西。

【练习】用"诸如此类"完成句子或对话

（1）A：你每天都干些什么？

B：学生嘛，每天的生活无非是＿＿＿＿＿＿＿＿＿＿＿＿＿＿＿＿。

（2）A：在你看来，哪些是人生中重要的事？

B：＿＿＿＿＿＿＿＿＿＿＿＿＿＿＿＿＿＿＿＿＿＿＿＿＿＿＿＿。

（3）A：在你们国家，一般人眼里的好职业有哪些？

B：＿＿＿＿＿＿＿＿＿＿＿＿＿＿＿＿＿＿＿＿＿＿＿＿＿＿＿＿。

（4）中国菜有很多种，_____。

4. 再没有比足球赛更大的热闹了，人多时间长<u>且不说</u>，还可以由人放声地叫喊和狂呼。

【解释】且不说：习用语。"且"是副词，表示暂时。"且不说"意思是"先不说"，表示让步。常用于"X且不说，还／光是／单是……"的格式中。"X且不说"一般也可说"且不说X"。

【举例】（1）我认为这个地方不适合人类居住，别的且不说／且不说别的，光是水质就过不了关。

（2）这款笔记本电脑真是漂亮，功能齐全且不说／且不说功能齐全，单是外形就让我动心了。

（3）今年公司形势喜人，产量大幅度提高且不说／且不说产量大幅度提高，单是产品的品种就增加了不少。

【解释】"X"如果是较长的句子或"它"，一般都放在"且不说"后面。

【举例】（4）现在的网页动画几乎成为Flash的天下，且不说大公司采用Flash制作的主页是如何的绚丽多彩，单是网络上那些个人主页运用的Flash技术就已经让我们眼花缭乱了。

（5）任务重，且不说它，问题是时间太紧，恐怕我们难以满足您的要求。

【练习】用"且不说"完成句子

（1）_____，就是周末他都不肯休息。

（2）_____，连古代汉语他都很精通。

（3）你果真打算买这儿的房子吗？依我看，_____，单是停车位不足这一点，就值得好好考虑。

（4）男女不平等是一个现实问题，_____，单是_____。

5. <u>私下里</u>觉得已经把该骂领导的话都骂出去了或是把自己该欢呼的口号也喊出去了。

【解释】私下里：副词。意思是"背地里"，"自己进行，不通过有关部门或群众的"。

【举例】（1）在人面前时父亲好像毫不担忧，私下里他常常暗自叹息。

（2）姐妹俩私下里商量好了，父母结婚二十周年纪念日那天，要给他们一个大大的惊喜。

（3）这件事他不想闹到法庭上去，想私下里解决。

【链接】私下：与"私下里"基本相同，但"私下"一般只用于动词前。

【练习】用"私下里"完成句子

（1）在工作场合他们保持着合适的距离，_____。

（2）在同学们面前时_____。

（3）那位主持人在电视上总是说这也好那也好，_____。

（4）那对夫妻_____，无论如何都不能当着孩子的面争吵。

6 篇幅所限，无法一一列举。

【解释】一一：副词。意思是"逐个"，"一个一个地"。表示动作行为依次发生出现，后接动词或动词短语。

【举例】（1）总理跟大家一一握手以后，便问起了农民的生产和生活情况。

（2）临行前妈妈嘱咐了好些话，我都一一记在心里。

（3）等其他观众都一一离去以后，他才从座位上站起身来。

（4）因为时间关系，今天我们主要说一说销售问题，其他方面就不一一细说了。

【练习】用"一一"完成句子

（1）在时装发布会上，模特们_____。

（2）这是我们的旅客登记本。本店居住的旅客，_____，以备查访。

（3）开学的第一天，同学们_____，很快大家就互相认识了。

（4）因为各地的情况大抵相同，_____。

综合练习

Ⅰ 词语练习

一 用画线的字组词

1. 破裂：（　　　）（　　　　）（　　　　）（　　　　）
2. 兴衰：（　　　）（　　　　）（　　　　）（　　　　）
3. 极端：（　　　）（　　　　）（　　　　）（　　　　）
4. 激烈：（　　　）（　　　　）（　　　　）（　　　　）
5. 篇幅：（　　　）（　　　　）（　　　　）（　　　　）

二 填入合适的名词

（　　　　）破裂　　　（　　　　）波动　　　（　　　　）有限

宣泄（　　　　）　　　挥动（　　　　）　　　爆发（　　　　）

包容（　　　　）　　　错过（　　　　）　　　列举（　　　　）

莫大的（　　　　）　　次要的（　　　　）　　狂热的（　　　　）

三 填入合适的动词

放声（　　　　）　　　纵情（　　　　）　　　加倍（　　　　）

（　　　　）支点　　　（　　　　）局势　　　（　　　　）魅力

（　　　　）功利　　　（　　　　）氛围　　　（　　　　）战术

（　　　　）情谊　　　（　　　　）兴致　　　（　　　　）篇幅

四 选择合适的动词填空

> 拘留　庆功　要命　喝彩　呐喊　宣泄
> 挥动　爆发　寄托　错过　欢呼　消遣

1. 俗话说：牙疼不是病，疼起来真（　　　）。昨天我牙疼了一晚上，差点儿没死掉。
2. 孩子们一边（　　　）着手里的鲜花，一边（　　　）："欢迎！欢迎！热烈欢迎！"
3. 她的儿子因偷东西被警方（　　　）了。
4. 等你成功归来时，我们要为你开一个（　　　）晚会。
5. 很多人以为喝酒是（　　　）情绪的一种有效的方法，其实"借酒浇愁愁更愁"，喝酒解决不了什么问题。
6. 第一次世界大战是哪一年（　　　）的？
7. 很多父母都把自己的希望（　　　）在孩子身上。
8. 演出太精彩了，观众们都一个劲儿地为演员们（　　　）。
9. 老头儿每天在公园里下棋（　　　），倒也自得其乐。
10. 真可惜！你（　　　）了晚会最精彩的部分。
11. 球场上，啦啦队员们不停地为自己支持的球队（　　　）助威："加油！加油！"

五 写出下列词语的近义词或反义词

（一）写出近义词

看客——　　　煽动——　　　纵情——　　　氛围——
宣泄——　　　红火——　　　包容——　　　激烈——

（二）写出反义词

有限——　　　次要——　　　精装——　　　不甘——
红火——　　　狂热——　　　波动——　　　破裂——

六 选词填空

> 破裂　分裂　相干　相关　激烈　剧烈　强烈　猛烈　兴致　兴趣

1. 决不允许出现任何（　　　）祖国的活动。
2. 因为在关键问题上出现意见分歧，双方的会谈（　　　）了。
3. 趁今天爸爸（　　　）高，咱们全家一起出去春游吧。

4. 我怀着浓厚的（　　　）读完了这位前总统的回忆录。

5. 经济发展情况和就业情况密切（　　　）。

6. 你不要以为别人吸毒那是别人的事，和我们有什么（　　　）呢。只要是生活在社会当中，任何社会问题都会对我们造成影响。

7. 他不顾一切地冲入（　　　）的炮火之中，救出了战友。

8. 这位服装设计师的参赛作品色彩对比（　　　），给评委们留下了深刻的印象。

9. 我是一个爱静不爱动的人，从不观看足球、拳击诸如此类的（　　　）运动。

10. 马路上，一男一女争吵得十分（　　　），引来不少人驻足一观。

七　解释句中画线词语的意思

1. 球员们或庆功或分钱或同京都大牌的女歌星们对唱卡拉OK时，你却是<u>满腹怅然</u>……

   A. 心中充满失望的情绪　　　B. 心里很不理解　　　C. 心中非常难过

2. ……直谈得认识你的人都<u>烦</u>了你，拿你当了"足球祥林嫂"。

   A. 麻烦　　　　　　　　　　B. 烦恼　　　　　　　C. 厌烦

3. 你抬脚迎上，<u>多半</u>会是球没踢着，倒把鞋踢飞了。

   A. 大概　　　　　　　　　　B. 大略　　　　　　　C. 大半

4. ……手里若有个矿泉水瓶<u>亦</u>冒险扔它出去……

   A. 也　　　　　　　　　　　B. 还　　　　　　　　C. 又

5. 这类球迷人数不少，<u>倘</u>碰上非常情况和有人煽动，容易走极端，烧汽车、追打球员，诸如此类的事都敢干。

   A. 一旦　　　　　　　　　　B. 万一　　　　　　　C. 假如

6. 这群人对于凡是分为两大阵营相竞争的东西都有兴趣，比方斗鸡斗蟋蟀斗牛以及蚂蚁打架以及两人下棋以及战争电影，诸如此类，<u>不单</u>只爱看足球。

   A. 不但　　　　　　　　　　B. 不光　　　　　　　C. 不限

7. 他们无法成就自己，但心又<u>有所不甘</u>，总想为自己找到一个寄托之地。

   A. 不情愿　　　　　　　　　B. 不满意　　　　　　C. 不自在

8. <u>篇幅</u>所限，无法一一列举。

   A. 文章的内容　　　　　　　B. 写文章的时间　　　C. 文章的长短

八 选择正确的答案

1. 人家打得热火朝天，你只不过是个看客，你（　　）坐一边急得又是喊又是唱又是跳的……

   A. 可是　　　　　　　　B. 而是　　　　　　　　C. 倒是

2. 任何一场球赛的比分都不会因你的存在或不存在（　　）有所波动，更谈不上改变。

   A. 而　　　　　　　　　B. 却　　　　　　　　　C. 且

3. 有一种人是天生就喜欢看热闹的。他（　　）喜欢看球，而是什么热闹都喜欢看，

   A. 不然　　　　　　　　B. 不但　　　　　　　　C. 不光

4. 对于一个好看热闹的人来说，能在这种可以纵情欢乐的热闹场所待上一两个小时，真是人生莫大的快乐，这种氛围远比足球本身有意思得多。（　　）球赢球输便全是次要的了。

   A. 对于　　　　　　　　B. 至于　　　　　　　　C. 关于

5. 放开嗓子乱喊一通，对中看不中用的球员骂（　　）几句（下意识里没准是为给自己气受的领导准备的话）……球赛结束时，顿觉浑身轻松。

   A. 上　　　　　　　　　B. 出　　　　　　　　　C. 起

6. 这类人在足球不红火时，一定不是球迷。所以我说他们所爱好的本不是足球，（　　）时髦。

   A. 就是　　　　　　　　B. 但是　　　　　　　　C. 而是

7. 球迷之第四种是战争爱好型，也可以说是好斗型。这群人对于（　　）分为两大阵营相竞争的东西都有兴趣……

   A. 凡是　　　　　　　　B. 只是　　　　　　　　C. 但是

8. 只是现在的世界局势全都朝着和平的方向发展，他们也只好将好战之兴致全都放在了足球（　　）。

   A. 上　　　　　　　　　B. 里　　　　　　　　　C. 下

9. 一想到玩都能玩出一片天地来，他们实在感到满足，于是更加（　　）地热爱足球。

   A. 加大　　　　　　　　B. 加强　　　　　　　　C. 加倍

10. 球迷类型有很多很多，如（　　）消遣型、纸上谈兵型等等，

    A. 纯一　　　　　　　　B. 纯洁　　　　　　　　C. 纯粹

11. 篇幅所限，无法一一（　　　）。

　　A. 列举　　　　　　　　B. 例如　　　　　　　　C. 比方

九 在每个空格中填入一个合适的汉字

1. 作为一名旁观者，我能清楚地看出来这群人中谁是功（　　）主义者，谁比较淡泊名利。

2. 他（　　）生不爱讲话，没想到如今这倒成了他的魅力之一。

3. 几十年来，母亲一直用她的微笑为家人创造一种轻松的氛（　　）。

4. 她随便找了个由（　　）就提前下班了。

5. 他一边向大家解释，一边下意（　　）地摸了摸自己的鼻子，以掩饰紧张的情绪。

6. 这些话只能咱俩（　　）下里说说，跟别人都没法说。

7. 这个人遇事爱走极（　　），没有理智，像她这种类型的人别人很难跟她相处。

8. 那家饺子店做的饺子别提多好吃了，而且价格也公道，他们的生意能不红（　　）吗？

9. 不少人都把正在热播的电视剧作为茶余饭后的谈（　　）。

10. 虽然这家公司不大，却分为了两大（　　）营，一派以王副经理为中心，一派以姚副经理为中心。

十 选词填空，并模仿造句

> 热火朝天　诸如此类　附庸风雅　出类拔萃
> 花团锦簇　一无所长　纸上谈兵　形形色色

1. 有人认为不懂艺术而在客厅里挂上字画是（　　　　），我倒不这样想。只要是自己喜欢看，而不是假装有文化有修养，即使不懂也可以大大方方地挂上。

2. 有的学生在高中的学校里（　　　　），但上了大学以后就不怎么突出了。

3. 看着这张老照片，他不由得回想起当年建筑工地上（　　　　）的场景，那时他们的工作热情多高啊！

4. 一般人所谓的"有本事"，就是别人办不到的事，你能办得到，和（　　　　）的事。

5. 说了这么多，我也是（　　　　），具体操作还得靠大家。

6. 大家一齐动手，把晚会的场地布置得（　　　　）。

7. 开了几十年的出租车,老马见过(　　　　)的乘客,但今天碰到的这个客人还是让他觉得非同寻常。
8. 他什么都懒得学,除了喝酒应酬以外,(　　　　)。

Ⅱ 课文理解练习

一、根据课文内容判断正误

读第一部分课文,做下面的问题:

1. 球迷对足球的痴迷比不过正经打球的人。(　　)
2. 球迷的可爱之处在于没什么功利。(　　)
3. 喜欢热闹型的球迷只喜欢足球场上的热闹。(　　)
4. 喜欢热闹型的球迷非常在意比赛的结果。(　　)
5. 对于一些人来说,球场是宣泄情绪的好地方。(　　)
6. 在球场上闹事的多属情绪宣泄型的球迷。(　　)

读第二部分课文,做下面的问题:

7. 附庸风雅型球迷爱谈论足球,也爱字画。(　　)
8. 战争爱好型球迷是一群喜欢看人争斗的人。(　　)
9. 生命寄托型球迷大多因足球而一事无成。(　　)
10. 球迷队伍中只能包括真正的球迷。(　　)

二、根据课文内容,用指定的词语回答问题或进行讨论

1. 为什么说足球赛给喜欢热闹的人提供了极好的场地?
   (且不说　纵情　莫大　氛围)
2. 情绪宣泄型球迷在球场上有什么表现?
   (乱喊一通　骂上几句　呐喊数声　扔　煽动　走极端　诸如此类)
3. 为什么生命寄托型球迷把足球作为自己的寄托?
   (错过　一无所长　有所不甘　把……投入到……　支点　满足)
4. 本文详细介绍了哪几种类型的球迷?概括总结一下他们各自的特点。

5. 你比较认同哪种球迷？对哪种比较反感？为什么？

三 思考与表述

1. 除了本文列举的这些球迷的类型以外，还有别的类型的球迷吗？
2. 你愿不愿意跟球迷生活在一起？请最少说出三条理由。
3. 如果你不是球迷，那么你是什么"迷"？
4. 你听说过"追星"这个词吗？你对"追星"现象有什么看法？
5. 贵国对体育运动重视吗？有哪些强项？普通人对运动的看法是什么样的？你有什么评论？
6. 现代竞技运动常常会跟商业和利益联系在一起，你觉得带来了什么好处或坏处？

我也说了假话

① 我一个朋友说，一个人一天到晚都在说假话，我说不信。他说："你别不信，你可以留心一下你一天所说的话，肯定能证明我说得没错。"我听从了朋友的话，第二天便开始留心起自己的话来。

② 这天早晨我还在床上睡觉，老婆打了我一下，说："快起来——"我揉了揉睡眼看了看挂在墙上的钟，7点了，虽然知道很晚了，但我没立即起床，而是伸了伸懒腰，极不情愿地说："就起床呀，还早嘛。"我意识到我已经说了第一句假话。

③ 起了床便去漱（shù）口洗脸，然后上街买菜。一个汉子的蒜薹（suàntái）很好，我便上前去买，问了价后我觉得贵了些，便还价。汉子就说："不要图便宜，我的菜好。"我心里想，你的菜不好我会买你的吗？但嘴里不能这么说，而是说："好什么好，王婆卖瓜自卖自夸。"

④ 买了菜便去上班。路上有人冲我笑，还说："你好！"我没有反应，对方于是又说："你不认识我啦？"这话提醒了我，于是在认识和不认识中反复揣摩，结果是他认错了人，我不认识他，但我没有这么说，而是说："认识认识。"

⑤ 不一会儿，到了办公室，一位女同事在办公室对着小镜子搽胭脂

(yānzhi)描眉毛，见了我，她问我她化的妆好看不好看。其实很难看的，但我不能这么说，我笑了笑，说："不错，挺好看，挺好看。"

⑥ 接下来被领导喊到小会议室开会评先进，老李小孙都够资格，但领导偏说才调来不久的大赵好，问我怎么样。领导已经拍了板，我又能再说什么，不如索性来个顺水推舟，说："行，可以。"

⑦ 回家的路上碰到了老婆，便一路同行。路上看见一个姑娘容貌姣好还打扮得体。老婆见了好看的女子从来都不顺眼，当即说："你看那女的神气的样子，其实有什么好神气的，难看死了。"我心里说，人家一点也不难看，但嘴里不敢这么说，就说："是不太好看。"

⑧ 一路无话，回到家做午饭吃午饭，吃了饭睡午觉，一觉醒来，早已到了上班时间，急急忙忙赶到单位，还是迟到了。主任很严肃地问我怎么来迟了，是不是又睡午觉了。事实如此，我还是矢口否认："中午没睡觉，帮朋友去办事耽搁了。"

⑨ 下班回家的路上，碰到了那个声称每个人都在讲假话的朋友，他又大谈真话与谎言，说有时讲谎话也并不是坏事，而赤裸裸（luǒ）地讲真话没有掩饰，一不小心就让人难堪。他说在谎话和真话之间，他情愿选择谎言，说完后他又问我："你怎么看待谎言？"我的反应是立刻冲朋友摇头，我说："这怎么行，不能说谎。"

⑩ 到家后不久见儿子哭哭啼啼地回来了，一看，儿子被人打出鼻血了，于是我怒气冲冲牵了儿子要去教训那个打儿子的人。才走几步，忽见我的领导也牵一小儿走来，见了我，领导指了指我说："原来是小谈你的儿子打了我的儿子，你看看，我儿子被你儿子弄得一身邋遢（lātā）。"我本该为我儿子鸣不平，说我儿子还被你儿子打得鼻子出血了呢，但我没这么说。我用手在儿子屁股上拍了两下，还骂："好你个兔崽（zǎi）子，怎么打人。"

⑪ 说过，赔礼道歉再牵了儿子走开去，心里到底不是滋味，看看旁边无人，恨恨地骂了自己一句："我才是兔崽子。"

⑫ 话一出口，我忽然意识到，我这一天唯独说了这一句真话，但这话没有别人听到。

（作者：谈笑　选自《读者》）

阅读练习

一　根据文章内容判断正误

读第①—⑥段，做下面的题：

1. 我的朋友经常说假话，所以我不信他的话。（　　）
2. 老婆叫我起床时，我认为时间还早，不愿起床。（　　）
3. 我嘴里说那个人的菜不好，心里其实觉得好。（　　）
4. 我嘴里说"认识认识"，其实自己也不清楚是否认识。（　　）
5. 我认为那个女同事不应该在办公室里化妆。（　　）
6. 我心里认为老李和小孙比大赵更有资格当先进。（　　）

读第⑦—⑫段，做下面的题：

7. 因为怕老婆，所以我只好说那个姑娘不如老婆好看。（　　）
8. 我中午睡过了，所以上班迟到了。（　　）
9. 我真诚地告诉朋友不能撒谎。（　　）
10. 儿子被人欺负了，我帮儿子教训了那个打他的人。（　　）
11. 我对自己在处理儿子被打的问题上的表现很不满意。（　　）
12. 我同意朋友说的话：一个人一天到晚都在说假话。（　　）

二　讨论：

1. 你如何看待文章中说假话的"我"？
2. 你认为有没有可以接受的谎言？是什么样的谎言？
3. 当别人对你说了假话时，你的感觉怎样？你一般会做出什么样的反应？
4. 你觉得在现实生活中，能不能做到完全不说谎言？

7 面容

课前思考

1. 你看人的时候会比较注意对方脸上的什么部位?
2. 你觉得人的面部长相除了与遗传因素有关之外,还与什么因素有关系?
3. 这篇课文的作者韩少功是中国当代著名作家。在这篇文章中,他写了自己对人的面容形成的看法。请你读完以后分析一下,作者哪些说得有道理,哪些是你不同意的。

第一部分

在开口说话之前,我们总会盯一眼来人的脸。面容是人最具个性的身体部位,因此各种证件照片上都锁定面容,而不是一个膝盖或一个巴掌。面容当然不会比指纹更精确地记录差异,但面容比指纹多了一份情感的流露,多了一份隐约可辨的文化和历史,于是总在我们的记忆中占据焦点位置。忧郁的目光,欢乐的眉梢,傲慢的鼻尖,清苦的面颊,智慧的前额,仁厚的

1	具	jù	(动)	有,具有。
2	部位	bùwèi	(名)	位置。
3	锁定	suǒdìng	(动)	确定目标。
4	膝盖	xīgài	(名)	大腿和小腿相连的前部关节。knee
5	巴掌	bāzhang	(名)	手掌。palm; hand
6	指纹	zhǐwén	(名)	手指肚上皮肤的纹理。loops and whorls on a finger; fingerprint
7	精确	jīngquè	(形)	非常准确。
8	情感	qínggǎn	(名)	对外界刺激肯定或否定的心理反应,如喜欢、愤怒、悲伤、恐惧、爱慕、厌恶等。
9	流露	liúlù	(动)	(意思、感情)不自觉地表现出来。
10	隐约可辨	yǐnyuē kě biàn		看或听不太清楚,但还可以分辨。
11	占据	zhànjù	(动)	处在(某种地位或情况)。
12	焦点	jiāodiǎn	(名)	比喻事情或道理引人注意的集中点。
13	忧郁	yōuyù	(形)	忧伤,愁闷。
14	眉梢	méishāo	(名)	眉毛的末尾部分。the tip of the brow
15	傲慢	àomàn	(形)	轻视别人,对人没有礼貌。(傲慢——骄傲)
16	鼻尖	bíjiān	(名)	鼻子末端最突出的部分。tip of the nose
17	清苦	qīngkǔ	(形)	贫困穷苦。
18	面颊	miànjiá	(名)	脸蛋。cheek
19	前额	qián'é	(名)	指头的前部、脸的上方。forehead
20	仁厚	rénhòu	(形)	仁爱宽厚。

下巴，守住了千言万语的嘴角……总是不知何时突然袭上心头，让我们生出片刻的恍惚。在谁也没有注意的时候，一个宁静的侧面，一个惊讶的蓦然回头，一个藏在合影群体角落里的默默凝视，都可能会让我们久久地梦绕魂牵：如今你在何处？

面容的浮现和消失组成了我们的人生。"见面"成了我们人生的一个又一个开始。美国总统林肯①说过：过了四十岁，一个人就应该对自己的相貌负责。林肯看到了人生经历将会重塑面容，发现了心理一直在悄悄镂刻着生理的秘密。比较一下俄国作家契诃夫②少年和盛年的照片，比较一下印度领袖甘地③少年和盛年的照片，我们的确看到了智慧和胸怀是如何在面容上生长，最后成为人世间美的精品。少年顶多有漂亮，盛年才有美。生活阅历一直在进行悄悄的整容。《世说新语》④上记录着这样一个著名的传说：魏王曹操⑤当年要接见匈奴⑥特使，担心自己面貌不够威武，不足以震慑来使，便让一个姓崔的人假扮魏王，而自己持刀于床⑦头假扮卫士。接见完以后，下人奉命去询问来使对魏王的印象。不料客人说：魏王确实优雅，"然床头捉刀人，此乃英雄也"⑧！

第二部分

这样看来，要想在自己的脸上展现其他人的阅历，还真不是一件容易的

21	下巴	xiàba	（名）	脸的下颌部。chin
22	千言万语	qiān yán wàn yǔ		形容话语非常多。
23	嘴角	zuǐjiǎo	（名）	上下唇两边相连的部分。corners of the mouth
24	何(时、处)	hé	（代）	什么。
25	袭	xí	（动）	侵入并袭击。课文中比喻心里产生（某种感觉）。
26	心头	xīntóu	（名）	心上，心里。
27	片刻	piànkè	（名）	极短的时间，一会儿。
28	恍惚	huǎnghū	（形）	神志不清，精神不集中。
29	宁静	níngjìng	（形）	（环境、心情）安静。（宁静——安静）
30	侧面	cèmiàn	（名）	旁边的一面（区别于"正面"）。side; flank; aspect

31	蓦然	mòrán	（副）	突然，猛然。（蓦然——突然）
32	合影	héyǐng	（名）	若干人在一起照的相。group photo
33	群体	qúntǐ	（名）	由个体组成的整体。
34	默默	mòmò	（形）	不说话，不出声。
35	凝视	níngshì	（动）	专心地看。
36	久久	jiǔjiǔ	（形）	很久，许久。
37	梦绕魂牵	mèng rào hún qiān		形容思念非常迫切。
38	相貌	xiàngmào	（名）	人的面部的样子。
39	重塑	chóngsù	（动）	重新塑造。
40	镂刻	lòukè	（动）	雕刻。课文中比喻产生深刻的影响。
41	盛年	shèngnián	（名）	〈书〉壮年，三四十岁的年纪。
42	胸怀	xiōnghuái	（名）	指人的抱负和气量。
43	人世间	rénshìjiān	（名）	人间，世界上。
44	精品	jīngpǐn	（名）	精良的物品。
45	顶多	dǐngduō	（副）	最高的限度、程度。
46	阅历	yuèlì	（名）	亲身见过、听过或做过，经历。
47	整容	zhěng róng		修饰容貌，特指通过手术改变容貌。
48	特使	tèshǐ	（名）	国家临时派遣的担任特殊任务的外交代表。special envoy
49	威武	wēiwǔ	（形）	雄壮，有气势。
50	震慑	zhènshè	（动）	震动使害怕。
51	崔	Cuī	（名）	姓。
52	假扮	jiǎbàn	（动）	为了使人错认而装扮成跟本人不同的另一种人或另一个人。
53	卫士	wèishì	（名）	担任保卫工作的人，卫兵。bodyguard
54	下人	xiàrén	（名）	仆人。servant
55	奉命	fèngmìng	（动）	接受使命，遵守命令。
56	优雅	yōuyǎ	（形）	优美高雅。
57	展现	zhǎnxiàn	（动）	显现出，展示。

事。这就是剧艺演员难能可贵的原因。一个奶油小生要演出帝王的胸中城府，一个纯情少女要演出娼妓的红尘沧桑，该是多么的不易。人们说：多笑者必多鱼尾纹，多愁者必多抬头纹，巧言令色使嘴皮薄厉，好学深思使目光深邃，心浮气躁会使面部肌肉紧张而混乱，气定神闲会使面部肌肉舒展而和谐。如此等等，如何遮掩得住？这样，有时候我们可能会顺理成章地 **以貌相人**，比如依据"心宽体胖"的经验，相信"体胖"者必然"心宽"。其实，"体胖"一类现象可能还有更多的原因，即便在后天演变这一方面，也还可以追溯出更多相关条件。我在孩童时代就发现过夫妻越长越像，对同学们那里好几对父母的面容相似十分奇怪，总觉得他们是兄妹。我后来还发现养子与养母越长越像的情况，爱徒与高师越长越像的情况，佞臣与暴君越长越像的情况，这才知道他们的面容相近，首先是由于他们的表情相仿。表情是易于互相感染和模仿的。朝夕相处的人，两两相对如同镜前自照，也许会下意识地追求自我同一，情不自禁地复制对

58	剧艺	jùyì	（名）	戏剧艺术。
59	难能可贵	nán néng kě guì		做到一般人或一般情况下很难或不能做到的事，因此值得宝贵，值得重视。
60	奶油小生	nǎiyóu xiǎoshēng		指相貌好看但缺少男子汉气质的男青年。
61	帝王	dìwáng	（名）	指君主国的最高统治者。emperor
62	城府	chéngfǔ		比喻待人处世的心机。
63	纯情	chúnqíng	（形）	感情或爱情纯洁真挚。
64	娼妓	chāngjì	（名）	妓女。prostitute
65	红尘	hóngchén	（名）	指繁华的社会，泛指人世间。
66	沧桑	cāngsāng	（名）	沧海桑田。比喻世事变化很大。
67	不易	búyì		不容易。
68	鱼尾纹	yúwěiwén	（名）	人的眼角与鬓角之间的像鱼尾的皱纹。crow's feet
69	抬头纹	táitóuwén	（名）	前额上的皱纹。wrinkles on one's forehead
70	巧言令色	qiǎo yán lìng sè		指用花言巧语和假装和善来讨好别人。
71	薄厉	bólì	（形）	课文中指说话刻薄，严厉无情。
72	好学	hàoxué	（形）	喜欢学习。

73	深邃	shēnsuì	（形）	深奥，深刻。（深邃——深奥）
74	心浮气躁	xīn fú qì zào		心里轻浮急躁，不踏实。
75	面部	miànbù	（名）	脸。
76	舒展	shūzhǎn	（形）	不卷缩，不皱。
77	和谐	héxié	（形）	配合得适当和匀称。
78	遮掩	zhēyǎn	（动）	遮挡，挡住。
79	顺理成章	shùn lǐ chéng zhāng		形容写文章或做事条理清楚。
80	以貌相人	yǐ mào xiàng rén		课文中的意思是根据相貌来观察人、判断人。
81	心宽体胖	xīn kuān tǐ pán		因为心胸开阔、舒畅而身体外貌安详。
82	即便	jíbiàn	（连）	即使。
83	演变	yǎnbiàn	（动）	发展变化（指时间比较长的）。
84	追溯	zhuīsù	（动）	逆流而上，向江河发源处走。比喻探索事物的由来。
85	相关	xiāngguān	（动）	彼此关连。
86	孩童	háitóng	（名）	孩子，儿童。
87	养子	yǎngzǐ	（名）	指领养的儿子。
88	养母	yǎngmǔ	（名）	指抚养自己的非生身母亲。
89	爱徒	àitú	（名）	师傅喜欢的徒弟。
90	高师	gāoshī	（名）	此处指高明的师傅。
91	佞臣	nìngchén	（名）	善于使用花言巧语奉承皇帝的大臣。
92	暴君	bàojūn	（名）	凶恶残暴的君主。
93	相近	xiāngjìn	（形）	近似，差不多。
94	相仿	xiāngfǎng	（形）	相似，大致相同。
95	易于	yìyú	（形）	容易……。
96	感染	gǎnrǎn	（动）	通过语言或行为引起别人相同的思想感情。
97	朝夕相处	zhāoxī xiāngchǔ		天天在一起。
98	两两相对	liǎngliǎng xiāng duì		两个人两个人地互相面对。
99	同一	tóngyī	（形）	一致，统一。
100	情不自禁	qíng bú zì jīn		抑制不住自己的感情。

方的笑容。在一段足够的时间以后,他们就免不了会有相似的某一种皱纹,某一块较为发达的肌肉,某一个器官的轮廓曲线——这当然不是不可以想象的事情。

　　如果我们放开眼光,甚至可以发现一个时代则常常批量产生着面容。在我一张褪色的老照片里,我们可以发现大部分女知青⑨共有的黝黑、健壮、朴拙、目光清澈但略有一点呆滞;在我女儿新近拍下的一张照片里,我们也可以发现当代大部分女白领的纤弱、精巧、活泼、目光进逼但略有一点矫饰。我们可以知道,面容是可以繁殖的,是表情感染后的肉体定格。这种繁殖其实一直在更大的范围内进行。

　　从这个意义上来说,面容不仅仅属于个人,而且也属于社会,成为人们文化符号体系中的一部分。

（作者:韩少功　选自《文汇报》）

101	曲线	qūxiàn	（名）	轮廓线,人或事物及其某一部位边缘的线条。sth., esp. a human body, or part of it having the shape of a curve
102	褪色	tuì shǎi		原先的颜色逐渐变淡或消失。
103	黝黑	yǒuhēi	（形）	（皮肤）黑。
104	健壮	jiànzhuàng	（形）	强壮健康。（健壮——健康）
105	朴拙	pǔzhuō	（形）	朴实、纯真而不灵巧。
106	清澈	qīngchè	（形）	清而透明。
107	略	lüè	（副）	略微,稍微。
108	呆滞	dāizhì	（形）	迟钝,不灵活。
109	新近	xīnjìn	（名）	不久以前的一段时期,最近。
110	纤弱	xiānruò	（形）	纤细而柔弱。
111	精巧	jīngqiǎo	（形）	精细巧妙。
112	进逼	jìnbī	（动）	向前逼近。
113	矫饰	jiǎoshì	（形）	故意造作来掩饰。
114	肉体	ròutǐ	（名）	人的身体（区别于"精神"）
115	定格	dìnggé	（动）	原意指影视片的活动画面停止在某一个固定的画面上。课文中指人的容貌固定在脸上。
116	符号	fúhào	（名）	记号,标记。symbol; mark; sign

注 释

① **美国总统林肯 Měiguó zǒngtǒng Línkěn**：即 Abraham Lincoln（1809—1865），1861—1865 年美国第 16 任总统。

② **俄国作家契诃夫 Éguó zuòjiā Qìhēfū**：1860—1904，小说家、戏剧家。所写的短篇小说题材多样，寓意深刻，是短篇小说的艺术大师。

③ **印度领袖甘地 Yìndù lǐngxiù Gāndì**：即 Mohandas Karamchand Gandhi（1869—1948）印度民族运动领袖，在印度被尊称为"圣雄"（Mahatma）。

④ **《世说新语》Shì Shuō Xīn Yǔ**：中国古代笔记小说，南朝宋时期（420—479）刘义庆撰写。主要记叙了东汉后期到南朝宋之间士人的生活和思想，反映当时的社会环境和"魏晋清谈"的风貌。

⑤ **魏王曹操 Wèiwáng Cáo Cāo**：155—220，三国（220—280）时著名的政治家、军事家、诗人，是魏国的国君，所以又被称为"魏王"。

⑥ **匈奴 Xiōngnú**：古代时生活在中国北方的一个民族。

⑦ **床 chuáng**：坐榻。

⑧ **然床头捉刀人，此乃英雄也！rán chuángtóu zhuōdāorén, cǐ nǎi yīngxióng yě**：这句话的意思是：那个站在坐榻旁边拿着刀的人，才是真正的英雄啊！

⑨ **女知青 nǚzhīqīng**：即女性的知识青年。知识青年：过去指受过初级或中级教育，具有一定科学文化知识的青年。特指 20 世纪六七十年代到农村劳动的城市青年。

词语辨析

1 傲慢——骄傲

【牛刀小试：把"傲慢"或"骄傲"填入下面的句子中】

1. 他确实很聪明，但那一副（　　）的样子总是让人觉得有些不舒服。
2. 他考上北大后，他妈妈马上把好消息告诉了亲朋好友，那语气中充满了兴奋和（　　）。
3. 唐诗宋词是中国文学史上的两座高峰，所有的中国人都为之感到（　　）。

4. 当衣衫褴褛的乞丐向他伸出手时，他只是（　　）地斜了乞丐一眼，从鼻子里哼了一声。

5. 李娜在获得法国网球公开赛和澳大利亚网球公开赛的女子单打冠军后，中国的网球迷都以她为（　　）。

6. 谦虚使人进步，（　　）使人落后。

【答疑解惑】

语义

这两个词都表示自以为了不起，都有看不起别人的意思。

【例】（1）他跟人说话时，总是一副傲慢/骄傲的样子，让人觉得很不舒服。

所不同的是：

a. "傲慢"着重指对别人的态度，"骄傲"着重指内心的自满。

【例】（2）不管是对谁，都不能傲慢无礼。

（3）这次你虽然考得不错，但也不能骄傲哟。

b. "傲慢"语义更重一些，"骄傲"语义轻一些。

c. "骄傲"还有表示值得自豪的人或事和值得自豪的意思，这时候它是褒义的；而"傲慢"没有这个意思，只是贬义词。

【例】（4）他考上了省城有名的大学，成了全村人的骄傲。

（5）我们为家乡的优美风景和悠久历史而感到骄傲。

用法

词性：这两个词都是形容词，但"骄傲"还可以做名词（见例4、5）。

重叠：这两个词都不能重叠。

2　宁静——安静

【牛刀小试：把"宁静"或"安静"填入下面的句子中】

1. 请（　　），考试马上就要开始了。

2. 清晨的小树林里显得格外（　　），湿润、清新的空气沁人心脾。

3. 他累了一天了，先让他一个人（　　）地休息一会儿吧，别打扰他了。

4. 虽然经历了人生的大起大落，但他的内心依旧很（　　），这正是最难能可贵的地方。

5. 请你（　　　）一点行不行？这么大喊大叫的又解决不了问题。

【答疑解惑】
语义

这两个词都表示环境没有声音和内心平静，都是褒义词。

【例】（1）一到春节，人们都回家团圆去了，校园里显得非常宁静/安静。

（2）保持内心的宁静/安静对健康是大有好处的。

但是，"宁静"比"安静"语义重一些。

用法

词性：这两个词都是形容词，但"安静"有时还有动词的用法。

【例】（3）现在开会了，请大家安静一下。

重叠："宁静"不能重叠，而"安静"可以重叠成"安安静静"，也可以重叠成"安静安静"。

【例】（4）图书馆里，孩子们正在安安静静地看书。

（5）大家先安静安静，等我把话说完。

语体

"安静"适用于书面语和口语，"宁静"多用于书面语。

3　蓦然——突然

【牛刀小试：把"蓦然"或"突然"填入下面的句子中】

1. 事情来得太（　　　）了，简直让人措手不及。

2. "众里寻他千百度，（　　　）回首，那人却在、灯火阑珊处。"这是宋代著名词人辛弃疾的名句。

3. 一个孩子（　　　）出现在汽车前，司机紧急刹车，大家都吓出一身冷汗。

4. 不打招呼就登门拜访，让人感觉很（　　　），也是不够礼貌的举动。

5. 听了父母的一席忠告，他（　　　）醒悟，觉得自己的行为确实太极端了。

6. （　　　）看去，天上的那朵白云好似一只静卧的绵羊。

【答疑解惑】
语义

这两个词都有急促和出人意外的意思。

【例】（1）正走着，我蓦然/突然发现草丛中钻出来一只小狗。

（2）今天早上我正准备上公共汽车，蓦然/突然想起有一份重要的文件落在家里了，只好再返回去拿。

用法

词性：都是副词（见例1、2），但"蓦然"只做副词，而"突然"还可以做形容词。

【例】（3）这件事很突然，大家都没有思想准备。

（4）他出门时走得突然，忘了带手机。

语体

"蓦然"多用于书面语，"突然"书面语和口语都常用。

4 深邃——深奥

【牛刀小试：把"深邃"或"深奥"填入下面的句子中】

1. 辽阔、（　　）的大海给人以神秘感，也激起了人类探索的欲望。
2. "古代哲学原理"这门课内容太（　　）了，跟刚上初中的学生讲简直是对牛弹琴。
3. 画面中的那位老人向前凝望着，（　　）的目光中似乎包含着很多内容，耐人寻味。
4. 大山里有一个（　　）的山洞，吸引了很多喜欢探险的年轻人。
5. 那个时候，不少中国人认为，学好数理化，走遍天下都不怕。所以中国的学校普遍重视理科的教育，老师常常会让学生做一些很（　　）的题。

【答疑解惑】
语义

这两个词都有道理、含义高深，不容易理解的意思。

【例】（1）这首诗的含义很深奥/深邃，小孩子是不可能完全理解的。

（2）佛教的教义深奥/深邃极了，我们所知道的只是一些皮毛。

但是，"深邃"还有幽深、深远的意思，"深奥"没有这个意思。

【例】（3）这个刚发现的洞穴非常深邃，走了一个小时还没有到头。

（4）老教授那深邃的目光中包含着丰富的思想和人生感受。

用法

这两个词都是形容词，都不能重叠，在用法上没有明显的差别。

语体

"深邃"常用做书面语，"深奥"则书面语和口语都可以用。

5 健壮——健康

【牛刀小试：把"健壮"或"健康"填入下面的句子中】

1. 体检结果出来，李奶奶身体非常（　　　），什么病都没有。
2. 小伙子是健身教练，天天运动，身体（　　　）得像一头牛。
3. 生一个（　　　）的宝宝是每一个家庭的美好愿望。
4. 红薯是公认的（　　　）食品，最好经常把它列入你的食谱。
5. 吸烟损害（　　　），这个道理谁都懂，但中国的烟民队伍却不见缩小。
6. 暑假回家，看到父母亲都（　　　）的，小马别提多高兴了。
7. 现在的很多人过着晨昏颠倒、毫无规律的生活，这种不（　　　）的生活方式一定会带来恶果。

【答疑解惑】

语义

这两个词都有表示生理机能好的意思，都是褒义词。

【例】（1）小李5月份生了一个健壮/健康的女婴，全家人都非常高兴。

（2）我们学校篮球队的队员们个个身体健壮/健康。

它们的不同之处在于：

a. "健康"的词义侧重于身体正常，没有缺陷和疾病；"健壮"的词义侧重于身体强健、结实、有力，状态比正常情况更好（见例1、2）。

b. "健康"可以指生理机能，也可以用于描述事物，"健壮"没有这个意思。

【例】（3）我们应该建立更加完善的法律，这样才能保障市场经济的健康发展。

（4）学校开展了一系列健康、有趣的文艺体育活动，很受学生们的欢迎。

用法

词性：这两个词都是形容词，但"健康"还有名词的用法，"健壮"一般不这样用。

【例】(5) 恢复健康 / 影响健康 / 损害健康 / 拥有健康 / 失去健康 / 重视健康 / 珍惜健康 / 保持健康 / 维护健康 / 忽视健康

重叠: "健康"可以重叠成"健健康康","健壮"一般不能重叠。

【例】(6) 爷爷今年80岁了，身体还健健康康的，没什么毛病。

1 …总是不知何时突然袭上心头……
如今你在何处？

【解释】何：指示代词，表示疑问，即"什么"或"哪里"。多用于书面语，多与单音节词搭配使用。

【举例】(1) 不知从何时开始，一个小女孩变成了大姑娘。

(2) 你是在何时何地何种情况下发现这一现象的？

(3) 这件事到底是何人所为，我们一定要调查清楚。

【练习】选用"何人""何时""何地""何物""何方""何处""何故"完成下面的对话：

(1) A: _____?

B: 我是从大学一年级的时候开始对中国文化感兴趣的。

(2) A: _____?

B: 这是我妈妈在我18岁生日的那天送给我的礼物。

(3) A: _____?

B: 因为工作的地方太远，再加上我对工作的内容不感兴趣，所以就辞职了。

(4) A: _____?

B: 因为妈妈不让我养小动物，所以我只好把小兔子藏在床底下了。

2 少年顶多有漂亮，盛年才有美。

【解释】顶多：副词，表示最高的限度、程度。也说"最多"。

【举例】(1) 这个会议顶多再有一个小时就结束了。

(2) 他以前在军队里顶多是个中尉，肯定不会是将军。

【练习】用"顶多"改写下面的句子：

(1) 那本书不是太厚，也就是 100 页左右吧。

(2) 我这次考得不太理想，我自己觉得能达到 70 分就不错了。

(3) 英语老师说我现在的英语水平刚够中级，不适合选择这么难的教材。

(4) 我这个人不太善于爬山，像香山这样高度的山，我能爬到半山腰就不错了。

3 这样，有时候我们可能会顺理成章地以貌相人……

【解释】以貌相人：课文中的意思是根据相貌来观察人、判断人。这个词语的原型为"以貌取人"，意思是根据人的外貌来判断人的优劣或决定对待的态度，含有贬义。

以 + 单音节名词1（或单音节形容词1）+ 单音节动词 + 单音节名词2（或单音节形容词2），这是汉语中的一个固定结构，常用的还有：

【举例】以次充好（用不好的冒充好的）/ 以德报怨（用恩德回报别人的怨恨）/ 以己度（duó）人（用自己的想法去衡量或猜测别人）/ 以假乱真（用假的冒充真的）/ 以理服人（用讲道理来使人信服或听从）/ 以貌取人（单凭外表去评判人）/ 以偏概全（用局部来概况全体）/ 以权谋私（利用职权谋取私利）/ 以身试法（用自身的行为试探法律的威力）/ 以身殉职（为忠于职守而牺牲生命）/ 以身作则（用自己的行动作为榜样）/ 以一当十（用一个人抵挡十个人）

【练习】用"以貌取人"和上面的例子填空：

(1) 做买卖如果（　　　　）的话，一定会失去顾客的信任。

(2) 那位警察在抓捕罪犯的过程中（　　　　）了，上级追认他为"优秀警察"。

(3) 我朋友模仿齐白石的画惟妙惟肖，简直到了（　　　　）的地步。

(4) 在日常生活中，我们应该多站在别人的角度去看问题，而不能总是（　　　　），这样会失去很多朋友。

(5) 挑选公司职员不是选美，不能（　　　　），主要要看他的能力。

(6) 在争论问题的时候，大家都应该（　　　　），最好不要互相攻击。

综合练习

Ⅰ 词语练习

一 用画线的字组成其他的词

1. 巴<u>掌</u>：（　　　）（　　　）（　　　）（　　　）
2. <u>焦</u>点：（　　　）（　　　）（　　　）（　　　）
3. 宁<u>静</u>：（　　　）（　　　）（　　　）（　　　）
4. 威<u>武</u>：（　　　）（　　　）（　　　）（　　　）
5. 定<u>格</u>：（　　　）（　　　）（　　　）（　　　）

二 填入合适的名词

（一）锁定（　　　）　　流露（　　　）　　占据（　　　）
　　　重塑（　　　）　　展现（　　　）　　遮掩（　　　）
　　　追溯（　　　）　　感染（　　　）　　凝视（　　　）

（二）忧郁的（　　　）　　傲慢的（　　　）　　清苦的（　　　）
　　　宁静的（　　　）　　纤弱的（　　　）　　深邃的（　　　）
　　　和谐的（　　　）　　黝黑的（　　　）　　健壮的（　　　）

三 填入合适的动词

精确地（　　　）　　恍惚地（　　　）　　默默地（　　　）
久久地（　　　）　　优雅地（　　　）　　下意识地（　　　）

四 填入合适的形容词

（　　　）的面容　　（　　　）的指纹　　（　　　）的差异
（　　　）的情感　　（　　　）的相貌　　（　　　）的胸怀
（　　　）的阅历　　（　　　）的曲线　　（　　　）的人生

五 写出下列词语的近义词或反义词

（一）写出近义词

相貌——　　　阅历——　　　新近——　　　呆滞——

精确——　　　蓦然——　　　清苦——　　　深邃——

流露——　　　展现——　　　感染——　　　新近——

（二）写出反义词

忧郁——　　　傲慢——　　　宁静——　　　优雅——

好学——　　　舒展——　　　黝黑——　　　清澈——

呆滞——　　　纤弱——　　　精巧——　　　曲线——

六 选词填空

（一）

傲慢　骄傲　宁静　安静　蓦然　突然　深邃　深奥　健壮　健康

1. 放假了，学生们回家的回家，旅游的旅游，校园里（　　）了下来。

2. 小李从小参加游泳训练，长大后身体（　　）如牛，全身好像有使不完的力气。

3. 她嘴里哼着流行歌曲，轻松地走在下班的路上，但（　　）想起的一件烦心事破坏了她的好心情。

4. 他考上名牌大学以后，觉得自己很了不起，对待别人的态度也渐渐变得（　　）起来，失去了很多朋友。

5. 随着一系列法律法规的建立和健全，这个行业越来越向着（　　）的方向发展。

6. 走着走着，一道（　　）的山谷挡住了登山者们的去路。

7. 来到大自然中，听着优美的音乐，内心越来越（　　），刚才的焦虑和烦躁都消失了。

8. 大学里学的东西比中学里学的（　　）多了。

9. 你来得太（　　）了，我一点儿思想准备也没有。

10. 彼得成了这个国家的英雄，他的父母和家人都为他（　　）。

(二)

> 焦点　心头　片刻　合影　精品　沧桑　浮现　整容　震慑
> 奉命　深思　遮掩　演变　相关　褪色　纯情　易于

1. 小丽看着一年前和前男友的一张（　　　），内心不免有些失落。
2. 深夜，小王还是久久不能入睡，白天发生的事情又一次（　　　）在他的脑海中。
3. 到底是保护环境重要还是发展经济重要？这个问题值得我们（　　　）。
4. 我马上就来，请您稍等（　　　）。
5. 我认为，一个人的年龄不仅和外貌（　　　），也跟一个人的心理密切（　　　）。
6. 这家出版社非常注重出版物的内在和外在质量，他们所出版的书籍每一本都是（　　　），受到读者的青睐。
7. 她在影片中饰演一位（　　　）少女，年轻漂亮，纯洁天真。
8. 近百年来，我们的国家经历了（　　　）巨变，终于迎来了发展的春天。
9. 本来是夫妻两人之间的矛盾，但由于双方父母的加入，（　　　）成了一场家庭大战。
10. 那个著名的演员来到这所大学学习，一下子就成了全校的（　　　），吸引了很多同学的目光。
11. 他的正义感和勇气一下子就把小偷（　　　）住了，吓得转身就跑。
12. 这是一个漆黑的夜晚，月亮被云层（　　　）着，伸手不见五指。
13. 一到黄金周，（　　　）医院里面就人满为患，人们都希望通过改善自己的容貌来获取生活和事业上的成功。
14. 如果大家都抱着真诚、善良、热情的心态，人与人之间就会（　　　）交流。
15. "夕阳无限好，只是近黄昏。"看着夕阳西下的美景，吟诵着李商隐的诗句，一种寂寞惆怅的心情袭上（　　　）。
16. 这件衣服质量真不错，洗了无数遍，还毫不（　　　），依旧亮丽如新。
17. 公司总经理让小王马上去处理一起很麻烦的合同纠纷，小王只好（　　　）前往。

七　**判断指定的词语应放在A、B、C、D哪个位置上**

1. A 房间布置得颇 B 特色，无论 C 布局、色彩还是家具的式样 D 都是匠心独具。（具）
2. 他常常 A 丢三拉四，忘了把 B 东西放在 C 处，今天又找不到眼镜了，急得到 D 处乱翻。（何）

3. 这孩子 A 身体很健康，B 很少生病 B 吃药，D 也就是偶尔有点感冒咳嗽而已。（顶多）

4. 这些证据已经 A 说明问题了，根据这些材料完全 B 可以给他 C 定罪，不再 D 需要别的证据了。（足以）

5. A 老教授每天都会 B 在固定的时间和地点去喂校园里的流浪动物，C 是 D 刮风下雨也不例外。（即便）

6. 运动 A 会受伤，更 B 需要付出时间和精力，如果 C 受不了这些，就 D 不能成为优秀的运动员。（免不了）

7. 照片上的女孩 A 脸上 B 带一些微笑，C 满脸清纯，D 妩媚动人，见到的人都会不知不觉地喜欢上她。（略）

8. 我的经验是，背生词的时候，一边 A 看，一边 B 写，一边 C 说，这样做更 D 记住。（易于）

9. 她 A 找男朋友完全是 B 貌取人，只看 C 身高、长相等外表的条件，而对 D 其他方面则不予考虑。（以）

八 选择下面的四字词语填空，并模仿造句

> 隐约可辨　千言万语　梦绕魂牵　难能可贵　巧言令色　心浮气躁
> 气定神闲　顺理成章　心宽体胖　朝夕相处　情不自禁

1. 小姑娘小时候在一次车祸中失去了双臂，但她靠着坚强的毅力坚持锻炼自己的独立生活能力，练就了一副用脚干活、学习的本事，这种顽强的精神真是（　　　）！

2. 湖上雾蒙蒙的一片，远处的树木和房屋（　　　），但看不真切。

3. 孩子长大了，就应该自己独立生活，这是（　　　）的事情。

4. 她是动物园的饲养员，每天和大熊猫（　　　），建立了深厚的感情。

5. 无论走得多远，故乡始终是他心中最爱的地方。六十年之后，他终于又回到了这个令他（　　　）的地方。

6. 看着老和尚打坐时（　　　）的样子，一群（　　　）的年轻人好像也定下心来了。

7. 老王退休以后日子过得轻松愉快，人也（　　　）起来。

8. 十年没见面了，这一次相逢，两人之间有（　　　）要向对方诉说。

9. 她在手机中听到丈夫在万里之外传过来的声音，（　　　）地流下了激动的眼泪。

10. 他完全是靠着（　　　　　）才得到了上司的好感并得到了提升，所以同事们都看不起他。

II 课文理解练习

一　根据课文内容判断正误

读第一部分课文，做下面的题：

1. 人们在与别人进行语言交流前，最有可能做的是：
   A. 看一眼对方的脸　　　　B. 拍一下对方的肩　　　　C. 握一下对方的手

2. 作者认为，人们的证件照片上都呈现的是面容，这主要是因为：
   A. 面容能够更加精确地表现出人与人之间的差别
   B. 面容能够更加形象地表现出每个人的性格特点
   C. 面容能够更加清晰地透露每个人的情感和文化

3. 林肯说："过了四十岁，一个人就应该对自己的相貌负责。"这句话所包含的意思最有可能的是：
   A. 人的年龄越大，就越应该承担更多的责任
   B. 随着年龄的增加，人们有能力为自己实行整容手术
   C. 人生的经历和心理会在人的面容上留下痕迹

4. 作者认为，人到盛年相貌才更加"美"，这个"美"指的是：
   A. 脸部的器官更加成熟完美，格外动人
   B. 脸部表现出更多的智慧和更开阔的胸怀
   C. 脸部表现出更多的感情和更丰富的经验

5. 曹操之所以要让另一个人代替自己接待匈奴特使，主要的原因是：
   A. 担心自己的容貌不够威武，不能震慑对方
   B. 担心自己的身材不够健壮，不能吸引对方
   C. 担心自己的声音不够有力，不能压住对方

读第二部分课文，做下面的题：

6. 作者认为剧艺演员难能可贵的地方在于：

   A. 能够在戏剧中把奶油小生表演成古代帝王

   B. 能够在戏剧中把纯情少女演绎为红尘娼妓

   C. 能够通过自己的表演反映其他人的阅历和性格

7. "人们说：多笑者必多鱼尾纹，多愁者必多抬头纹，巧言令色使嘴皮薄厉，好学深思使目光深邃，心浮气躁会使面部肌肉紧张而混乱，气定神闲会使面部肌肉舒展而和谐。"文章中的这段话说明：

   A. 性格和情绪会影响人的面容

   B. 生气和烦恼会使人多长皱纹

   C. 放松和愉快会使人更加漂亮

8. 根据文章的意思，"体胖"的原因是：

   A. 心宽　　　　　　B. 饮食无度　　　　　　C. 很多因素

9. 课文中说："我后来还发现养子与养母越长越像的情况，爱徒与高师越长越像的情况，佞臣与暴君越长越像的情况……"出现这种情况的原因是：

   A. 朝夕相处，表情会互相传染和模仿

   B. 自我同一，所以面容越来越接近

   C. 情不自禁，模仿对方的表情笑容

10. 作者所说的"一个时代则常常批量产生着面容"的意思是：

    A. 因为生活在同一个时代，所以人们都长得越来越像

    B. 因为时代相同，经历相近，所以有一部分人会产生类似的面容

    C. 因为时代相同，思想一样，所以一部分女性会越长越像

二　根据课文内容，用指定的词语回答问题或进行讨论

1. 在我们的记忆中，为什么别人的面容总是占据着焦点的位置？根据课文内容，有什么例子可以证实这一点？

   （最具个性　当然不会　但多了一份　于是　忧郁　欢乐　总是　宁静　惊讶　合影群体　都可能）

2. 林肯对人的面容有着什么样的发现和看法？作者提出了什么例证？

   （过了　就应该　看到了　发现了　比较一下　比较一下　的确看到　最后）

3. 复述一下课文中关于"魏王曹操"的故事。

（著名传说　接见　担心　不足以　便　而……以后　印象　不料）

4. 作者为什么认为剧艺演员"难能可贵"？

（要想　还真不是　原因　奶油小生　纯情少女　不易　如此　遮掩）

5. 作者认为人们的面容相近是什么原因造成的？

（孩童时代　面容相似　后来还发现……的情况　这才　首先　易于　朝夕相处　下意识　免不了）

6. 作者用什么例子来说明"一个时代常常批量产生着面容"？

（褪色　发现　女知青共有　新近　发现　女白领　可以知道　繁殖　范围）

7. 总结一下文章对人的"面容"的几点看法。

8. 如果你同意文章的看法，请举出相应的例子来；如果你不同意文章的看法，也请举出相应的例子来。

三　**思考与表述**

1. 在你看来，一个人要想获得幸福，他的面容重要还是性格重要？

2. 你觉得有没有可能通过改变性格和心态来改善我们的面容？如果有可能，我们该怎么做呢？

3. 现在全球都流行着通过手术进行整容的热潮。说说你所知道的情况，并谈谈对这个问题的看法。

林肯的以脸识人

① 有一次，林肯总统的朋友向他推荐了一位年约四十而且极有才华的人。林肯约见了这位先生后，却迟迟没有下文。

② 介绍人觉得很纳闷，就去请教林肯是何原因。林肯说："我不喜欢他的脸，因为他的脸充满了骄傲和自负。"

③ 林肯又说："一个人到了四十岁以后，应该为自己的这张脸负责。"

④ 有人会说，林肯的识人之法也太刁钻了，怎么能凭一个人的脸就判定这个人的优劣呢？笔者却以为，林肯在知人识人方面，堪称慧眼独具。

⑤ 人们常说，身体发肤，受之父母。不是吗？生物学、遗传学都告诉我们，一个人的身体外貌，是父母遗传的结果，脸也不例外。一个人的脸，是父亲的"克隆"还是母亲的翻版，是父母优点的荟萃还是父母缺点的集合，我们无法选择，一切由遗传说了算。一个人的脸不仅仅由眼睛眉毛鼻子嘴巴皮肤等组织和部件构成，脸部的表情，也应该视为脸的一个组成部分，而且是至关重要的一个组成部分。一个正常的人，脸上的表情完全由他本人控制，是本人的"势力范围"。是哭还是笑，是愁眉苦脸还是喜笑颜开，是阳光灿烂还是阴云密布，是嘻嘻哈哈还是一本正经，是和蔼可亲还是凶神恶煞，是如沐春风还是冷若冰霜，是呆板还是生动，是丰富还是单调，是真诚还是虚伪，这都是本人自己的事，而不能完全归之于遗传了。从某种程度上来说，人的表情还是人内心世界的"屏幕"，一个人心里想什么，能从他脸上的表情中看出来，而一个人的心地为人，也是能从脸上的表情中映现出来的。在很多时候，我们甚至可以说"脸如其人"。如此说来，一个人，特别是一个成年人，就应该对他的脸负责。

⑥ 一个心地单纯的人，表情往往浪漫透明；一个真诚善良的人，表情往往亲切爽朗；一个阅历丰富的人，表情往往坚毅深沉；一个老谋深算的人，往往一脸的莫测高深，不动声色的表情，让人看了不知是云里还是雾里；一个骄傲自大唯我独尊的人，眼光很高，看人的时候常常越过对方的头顶，鼻子常常不屑地耸动，嘴角下撇流露出一丝鄙夷，总之，他的脸上会有掩饰不住的自负与骄傲！林肯以脸识人，正显示他善于见微知著，有一双洞察世人世事的"火眼金睛"。

（作者：张峰　选自《公关世界》）

阅读练习

一　根据文章的内容判断正误，如果是错误的，请说出正确的答案

读第①—④段，做下面的题：

1. 林肯不喜欢朋友向他推荐的那位先生，是因为不喜欢他的脸的长相。
2. 林肯认为，人对自己在40岁以后的面容是应该负责任的。

3. 作者认为，林肯这种判定人优劣的方法是非常不恰当的。

读第⑤—⑥段，做下面的题：

4. "身体发肤，受之父母"这句话的意思是，一个人的身体外貌是从父母那里得到的。
5. 一个人的脸给人的印象是由器官和表情两个方面构成的。
6. 在文章中，"阳光灿烂"是形容天气很好，"阴云密布"是形容快下雨了。
7. 作者认为，人的各种表情也是从父母那里遗传来的。
8. 林肯之所以说一个四十岁以上的人应该对自己的脸负责，是因为人可以控制自己的表情，而表情又可以影响人的相貌。
9. 作者认为林肯能够"以脸识人"说明他对社会和人生有着深刻的观察力。

二 根据文章的内容回答问题

1. 林肯在知人识人方面有什么特殊之处？
2. 举出文章中描写人的脸部表情的六个词语，并解释它们的意思。
3. 林肯为什么说一个人到了四十岁以后，应该对自己的脸负责？
4. 林肯的"火眼金睛"表现在什么地方？
5. 你同意林肯的观点吗？你在知人识人方面有什么经验？

辛亥革命与我

课前思考

1. 你都听说过哪些"革命"？你认为革命有哪些共同点？
2. 关于中国近代史上的辛亥革命，你都知道些什么？可以上网查一查这方面的信息。
3. 这篇课文的作者胡愈之是中国现当代历史上著名的作家、翻译家，也是出色的新闻出版工作者及国际问题专家、政治评论家和世界语学者。在这篇文章中，作者描写了自己在辛亥革命中的亲身经历和感受。读了这篇课文，一定会增加你对这场革命的了解。

课文

第一部分

从小的时候，我是一个多么羸弱的孩子啊。记得在中学生时代，我的身体又矮又瘦，显出额角格外地阔大，站起来全身失去了支点。又因为小时候多病，头发又黄短，在额后垂着长不盈尺的卷曲的辫子，恰像一条猪尾巴，老是**给**身材高大的同学们，当作开玩笑的资料。

是在一九一一年的春间，我的父亲送我去投考绍兴府①中学堂。那时绍兴是革命伟人的产生地，绍兴府中学堂是以闹风潮著名的学校。府中学堂的监督（中学校长当时称监督）一年中总得换过两个。据说当时学校当局怕事，以身材短小作为录取新生的标准，以为人小是一定不会闹风潮的。而我却是全校中生得最短小的一个，所以便被录取了（这还是最近听鲁迅先生②——当时绍兴府中学堂的监督——说的，以前我还不知道）。学校当局的眼光是不错的。我在府中学堂，是最安分的一个学生，不但不会闹风潮，连同学们的

1	羸弱	léiruò	（形）	〈书〉瘦弱。
2	额角	éjiǎo	（名）	额的两旁。frontal eminence
3	垂	chuí	（动）	东西的一头向下。
4	盈	yíng	（动）	满；充满。
5	卷曲	juǎnqū	（形）	弯曲。
6	辫子	biànzi	（名）	把头发分股交叉编成的条条儿。plait; braid; pigtail
7	投考	tóukǎo	（动）	报名参加考试。
8	风潮	fēngcháo	（名）	指群众为迫使当局接受某种要求或改变某种措施而采取的各种集体行动。
9	监督	jiāndū	（名）	做监督工作的人。本文中指中学校长。
10	当局	dāngjú	（名）	指政府、党派、学校中的领导者。
11	安分	ānfèn	（形）	规矩（ju）老实，守本分。

欺侮嘲笑，我也从不敢反抗。我是一个多么羸弱的孩子啊！又是第一次离开家庭，进都市的学校里。初进校的新生，照例是要受老资格的同学的欺侮的；又**何况**许多同学们，一个个长得又高又大，我自然只好忍受一切，始终抱着"不抵抗主义"了。

这时候离开武昌起义③，不过半年，清室④的统治，已开始动摇。绍兴的革命伟人徐锡麟⑤，行刺恩铭不过是前二三年的事。我们时常经过绍兴府城的轩亭口，不免回想到"鉴湖女侠"秋瑾⑥斩首的情形。因此青年的中学生，给神秘的革命情绪笼罩着。我说"神秘的"，是因为当时的青年不像现在的青年那样，有明白的政治社会意识。不过因为清廷惨杀革命志士，引起了强烈的反感，又因受当时报纸民主思想，种族思想的影响，所以觉得非革命推翻清室不可，而且觉得非牺牲生命去革命不可。当时，我和同学们最感兴味的是谈革命。虽然学校当局恐惹起外间的注意，劝学生们勿谈政治，但是我们都把革命问题，看作比校课更有兴味。有几位教师，是曾经参加过同盟会⑦的，我们都特别对他们表示敬仰。

第二部分

到了那年四五月间，这郁积在青年人心头的革命情绪，是非表现不可了。而表现的方式，却是剪辫子。说也奇怪，因为有一二个同学剪去辫子；大家相率仿效，剪发竟成了一时的流行病。虽然学校当局为避免外面的压迫，劝告学生勿剪辫子，但是一大部分的学生却都变成了光头。我的堂兄在府中学堂里，他也是首先剪去辫子的一个，他的家庭知道了这事，告知我的父亲，父亲着慌了，连忙来一信，叫我万勿剪辫子。我便写信去要求，我的父亲又来信，申斥了一顿，引了"身体发肤，受之父母"⑧的大道理。其实我知道我的父亲并不反对剪辫子，不过因为当时清廷压迫**甚**严，凡是剪去辫子的人，往往被称作革命党，捉去便杀头。父亲是怕我发生意外罢了。

究竟我是一个羸弱的孩子。我没有反抗父亲的勇气，只好暂时把辫子留着，但是因此我却付出了重大的代价。我被同学们当作侮弄的对象。"猪尾巴"变成了我的代名字。自然同学中留着辫子的还多着，但是他们是"大人"，没

12	欺侮	qīwǔ	（动）	欺负。
13	都市	dūshì	（名）	大城市。
14	资格	zīgé	（名）	从事某种活动所应具备的条件、身份等；由从事某种工作或活动的时间长短所形成的身份。seniority（资格——资历）
15	抵抗	dǐkàng	（动）	用力量制止对方的进攻。
16	动摇	dòngyáo	（动）	不稳固；不坚定。（动摇——摇动）
17	行刺	xíngcì	（动）	（用武器）暗杀。assassinate
18	女侠	nǚxiá	（名）	女侠客。旧时把有功夫、讲义气、肯舍己助人的人称为侠客。
19	斩首	zhǎnshǒu	（动）	杀头。
20	情形	qíngxing	（名）	事物呈现出来的样子。（情形——情况）
21	志士	zhìshì	（名）	有坚决意志和节操的人。person of ideals and integrity
22	反感	fǎngǎn	（名）	反对或不满的情绪。
23	种族	zhǒngzú	（名）	人种。race
24	推翻	tuīfān	（动）	用武力打垮（kuǎ）旧的政权，使局势彻底改变。
25	牺牲	xīshēng	（动）	为了正义的目的舍弃自己的生命。（牺牲——献身）
26	兴味	xìngwèi	（名）	兴趣。
27	外间	wàijiān	（名）	〈书〉外界；社会上。
28	敬仰	jìngyǎng	（动）	敬重仰慕。
29	郁积	yùjī	（动）	心里不舒畅，积聚了很多不好的情绪不能发泄。
30	相率	xiāngshuài	（副）	一个接着一个。
31	仿效	fǎngxiào	（动）	模仿（别人的方法、式样等）。
32	压迫	yāpò	（动）	用权力或势力强制别人服从。
33	光头	guāngtóu	（名）	剃光的头；没有头发的头；秃头。
34	堂兄	tángxiōng	（名）	同祖父或同曾祖父的哥哥。

有人敢取笑，而我却只好吞声饮泪，独自受着高大的同学们的欺侮。不单是剪发的同学们，扭住我的小辫子，当作把戏，连那些和我一样留着辫子的同学们，因为自恃拳头大，也称我叫"猪尾巴"，这是多么难受的侮辱啊。

这一年暑假，我是拖着小辫子回到家里，但要求父亲下学期转学到别处，为的是不愿受"猪尾巴"之辱，不然父亲便应该准许我剪发。可是这两个要求，都被父亲拒绝了。暑假过后，我只好依旧拖辫子进绍兴府中学堂去。

可是这时候情形却不同了。捉拿革命党的风声忽然十分紧急起来，许多人因为剪辫子，都被捉了去正法。因此本来已剪掉发辫的同学们，都在瓜皮帽子底下，装着一根假辫子回到校里。我心里虽然暗暗得意，觉得剪发的同学们，实在也不见得比我更英雄些，但是另一方面我却更深切地感到"猪尾巴"之辱。他们虽然装了假辫子，比"猪尾巴"到底威风些啊！

第三部分

秋季开学以后，不到十天，我就病倒在床上了。我的病是伤寒症，热度很高。人们雇了划船，把我送回两百里路外的家乡。当我到家的时候，已不省人事，我的父亲、祖母，一家人都忧急得不堪。这一病就病了整整四个月，中间有两个月不吃东西，瘦得只剩了皮包骨头。医生都说希望很少了，后来总算是慢慢救活来。这以后的生命，好比中了航空头奖，可以说是意外得来的。

快到深秋的时光，我的病已过了危险的时期。中国近代史上一个重要的阶段到来了。武昌起义以后，各省纷纷响应。不到几天，革命的声浪，震破我们这个小县城里的寂静的空气。有人说杭州城已挂着白旗了，有人说革命党已占

35	告知	gàozhī	（动）	告诉使知道。
36	着慌	zháohuāng	（动）	着急；慌张。
37	申斥	shēnchì	（动）	斥责（多用于对下属）。
38	引	yǐn	（动）	引用；用别人说过的话（包括书面材料）或做过的事作为根据。
39	侮弄	wǔnòng	（动）	侮辱，嘲弄。
40	取笑	qǔxiào	（动）	开玩笑；嘲笑。

41	吞声饮泪	tūn shēng yǐn lèi		〈书〉吞声：哭泣不敢出声。饮泪：泪流满面，流入嘴里。形容悲哀到了极点而不能公开发泄。
42	不单	bùdān	（连）	不仅，不但。表示递进关系，常与"也""还""而且"等连用。
43	把戏	bǎxì	（名）	杂技。
44	自恃	zìshì	（动）	依仗；靠着。
45	拳头	quántóu	（名）	手指向内弯曲合拢的手。fist
46	准许	zhǔnxǔ	（动）	同意人的要求。（准许——允许）
47	依旧	yījiù	（副）	依然；照旧。
48	捉拿	zhuōná	（动）	捉（犯人）。
49	风声	fēngshēng	（名）	指传播出来的消息。
50	正法	zhèngfǎ	（动）	依法执行死刑。
51	瓜皮帽子	guāpí màozi		像半个西瓜皮形状的旧式便帽，一般用六块黑缎子或绒（róng）布连缀（zhuì）制成。
52	威风	wēifēng	（形）	有声势；有气派。
53	伤寒症	shānghánzhèng	（名）	中医指外感发热的病，特指发热、恶寒无汗、头痛项僵的病。另外也指由伤寒杆菌引起的急性肠道传染病，也叫肠伤寒（typhoid fever）。
54	不省人事	bù xǐng rén shì		失去知觉。
55	不堪	bùkān	（副）	表示程度深。
56	好比	hǎobǐ	（动）	好像；可以比作；类似于。
57	深秋	shēnqiū	（名）	秋季的末期。
58	时光	shíguāng	（名）	时间；时期；日子。
59	响应	xiǎngyìng	（动）	回声相应。比喻用言语行动表示赞同、支持某种号召或倡议。
60	声浪	shēnglàng	（名）	指许多人呼喊的声音。
61	县城	xiànchéng	（名）	县行政机关所在的城镇。
62	寂静	jìjìng	（形）	没有声音；很静。
63	白旗	báiqí	（名）	战争中表示投降的旗子。

领绍兴了。这些消息马上就传到我的病榻旁。父亲来和我说，满清大概是要推翻了，外间已经有许多人剪掉辫子，天下应该是汉人的天下了。

在病榻中躺了三个月的我，正没法消除闷气，听了这样的惊人消息，自然喜之不尽。我正自忖着，我这回虽生了一次大病，但我是得到了"新生"了。我至少可以剪掉了辫子，不再受"猪尾巴"之辱。我是多么快活啊。

那时我听到革命军光复各地的消息，感情的兴奋，不是文字所能形容的。遇到来看我的人，我都和他们谈论国事。甚至一个不懂事的佣妇来我房里的时候，我也要问她外面变成了什么景象，街上有没有挂白旗。我恨不得立刻跳起来，去看看这大转变后的新世界，满足我的兴奋的好奇的心情。

我再三向父亲要报纸看，父亲却不许可。医生说我的身体还是十分虚弱，看书看报是应该绝对禁止的。但是在病床上，整日夜闭目想象外部世界的奇异变象，想象报纸上用大字标题登载着的惊人新闻，我委实是不能忍耐了。有一天，阖家人正在午饭的时候，我的房里没有人。我从病床上奋力爬起身，一步一歪地走到了病室对面我父亲的书室里。我在桌上偷了一份《时报》⑨，就折回到病室里。还没有回到床上，我已昏迷不省人事了。待母亲进房来的时候看见我晕倒在地上，手中拿着一份《时报》，全家都着急起来。忙扶我到床上，请了医生来，总算又把我救过来了。但是以后就绝对不许我看报，而且不让我一个人在房里。

又过了一个多月，我的病算是完全好了，只是瘦弱，没有气力。一九一二年的一月一日，清廷逊位，孙中山⑩在南京就临时大总统职。我的父亲本也是"新党"⑪，到这时他再不犹豫了。他选定了一个吉日，叫了理发师来，替阖家男子剪发。父亲是第一个剪去辫子。自然这一回父亲不再主张"身体发肤，受之父母"的大道理。

那时我已经能从床上起来，准备在我的父亲叔父之后，剪掉我的小辫子。但是当我起来照了一下镜子，发现那我认为奇耻大辱的猪尾巴，早已不见了。原来一场大病，把我的几根又短又黄的头发，脱得干干净净，我已成了一个秃头。因此直到了最后，我还是没有机会表现我的发辫的革命。我相信我一生没有比这一件事失望更大的。

至今回想，我是一个多么羸弱的孩子啊。

（作者：胡愈之　选自《中国现代散文精华》，人民文学出版社）

64	病榻	bìngtà	（名）	病人的床铺。
65	天下	tiānxià	（名）	指中国或世界。
66	消除	xiāochú	（动）	使不存在；除去不利的事物。
67	闷气	mènqì	（名）	积聚在心里没有发泄的怨恨或愤怒。
68	忖	cǔn	（动）	细想；仔细考虑。
69	新生	xīnshēng	（名）	新生命。
70	快活	kuàihuo	（形）	愉快；快乐。
71	光复	guāngfù	（动）	恢复（已亡的国家）；收回（失去的领土）。
72	国事	guóshì	（名）	国家大事。
73	佣妇	yōngfù	（名）	旧时指女佣，即女仆。older female servant
74	景象	jǐngxiàng	（名）	现象；状况。
75	许可	xǔkě	（动）	准许；容许。
76	奇异	qíyì	（形）	奇怪；惊异。
77	变象	biànxiàng	（名）	变化的社会现象。
78	标题	biāotí	（名）	标明文章、作品等内容的简短语句。title; heading
79	登载	dēngzǎi	（动）	（新闻、文章等）在报刊上印出。
80	委实	wěishí	（副）	〈书〉实在。
81	阖	hé	（形）	合；全。
82	折回	zhéhuí	（动）	半路返回。
83	气力	qìlì	（名）	力气。
84	逊位	xùnwèi	（动）	让出帝王的位子。
85	就职	jiù zhí		正式到任，多指较高的职位。
86	吉日	jírì	（名）	吉利的日子。
87	主张	zhǔzhāng	（动）	对于如何行动持有某种见解。
88	奇耻大辱	qí chǐ dà rǔ	（名）	极大的耻辱。
89	秃头	tūtóu	（名）	头发脱光或剃光的头；头发脱光的人。
90	至今	zhìjīn	（副）	到今天；直到现在（某种状况仍然没多大变化）。

注释

① 绍兴府 Shàoxīng Fǔ：今浙江省绍兴市。

② 鲁迅 Lǔ Xùn：1881—1936，中国文学家、思想家、革命家。原名周树人，字豫才，浙江绍兴人。作品有小说《狂人日记》《阿Q正传》等。

③ 武昌起义 Wǔchāng Qǐyì：1911年10月10日由反对清政府的革命党人在湖北武昌发动的起义，革命党人占领了武昌，发表宣言，号召各省起义，由此形成全国规模的辛亥革命。

④ 清室 Qīngshì：指清朝政府（1636—1911），下文中的"清廷""满清"也是此意，称"满清"是因清朝为满族所建。

⑤ 徐锡麟 Xú Xīlín：1873—1907，中国民主革命烈士。浙江山阴（今绍兴）人。1907年与秋瑾准备在安徽、浙江两省同时起义。7月6日在安庆刺杀安徽巡抚恩铭，印发《光复军告示》，率众攻占军械局。起义失败，被捕后英勇就义。

⑥ 秋瑾 Qiū Jǐn：1875—1907，中国民主革命烈士，浙江山阴（今绍兴）人，别名"鉴湖女侠"（鉴湖为绍兴的别称，因境内鉴湖得名）。提倡女权，宣传民主革命，组织光复军。1907年7月被捕，15日就义于绍兴轩亭口。

⑦ 同盟会 Tóngménghuì：即中国同盟会，是中国资产阶级的革命政党。1905年8月由孙中山倡导在日本东京成立，成为全国性的革命组织。1912年8月改组为"国民党"。

⑧ 身体发肤，受之父母 shēntǐ fà fū, shòu zhī fùmǔ：出自儒家经典《孝经》。全句为：身体发肤，受之父母，不敢毁伤，孝之始也。

⑨《时报》Shíbào：中国近代报纸。1904年6月12日在上海创刊，1939年9月1日停刊。

⑩ 孙中山 Sūn Zhōngshān：1866—1925，中国近代伟大的民主革命家。名文，号逸仙。

⑪ 新党 Xīndǎng：即当时孙中山先生所领导的革命党。

词语辨析

资格——资历

【牛刀小试：把"资格"或"资历"填入下面的句子中】

1.这家公司面试时，看重的不是个人的（　　）而是能力。

2. 在摄影界里，老赵出道早，作品多，可算是老（　　）了。

3. 吴晓文打算报名参加教师（　　）考试。

4. 在这次会议中，（　　）越深的代表，座位越靠前。

【答疑解惑】

语义

都可指从事某种工作或活动而形成的身份，但侧重点不同。"资格"侧重指从事某种活动所应具备的条件、身份或地位；"资历"侧重指从事某种活动的经历。

【例】（1）因为服用了兴奋剂，他被取消了参赛资格。

（2）我是公司的新人，哪有资格批评别人的工作？

（3）律师无疑是个高收入的职业，这也就难怪每年会有那么多人参加法律从业人员资格考试。

（4）据调查，律师的收入与资历成正比。

（5）"计算机与软件专业技术资格考试"取消了年龄、学历、资历等门槛，具有一定计算机技术应用能力的人员均可报考。

（6）因为资历尚浅，他没能进入评审委员会。

用法

都是名词。"资格"还可以构成"资格证""老资格"等词语。

【例】（7）前不久湖北一位老资格经销商揭露了进口车市的一些黑幕。

2　动摇——摇动

【牛刀小试：把"动摇"或"摇动"填入下面的句子中】

1. 导游（　　）着手里的旗子，示意大家快点儿跟上来。

2. 这个推销员巧舌如簧，妈妈终于（　　）了，准备掏钱了。

3. 俗话说"根深不怕风（　　）"，只要真正具备实力，任何变化都能应对。

4. 爷爷是一个意志坚定的人，没人可以（　　）他的决心。

【答疑解惑】

语义

都有"动"的意思，但侧重点不同。"动摇"多指立场、意志、决心等不坚定；"摇动"一般指物体摇摆晃动或用力摇晃物体使动。

【例】（1）什么都动摇不了他获胜的决心。

（2）政府表示坚决支持反腐倡廉的工作，绝不动摇。

（3）得了这种病以后，他的脑袋总是不由自主地摇动着。

（4）一项研究结果表明，由于婴儿的颈部肌肉较弱，因此摇动婴儿容易造成神经系统中控制呼吸的部分受到伤害。

用法

词性：都是动词。

搭配：a."动摇"通常与抽象事物搭配，如例（1）、（2）；"摇动"通常与具体的东西搭配，如例（3）、（4）。

b."摇动"可插入"得"或"不"；"动摇"没有这种用法。

【例】（5）这根木桩你摇得动摇不动？

（6）这棵树根深叶茂，六级大风也摇不动。

3 情形——情况

【牛刀小试：把"情形"或"情况"填入下面的句子中】

1. 如果有特别的（　　），一定马上向上级报告。

2. 一想起滑雪时自己摔倒的（　　），小民就忍不住想笑。

3. 山姆在信中向父母介绍了自己在中国的学习（　　）。

4. 警察要求他具体描述一下事故发生时的（　　）。

【答疑解惑】

语义

a. 都可指事物在发展中表现出来的状况，不同之处在于："情况"指总体状况，主要指事物发展所反映出的特征和趋势；"情形"指具体状况，主要指某一事情进行中的样子。

【例】（1）深圳果真是传言中的"文化沙漠"吗？最近本报记者对深圳人的读书情况进行了深入调查。

（2）家庭、学校平时应当传授一些自我保护的知识，增强孩子明辨是非和应对紧急情况的能力。

（3）至今我依然清晰地记得开学时大家自我介绍的情形。

（4）你能想象自己身穿宇航服遨游太空的情形吗？

b. "情况"还可指值得注意的变化或动向;"情形"没有这个意思。

【例】(5)报告连长,有情况。刚才发现敌人正在向东行动。

用法

词性:都是名词。

搭配:

a. "情况"可组成"工作情况""生活情况""读书情况"等四字词组;"情形"一般不这么用,"情形"前常有具体的描述,如"大家自我介绍的情形""自己身穿宇航服遨游太空的情形""同学们在教室里读课文的情形"。

b. 常与"情况"搭配的动词有:了解、调查、检查、反映、发生、分析等;常与"情形"搭配的动词有:记得、想象、描述等。

4 牺牲——献身

【牛刀小试:把"牺牲"或"献身"填入下面的句子中】

1. 郭小雪说:我愿意(　　　)于工作,但不会变成工作的奴隶。
2. 在这部小说里,男主人公为了爱情(　　　)了一切。
3. 在追逐金钱的游戏中,他(　　　)了自己真正的幸福。
4. 从眼前这位(　　　)于摄影艺术的年轻人身上,我看到了美的力量。

【答疑解惑】

语义

这两个词都有把自己的生命奉献出来的意思。但"牺牲"还泛指(为某人、某事)付出代价或受到损害;"献身"还有把自己的全部精力奉献出来的意思。

【例】(1)这座纪念碑是为了纪念为国牺牲/献身的烈士而建的。

(2)女人是否应该为了家庭而牺牲自己的事业?

(3)那个工人因不愿牺牲休息时间赶修机器而被解雇。

(4)作为献身于环保事业的民间环保活动家,她失去了很多,但也得到了很多。

(5)从18岁开始,他就决定献身于祖国的独立运动。

用法

词性:都是动词。

搭配:"牺牲"后可直接带名词,如例(2)、(3);"献身"则不能直接带名词,通常要与"于"连用,如例(4)、(5)。

5 准许——允许

【牛刀小试：把"准许"或"允许"填入下面的句子中】

1. 时间（　　）的话，我还想去一趟西藏。
2. 请（　　）我们利用这个机会说明一下我们的想法。
3. 据报道，英国最高法院（　　）一名颈部以下瘫痪、靠呼吸机维持生命的妇女安乐死。
4. 在未经双方父母（　　）的情况下，小郭和女朋友举行了婚礼。

【答疑解惑】

语义

都有"同意、许可"的意思，但词义范围大小不同，"准许"用于同意下级或被管辖者的要求，"允许"没有这个限制。

【例】（1）领导准许了他的调职请求。
　　　（2）该旅行团手续齐全，准许通行。
　　　（3）不同的意见允许争论。
　　　（4）要是时间允许的话，我还想在这儿坐一会儿。
　　　（5）只要条件允许，父母就会让我去国外短期留学。

用法

词性：都是动词。

搭配："允许"还有"请允许我……""决不允许"这样的固定用法。

【例】（6）请允许我代表全厂职工向你们致敬。
　　　（7）在军队里，纪律是决不允许被破坏的。

语言点

1 老是<u>给</u>身材高大的同学们，当作开玩笑的资料。

【解释】给 +（名词/代词）+ 动词结构："给"是介词，引进动作的发出者，意思接近于"叫、让、被"。有时不需强调动作的发出者，则"给"后的名词或代词就不用出现。

【举例】（1）外边的衣服给（大风）刮跑了。

（2）我忘了带伞，结果全身都给（雨）淋湿了。

（3）你这么帮他，他反而害你，他的良心是不是给狗吃了？

【练习】用"给"改写句子

（1）妹妹把玻璃杯打碎了。

_____。

（2）你们都快把我弄糊涂了。

_____。

（3）敌人的炮弹把附近的房子都炸毁了。

_____。

（4）这两只小狗把主人的房间弄得乱七八糟的。

_____。

2 初进校的新生，照例是要受老资格的同学的欺侮的；又<u>何况</u>许多同学们，一个个长得又高又大，我自然只好忍受一切，始终抱着"不抵抗主义"了。

【解释】理由1，何况+理由2，结论："何况"是连词，用于后一分句，补充或追加更进一步的理由，然后说出结论。相当于"况且"，常和"又""也""还"等配合使用。

【举例】（1）咱们家不好找，何况舅舅又是我们的长辈，我们无论如何得去车站接一下他，不接说不过去。

（2）大庆和丽娜的兴趣、差别很大，何况双方家长也不赞同他们交往，所以说分手就分手了。

（3）她本来心就软，见人有难一定尽量帮忙，何况现在蹲在角落里的还是一个孤苦无助的孩子，她很自然地走了过去。

【练习】用"何况"完成句子

（1）大家好不容易聚在一起，_____，多聊一会儿吧。

（2）这一带地广人稀，_____，还是打听清楚再去的好。

（3）这种冰箱_____，_____，买一台吧。

（4）_____，_____，准能按时赶到。

3. 不过因为当时清廷压迫甚严……

【解释】甚：副词。表示程度非常高，相当于"很""非常"。不用于比较句。带文言色彩，多用于书面语。可修饰单音节形容词或动词。

【举例】关系甚密／方法甚好／品行甚佳／兴致甚浓／感情甚笃（dǔ，忠实）／进步甚快／收效甚微／知者甚少／评价甚低／久无音讯，甚念。

【练习】参考以上的例子，用"甚"完成句子

（1）由于学习方法不当，＿＿＿＿＿＿＿＿＿＿＿＿＿＿＿＿＿＿＿＿＿＿＿＿。

（2）他和夫人结婚四十余年，＿＿＿＿＿＿＿＿＿＿＿＿＿＿＿＿＿＿＿＿＿。

（3）这个广告设计方案极富新意，客户＿＿＿＿＿＿＿＿＿＿＿＿＿＿＿＿＿。

（4）在故宫珍宝馆，爷爷仔细欣赏着那些精美的文物，＿＿＿＿＿＿＿＿，毫无倦意。

4. 不单是剪发的同学们，扭住我的小辫子，当作把戏，连那些和我一样留着辫子的同学们，因为自恃拳头大，也称我叫"猪尾巴"，这是多么难受的侮辱啊。

【解释】不单：连词，表示递进关系。用于前一小句，指出一层意思，后一小句常用"也""还""而且"等，引出更进一层的意思，有时用"连……也……""就是……也……"，进一层的意味更强。"不单"口语也可以说成"不单单"。

【举例】（1）孙行者神通广大，不单会变鸟兽虫鱼，也会变庙宇。

（2）辛亥革命不单推翻了清朝的统治，而且结束了中国两千年的封建君主专制制度。

（3）你提到的这几部电影，我爸爸不单没看过，恐怕连听都没听说过。

（4）期末考试不单要考课本里的生词，就是老师平时补充的生词也要考。

（5）不单单小孩儿爱玩电脑游戏，大人也爱玩。

【链接】不但："不但"的使用范围比"不单"大，上述"不单"的用法"不但"基本上包括，但"不单"没有"不但"的以下两种用法：

① "不但不／没有……，反而／反倒／相反……"，如：这样做不但不能解决矛盾，反而会增加矛盾。

② "不但"与"而且"搭配连接词语，如：不但可以而且一定能实现这个愿望。

另外,"不单"可以说成"不单单","不但"不能说成"不但但"。

【练习】用"不单"完成句子

(1) 学校的教育内容,＿＿＿＿＿＿＿＿＿＿,而且还要包括做人的道理。

(2) 取笑别人,＿＿＿＿＿＿＿＿＿＿＿＿＿＿＿,还会伤害自己。

(3) 这几道数学题难度非常高,＿＿＿＿＿＿＿,恐怕连老师也做不出来。

(4) 他的外号是"活字典",＿＿＿＿＿＿＿＿,连一些生僻的字他都认识。

5 一家人都忧急得不堪。

【解释】不堪:副词。用在带消极意义的双音节形容词后边作补语,表示程度深。

【举例】拥挤不堪 / 破旧不堪 / 混乱不堪 / 污秽(huì)不堪 / 痛苦不堪 / 疲惫(bèi)不堪 / 狼狈(bèi)不堪

【链接】"不堪"还可修饰动词,表示不能忍受或无法承受。如:不堪入耳 / 不堪设想 / 不堪回首 / 不堪一击 / 不堪烦扰

【练习】选用上面用"不堪"的词语完成句子

(1) 一连学了好几个月了,同学们都已＿＿＿＿＿＿＿＿＿＿＿＿＿＿。

(2) 看到爷爷在病床上＿＿＿＿＿＿＿＿＿的样子,小梅突然觉得外边的天变成了灰色。

(3) 有的大学生心理太脆弱了,简直＿＿＿＿＿＿＿＿＿＿＿＿＿＿。

(4) 那些脏话＿＿＿＿＿＿＿＿＿＿＿＿＿＿＿＿＿,她居然说得出口。

综合练习

Ⅰ 词语练习

一 用画线的字组词

1. 羸弱:(　　　)(　　　)(　　　)(　　　)

2. 资格:(　　　)(　　　)(　　　)(　　　)

3. 种族:(　　　)(　　　)(　　　)(　　　)

4. 声浪：（　　　　）（　　　　　）（　　　　　　）（　　　　　）
5. 委实：（　　　　）（　　　　　）（　　　　　　）（　　　　　）

二 填入合适的名词

羸弱的（　　　　　）　　卷曲的（　　　　　）

寂静的（　　　　　）　　奇异的（　　　　　）

动摇（　　　　　）　　推翻（　　　　　）　　牺牲（　　　　　）

敬仰（　　　　　）　　响应（　　　　　）　　主张（　　　　　）

登载（　　　　　）　　消除（　　　　　）　　压迫（　　　　　）

三 填入合适的动词

（　　　）风声　　（　　　）标题　　（　　　）闷气

（　　　）国事　　（　　　）反感　　（　　　）拳头

（　　　）资格　　（　　　）辫子　　（　　　）把戏

四 选择合适的动词填空

投考　仿效　着慌　取笑　准许　捉拿　消除　登载

1. 爷爷是一个很镇定的人，遇事从不（　　　）。

2. 据我所知，公司领导已经（　　　）了李云的调职请求。

3. 这件作品并不是她自己的创意，而是（　　　）了某位大师的作品。

4. 他的兴趣在军事方面，因此他打算（　　　）军事院校。

5. 在这部历史剧中，他扮演一位协助朝廷（　　　）逃犯的武林高手。

6. 据说这位大牌歌星小时曾因口吃被人（　　　），这使他对弱者充满了同情和理解。

7. 今天国内的各大报纸几乎都（　　　）了这个令人振奋的好消息。

8. 经过朋友的调解，小两口终于（　　　）了彼此之间的误会，重归于好。

五 写出下列词语的近义词或反义词

（一）写出近义词

羸弱——　　　　　安分——　　　　　欺侮——

郁积——　　　　　依旧——　　　　　许可——

（二）写出反义词

赢弱——　　　　　动摇——　　　　　寂静——

许可——　　　　　奇异——　　　　　就职——

六　选词填空

资格　资历　动摇　摇动　情形　情况　牺牲　献身　准许　允许

1. 从进入电影学院的第一天开始，他就决定（　　）于艺术。
2. 为了这些孤儿的幸福，他情愿（　　）小家庭的利益。
3. 看着结婚时穿过的红嫁衣，她不禁回想起举行结婚典礼时的（　　）。
4. 在任何（　　）下，她都没有动摇过对自己的信心。
5. 她本来是来这儿求助的，一见这（　　），她愣住了。
6. 不调查（　　），就没有发言权。
7. 因为她假造大学成绩单，研究生院取消了她的研究生考试（　　）。
8. 我年纪轻，（　　）浅，还望各位前辈多多指教。
9. 老王已经当了四十年的摄影记者了，在这一行里，他是老（　　）。
10. 鉴于上述原因，请（　　）我提前毕业。
11. 他申请提前毕业，系领导已经（　　）了。
12. 来电了，电扇又重新（　　）起来。
13. 任何力量都无法（　　）母亲对孩子的爱。

七　解释句中画线词语的意思

1. ……在额后垂着长不盈尺的卷曲的辫子……

　　A. 正好一尺长　　　　B. 长度超过一尺　　　　C. 长度不到一尺

2. 这时候离开武昌起义，不过半年，清室的统治，已开始动摇。

　　A. 就是　　　　　　　B. 不到　　　　　　　　C. 仅仅

3. 说也奇怪，因为有一二个同学剪去辫子；大家相率仿效，剪发竟成了一时的流行病。

　　A. 互相约定　　　　　B. 一个接着一个　　　　C. 跟着他们

4. 我的父亲又来信，申斥了一顿，引了"身体发肤，受之父母"的大道理。

　　A. 指引　　　　　　　B. 引导　　　　　　　　C. 引用

5. 自然同学中留着辫子的还多着，但是他们是"大人"，没有人敢取笑。
   A. 身材高大的人　　　　B. 年级比我高的人　　　　C. 年纪比我大的人

6. 连那些和我一样留着辫子的同学们，因为自恃拳头大，也称我叫"猪尾巴"。
   A. 以为　　　　　　　　B. 依靠　　　　　　　　　C. 根据

7. 许多人因为剪辫子，都被捉了去正法。
   A. 依法进行审判　　　　B. 依法进行拘留　　　　　C. 依法执行死刑

8. 当我到家的时候，已不省人事。
   A. 失去知觉　　　　　　B. 不知家人的情况　　　　C. 不懂得做人的道理

八 选择正确的答案

1. （　　）在中学生时代，我的身体又矮又瘦……
   A. 记得　　　　　　　　B. 记住　　　　　　　　　C. 记忆

2. 我的身体又矮又瘦，（　　）额角格外地阔大，站起来全身失去了支点。
   A. 看出　　　　　　　　B. 显出　　　　　　　　　C. 露出

3. ……在额后垂着长不盈尺的卷曲的辫子，恰像一条猪尾巴，老是（　　）身材高大的同学们，当作开玩笑的资料。
   A. 由　　　　　　　　　B. 把　　　　　　　　　　C. 给

4. 初进校的新生，照例是要受老资格的同学的欺侮的；又（　　）许多同学们，一个个长得又高又大，我自然只好忍受一切，始终抱着"不抵抗主义"了。
   A. 何必　　　　　　　　B. 何止　　　　　　　　　C. 何况

5. 我们时常经过绍兴府城的轩亭口，不免回想到"鉴湖女侠"秋瑾斩首的（　　）。
   A. 情态　　　　　　　　B. 形势　　　　　　　　　C. 情形

6. 不过因为清廷惨杀革命志士，引起了（　　）的反感……
   A. 激烈　　　　　　　　B. 强烈　　　　　　　　　C. 剧烈

7. 有几位教师，是曾经参加过同盟会的，我们都特别（　　）他们表示敬仰。
   A. 对　　　　　　　　　B. 给　　　　　　　　　　C. 为

8. 说（　　）奇怪，因为有一二个同学剪去辫子；大家相率仿效，剪发竟成了一时的流行病。
   A. 还　　　　　　　　　B. 也　　　　　　　　　　C. 又

9. 凡是剪去辫子的人，（　　）被称作革命党，捉去便杀头。
   A. 往往　　　　　　B. 常常　　　　　　C. 偏偏

10. 我没有反抗父亲的勇气，只好暂时把辫子留着，但是因此我却付出了（　　）的代价。
    A. 重大　　　　　　B. 重要　　　　　　C. 重点

11. 我的父亲、祖母，一家人都忧急得（　　）。
    A. 不足　　　　　　B. 不堪　　　　　　C. 不停

12. 忙扶我到床上，请了医生来，总算又把我救（　　）了。
    A. 回来　　　　　　B. 起来　　　　　　C. 过来

九　在每个空格中填入一个合适的汉字

1. 工会最后决定跟（　　）局合作，停止罢工。
2. 这位老人参加了上个世纪初那场著名的革命风（　　）。
3. 最近风（　　）比较紧，小偷都格外小心了。
4. 态度傲慢最容易使人产生反（　　）。
5. 她始终怀着一个梦想，那就是有一天世界上不同种（　　）的人都能平等相待。
6. 一闻到这种香味，小月就情不自禁地回想起在乡村跟奶奶一起生活的那段美好（　　）光。
7. 他没把这件事当真，就跟看把（　　）一样。
8. 报纸新闻的（　　）题必须一目了然，让人看一眼就知道大致的内容。
9. 外边抗议的（　　）浪一阵高过一阵，穿进屋里，看得出来，屋里的几个人有点坐不住了。
10. 他们对什么日子不太在意，可是长辈们都说无论如何得挑个（　　）日举行婚礼。

十　选择5个动词写一段话

> 欺侮　抵抗　动摇　推翻　牺牲　压迫　响应　光复　许可　主张

8 辛亥革命与我

Ⅱ 课文理解练习

一 根据课文内容判断正误

读第一部分课文，做下面的题：

1. 中学时代，同学们经常拿"我"的身材和辫子开心。（　　）
2. 因为"我"成绩优秀，所以被绍兴府中学堂录取了。（　　）
3. 学校当局希望学生们不要谈论政治。（　　）

读第二部分课文，做下面的题：

4. 在当时，剪辫子是革命的表现。（　　）
5. 父亲反对"我"剪辫子，是因为他不支持革命。（　　）
6. 虽然被别人称为"猪尾巴"，但"我"满不在乎。（　　）

读第三部分课文，做下面的题：

7. 家人把病重的"我"接回了家。（　　）
8. 在生病期间，"我"读了不少《时报》。（　　）
9. 革命胜利后，父亲毫不犹豫地让理发师剪去了自己的辫子。（　　）
10. "我"可以剪辫子时，辫子已经没有了。（　　）

二 根据课文内容，用指定的词语回答问题或进行讨论

1. 作者在绍兴府中学堂里，是一个什么样的学生？那时他为什么抱着"不抵抗主义"？
   （安分　闹风潮　欺侮　反抗　羸弱　照例　老资格）
2. "因此青年的中学生，给神秘的革命情绪笼罩着。"为什么作者说"革命情绪"是"神秘的"？
   （政治社会意识　惨杀　引起　反感　受……影响　非……不可）
3. 作者一生中最失望的事情是什么？他为什么会如此遗憾呢？

三 思考与表述

1. 通过作者的描述，你对那个时代留下了什么样的印象？

2. 请查阅资料，讨论一下孙中山先生领导的辛亥革命对中国有何影响。

3. 据你所知，在贵国的历史上发生过什么重大的社会变革？给社会发展带来了什么样的影响？

沙漠玫瑰的开放

① 历史对于价值判断的影响，好像非常清楚。鉴往知来，认识过去才能预测未来，这话都已经说烂了。我不太用成语，所以试试另外一种说法。

② 一个朋友从以色列（Israel）来，给我带来了一朵沙漠玫瑰。沙漠里没有玫瑰，但是这个植物的名字叫做沙漠玫瑰。拿在手里，是一蓬干草，真正枯萎、干的、死掉的草，这样一把，很难看。但是他要我看说明书。说明书告诉我，这个沙漠玫瑰其实是一种地衣，有点像松枝的形状。你把它整个泡在水里，第8天它会完全复活；把水拿掉的话，它又会渐渐地干掉，枯干如沙。把它再藏个一年两年，然后哪一天再泡在水里，它又会复活。这就是沙漠玫瑰。

③ 好，我就把这一团枯干的草，用一只大玻璃碗盛着，注满了清水放在那儿。从那一天开始，我跟我两个宝贝儿子，就每天去探看沙漠玫瑰怎么样了。第一天去看它，没有动静，还是一把枯草浸在水里头；第二天去看的时候发现，它有一个中心，这个中心已经从里头往外头稍稍舒展松了，而且有一点绿的感觉，还不是颜色；第三天再去看，那个绿的模糊的感觉已经实实在在是一种绿的颜色，松枝的绿色，散发出潮湿青苔（tái）的气味，虽然边缘还是干死的。它把自己张开，已经让我们看出了它真有玫瑰形的图案。每一天，它核心的绿意就往外扩展一寸。我们每天给它加清水，到了有一天，那个绿已经渐渐延伸到它所有的手指，层层舒展开来。

④ 第八天，当我们去看沙漠玫瑰的时候，刚好我们一个邻居也在，他就跟着我们一起到厨房里去看。这一天，展现在我们眼前的是完整的、丰润饱满、复活了的沙漠玫瑰！我们三个疯狂地大叫出声，因为太快乐了，我们看到一朵尽情

开放的浓绿的沙漠玫瑰。

⑤ 这个邻居在旁边很奇怪地说，不就一把杂草，你们干吗呀？

⑥ 我愣住了。

⑦ 是啊，在他的眼中，它不是玫瑰，它是地衣啊！你说，地衣再美，能美到哪里去呢？他看到的就是一把挺难看、气味潮湿的低等植物，搁在一个大碗里；也就是说，他看到的是现象的本身定在那一个时刻，是孤立的，而我们所看到的是现象和现象背后一点一滴的线索，辗转曲折、千丝万缕（lǚ）的来历。

⑧ 于是，这个东西在我们的价值判断里，它的美是惊天动地的，它的复活过程就是宇宙洪荒初始的惊骇（hài）演出。我们能够对它欣赏，只有一个原因：我们知道它的起点在哪里。知不知道这个起点，就形成我们和邻居之间价值判断的南辕（yuán）北辙（zhé）。

⑨ 不必说鉴往知来，我只想告诉你沙漠玫瑰的故事罢了。对于任何东西、现象、问题、人、事件，如果不认识它的过去，你如何理解它的现在到底代表什么意义？不理解它的现在，又何从判断它的未来？

⑩ 对于历史我是一个非常愚笨的、非常晚熟的学生。40岁之后，才发觉自己的不足。以前我只看孤立的现象，就是说，沙漠玫瑰放在这里，很酷，我要改变你，因为我要一朵真正的芬芳的玫瑰。40岁之后，发现了历史，知道了沙漠玫瑰一路是怎么过来的，我的兴趣不再是直接的评判，而在于你给我一个东西、一个事件、一个现象，我希望知道这个事情在更大的坐标里头，横的跟纵的，它到底是在哪一个位置上？在我不知道这个横的和纵的坐标之前，对不起，我不敢对这个事情评判。

⑪ 历史就是让你知道，沙漠玫瑰有它特定的起点，没有一个现象是孤立存在的。

（作者：龙应台　选自龙应台《百年思索》，南海出版公司）

阅读练习

一　根据文章内容选择正确答案

读第①—⑥段，做下面的题：

1. 关于沙漠玫瑰，下面哪点不正确？

A. 是一种地衣　　　　B. 生命力很强　　　　C. 开出的花跟玫瑰相似

2. 作者是怎样处理沙漠玫瑰的？

　　A. 种在土里　　　　B. 泡在水里　　　　C. 放在沙里

3. 完全开放的沙漠玫瑰有什么特点？

　　A. 有浅浅的绿色　　B. 有芬芳的气味　　C. 有玫瑰形的图案

4. 听了邻居的话，作者的反应是什么？

　　A. 吃惊　　　　　　B. 生气　　　　　　C. 同情

读第⑦—⑪段，做下面的题：

5. 作者认为，邻居不理解他们的反应的主要原因是：

　　A. 缺乏艺术家的审美眼光

　　B. 不了解沙漠玫瑰的复活过程

　　C. 讨厌沙漠玫瑰这样的低等植物

6. 关于作者，下面哪点正确？

　　A. 她的专业是历史　　B. 她去过以色列　　C. 她可能是中年人

7. 这篇文章主要想说的是什么？

　　A. 价值判断是怎么一回事

　　B. 历史对于我们评判事物的意义

　　C. 低等植物也有其存在的意义

二　思考与讨论

1. 同样面对开放了的沙漠玫瑰，作者和邻居的反应为何如此不同？

2. 40岁前后，作者对事物的评判有了什么样的变化？

3. 历史是已经过去的事情，生活在现代的人还有必要了解历史吗？在你看来，了解历史的意义有哪些？请至少说出三个。

无为・逍遥・不设防

课前思考

1. 在人生中，你最看重的做人原则是什么？
2. 说说你心目中理想的人生应该是怎么度过的。
3. 这篇课文，是中国当代著名作家王蒙的作品。这篇文章从三个方面谈了自己的人生观。请你多读几遍，仔细体会一下文章中包含的深意，并思考一下你自己的人生观是什么样的。

课 文

第一部分

无 为

一位编辑小姐要我写下一句对我有启迪的话。我想到了两个字,只有两个字:无为。

我不是从纯消极的意思上理解这两个字的。无为,不是什么事情也不做,而是不做那些愚蠢的、无效的、无益的、无意义的,乃至无趣无味无聊,而且有害有伤有损有愧的事。人一生要做许多事,人一天也要做许多事,做一点有价值有意义的事并不难,难的是不做那些不该做的事。比如说自己做出点成绩并不难,难的是绝不忌妒旁人的成绩。还比如说不搞(无谓的)争执,还有庸

1	无为	wúwéi	(动)	课文中指不做(某些事情)。
2	逍遥	xiāoyáo	(形)	无拘无束,自由自在。
3	设防	shèfáng	(动)	比喻心存戒备。
4	启迪	qǐdí	(动)	启发;开导。
5	无效	wúxiào	(动)	没有效果。
6	无益	wúyì	(动)	没有好处。
7	无味	wúwèi	(形)	没有趣味。
8	无聊	wúliáo	(形)	精神没有寄托而烦闷;使人感到没意思而产生厌烦。
9	有害	yǒuhài	(动)	对(人或物)有坏处。
10	有愧	yǒukuì	(动)	有惭愧的地方。
11	忌妒	jìdu	(动)	因别人比自己强而心怀怨恨。
12	旁人	pángrén	(名)	别人;当事人以外的人。
13	无谓	wúwèi	(形)	没有意义和价值。
14	争执	zhēngzhí	(动)	争论中各执己见,互不相让。

人自扰的得得失失，还有自说大话的自吹自擂，还有咋咋呼呼的装腔作势，还有只能说服自己的自我论证，还有小圈子里的吱吱喳喳，还有连篇累牍的空话虚话，还有不信任人的包办代替其实是包而不办，代而不替。还有许多许多的根本实现不了的一厢情愿，及为这种一厢情愿而付出的巨大的精力和活动。无为，就是不干这样的事。无为就是力戒虚妄，力戒焦虑，力戒急躁，力戒脱离客观规律①、客观实际，也力戒形式主义②。无为就是把有限的精力时间节省下来，才可能做一点事，也就是——有为，有所不为才能有所为。无为方可与之语献身。

无为是效率原则、事物原则、节约原则，无为是有为的第一前提条件；无为又是养生原则、快乐原则，只有无为才能不自寻烦恼。无为更是道德原则，道德的要义在于有所不为而不是无所不为；这样，才能使自己脱离开低级趣味，脱离开鸡毛蒜皮，尤其是脱离开蝇营狗苟。

无为是一种境界。无为是一种自卫自尊。无为是一种信心，对自己、对别人、对事业、对历史。无为是一种哲人的喜悦。无为是对于主动的一种保持。无为是一种豁达的耐性。无为是一种聪明。无为是一种清明而沉稳的幽默。无为也是一种风格呢。

15	庸人自扰	yōng rén zì rǎo		指本来没有问题却认为大有问题，自找麻烦，自寻苦恼。
16	得失	déshī	（名）	得到的和失去的。
17	大话	dàhuà	（名）	虚夸不实的话。
18	自吹自擂	zì chuī zì léi		自己吹喇叭，自己擂鼓。比喻自我吹嘘。
19	咋咋呼呼	zhāzhahūhū	（动）	口语，意思是张扬；吹嘘，夸耀。
20	装腔作势	zhuāng qiāng zuò shì		为了惹人注意或借以吓人，故意装出某种腔调，做出某种姿态。含贬义。
21	论证	lùnzhèng	（动）	论述并证明。expound and prove
22	小圈子	xiǎoquānzi	（名）	指为了私利而结合在一起的小团伙。a small circle of people；a small clique
23	吱吱喳喳	zhīzhichāchā	（形）	模拟杂乱细碎的说话声。
24	连篇累牍	lián piān lěi dú		形容文字太多，篇幅太长。

25	空话	kōnghuà	（名）	没有内容或不切实际的话；不准备实现的承诺。
26	虚话	xūhuà	（名）	不实在的话。
27	包办代替	bāobàn dàitì		不顾当事人或有关人意愿，自行帮别人处理事情。
28	一厢情愿	yì xiāng qíngyuàn		只从自己的主观愿望出发，不考虑对方是否同意或客观条件是否允许。
29	付出	fùchū	（动）	交出。
30	力戒	lìjiè	（动）	尽力防止或去除。
31	虚妄	xūwàng	（形）	没有事实根据的；不合乎情理的。
32	有为	yǒuwéi	（形）	有作为。
33	语	yǔ	（动）	书面语，"说"的意思。
34	前提	qiántí	（名）	事物产生或发展的先决条件。
35	养生	yǎngshēng	（动）	保养身体，增强生命力。
36	要义	yàoyì	（名）	关键内容或重要道理。
37	低级趣味	dījí qùwèi		低下、庸俗的兴趣或情趣。
38	鸡毛蒜皮	jīmáo suànpí		比喻无关紧要的小事或毫无价值的东西。
39	蝇营狗苟	yíng yíng gǒu gǒu		像苍蝇一样飞来飞去，像狗那样摇尾乞怜。比喻不择手段地到处钻营，追名逐利，苟且求安。
40	境界	jìngjiè	（名）	事物所达到的程度或表现出来的状况。
41	自卫	zìwèi	（动）	自己保卫自己。
42	自尊	zìzūn	（形）	自己尊重自己。
43	哲人	zhérén	（名）	智慧超群的人。sage；philosopher
44	豁达	huòdá	（形）	胸怀开阔；性格爽朗。
45	耐性	nàixìng	（名）	不急躁、不厌烦的心情。
46	清明	qīngmíng	（形）	（心里）清楚明白。
47	沉稳	chénwěn	（形）	沉着、稳重。
48	幽默	yōumò	（形）	言谈举止诙谐风趣而意味深长。humour

逍 遥

　　我不知道为什么从小就这样喜欢"逍遥"二字。是因为字形？两个"走之儿"③给人以上下纵横的运动感，开阔感。是因为字音？一个阴平，一个阳平，④圆唇与非圆唇元音⑤的复合韵母⑥，令我们联想起诸如遥遥，迢迢，昭昭，萧萧，淼淼，骄骄，袅袅，悄悄……都有一种美。

　　不知道对于庄周⑦，对于"文化革命"⑧中不参加"斗争"的一派"逍遥"意味着什么，也不知道从《说文》⑨到《辞海》⑩对于"逍遥"有些什么解释；反正对于我个人，它基本上是一种审美的生活态度，把生活，事业，工作，交友，旅行，直到种种沉浮，视为一种丰富、充实、全方位的体验。把大自然，神州大地⑪，各色人等，各色物种，各色事件视为审美的对象，视为人生的大舞台，从而**得以**获取一种开阔感，自由感，超越感。

　　自己丰富才能感知世界的丰富。狭隘与偏执者的世界则只是一个永远钻不出去的穴洞。自己好学才能感知世界的新奇。懒汉的世界则只是单调的重复。自己善良才能感知世界的美好，阴谋家的四周永远是暗箭陷阱。自己坦荡才能逍遥地生活在天地之间。蝇营狗苟者永远是一惊一乍，提心吊胆。

49	纵横	zònghéng	（动）	往来奔驰，毫无阻拦。
50	开阔	kāikuò	（形）	广阔；宽阔。
51	联想	liánxiǎng	（动）	由某人、某事或某概念引发而想到相关的人、事或概念。
52	遥遥	yáoyáo	（形）	形容距离遥远或时间长久。
53	迢迢	tiáotiáo	（形）	形容路途遥远。
54	昭昭	zhāozhāo	（形）	明白；明显。
55	萧萧	xiāoxiāo	（形）	模拟风雨声、落叶声、马叫声等。
56	淼淼	miǎomiǎo	（形）	大水辽阔无边。
57	骄骄	jiāojiāo	（形）	骄傲的样子。

58	袅袅	niǎoniǎo	（形）	（烟气）回旋上升的样子；纤长柔软的东西随风摇摆的样子；形容声音绵延不绝。
59	沉浮	chénfú	（动）	起伏升降。常比喻社会或个人的起落盛衰。
60	全方位	quánfāngwèi	（名）	事物的各个方面；各个方向和位置。
61	各色	gèsè	（形）	各种各样的。
62	物种	wùzhǒng	（名）	具有一定形态特征和生理特征，并占有一定自然分布区的生物类群，是生物分类的基本单位。species
63	得以	déyǐ	（动）	能够；可以。书面语。
64	获取	huòqǔ	（动）	取得；得到。
65	超越	chāoyuè	（动）	超过；越过。
66	感知	gǎnzhī	（动）	客观事物通过感觉器官在人脑中的直接反映。
67	狭隘	xiá'ài	（形）	（气度、见识）不宽广宏大。
68	偏执	piānzhí	（形）	偏激而固执、任性。
69	穴洞	xuédòng	（名）	洞窟，窟窿。cave; den; hole
70	新奇	xīnqí	（形）	新颖特别。
71	懒汉	lǎnhàn	（名）	指懒惰的男人。
72	阴谋家	yīnmóujiā	（名）	善于使用阴谋诡计的人。schemer; intriguer; conspirator
73	暗箭	ànjiàn	（名）	比喻暗中攻击、陷害别人的阴谋诡计。an arrow shot from hiding-an attack by a hidden enemy; a stab in the back
74	陷阱	xiànjǐng	（名）	比喻陷害人的圈套。pitfall; pit; trap; snare
75	坦荡	tǎndàng	（形）	形容心地纯洁，胸怀宽阔。
76	一惊一乍	yì jīng yí zhà		形容对本不足为奇的事情过分惊讶的样子。
77	提心吊胆	tí xīn diào dǎn		形容担心害怕，安不下心来。

因为逍遥，所以永远不让自己陷入无聊的人事纠纷中，你你我我，恩恩怨怨，抠抠搜搜，嘀嘀咕咕，这样的人至多能取得蚊虫一样的成就——嗡嗡两声，叮别人几个包而已。

当然不仅逍遥。也有关心，倾心，火热之心。可惜，只配逍遥**处之**的事情还是太多太多了。不把精力浪费在完全不值得浪费的方面，这是我积数十年经验得来的最宝贵的信条。

第三部分

不设防

我有三枚闲章⑫："无为而治"⑬"逍遥""不设防"。"无为"与"逍遥"都写过了。现在说一说"不设防"。

不设防的核心一是光明坦荡，二是不怕暴露自己的弱点。

为什么不设防？因为没有设防的必要。无害人之心，无苟且之意，无不轨之念，无非礼之思，防什么？谁能奈这样的不设防者何？

我的毛笔字写得很差，但仍有人要我题字。我最喜欢题的自撰箴言乃是"大道无术"⑭四字。鬼机灵⑮毕竟是小机灵，小手段只能收效于一时，小团体只能鼓噪一阵，只有大道，客观规律之道，历史发展之道，为文为人之道，才能真正解决问题。设防，只是小术，叫做雕虫小技。靠小术占小利，最终贻笑大方。设

78	陷入	xiànrù	（动）	落入（不利的境地）。
79	人事纠纷	rénshì jiūfēn		人际关系方面的不容易解决的矛盾。
80	恩恩怨怨	ēn'ēnyuànyuàn	（名）	恩德和仇怨（多偏指仇怨）。
81	抠抠搜搜	kōukousuōsuō	（形）	该花的钱舍不得花；小气，不大方。
82	嘀嘀咕咕	dídigūgū	（动）	私下里小声说话。
83	至多	zhìduō	（副）	表示最大的限度。
84	蚊虫	wénchóng	（名）	即蚊子。mosquito

85	嗡嗡	wēngwēng	（象）	模拟蜜蜂等昆虫飞动或机器发动的声音。
86	叮	dīng	（动）	（蚊子等）用中空的针形口器吸（血液）。
87	火热	huǒrè	（形）	像火一样炽热。
88	配	pèi	（动）	够得上；相当。
89	处之	chǔzhī	（动）	对待；处理。
90	积	jī	（动）	逐渐聚集。
91	信条	xìntiáo	（名）	信守的原则。article of creed；creed；precept
92	枚	méi	（量）	多用于较小的片状物或某些武器。
93	核心	héxīn	（名）	事物的主要部分或中心。nucleus；core；kernel
94	弱点	ruòdiǎn	（名）	不足的地方。
95	苟且	gǒuqiě	（形）	不正当的。
96	不轨	bùguǐ	（形）	行为或想法越出法度之外。
97	非礼	fēilǐ	（动）	违背礼法；不讲礼貌。
98	奈何	nàihé	（动）	怎么办；怎样对待。
99	题字	tízì	（动）	为表示纪念或勉励而写上字。
100	撰	zhuàn	（动）	写作。
101	箴言	zhēnyán	（名）	规劝告诫的话。admonition；exhortation；maxim
102	机灵	jīling	（形）	聪明伶俐；灵活机智。
103	收效	shōuxiào	（动）	收到成效。
104	鼓噪	gǔzào	（动）	原指出战时击鼓呐喊，以壮声威；现指喧嚷、起哄。
105	小术	xiǎoshù	（名）	指微小的技能。
106	雕虫小技	diāo chóng xiǎo jì		像雕刻鸟虫书（秦代的一种字体）一样的技能。比喻微不足道的技能。
107	小利	xiǎolì	（名）	微小的利益。
108	贻笑大方	yíxiào dàfāng		让内行见笑。

无为·逍遥·不设防

防就要装腔作势，言行不一，当场出丑，露出尾巴⑯，徒留笑柄。设防就要戴上假面⑰，拒真正的友人于千里之外⑱，终于不伦不类，孤家寡人。

不怕暴露自己的缺点，乃至敢于自嘲，意味着清醒更意味着自信，意味着活泼更意味着真诚。缺点就缺点，弱点就弱点，不想唬人，不想骗人，亲切待人，因诚得诚。不为自己的形象而操心，不为别人的风言风语而气怒，不动不动就拉出自己来，往自己脸上贴金⑲。自吹自擂，自哀自叹，自急自闹，都是一无所长，毫无自信的结果，都实在让人笑话。

从另一方面来说，不设防是最好的保护。亲切和坦荡，千千万万读者和友人的了解与支持，上下左右内外的了解和支持，这不是比马其诺防线⑳更加攻不破的防线么？

之所以不设防，还有一个也许是最重要的最根本的原因：我们没有时间。比起为个人设防来说，我们有更多得多、更有意义得多的事情等待我们去做。把事情做好，这也是更好的防御和进攻——对于那些专门干扰别人做事的人。

因为不设防是不是也有吃亏的时候，让一些不怀好意的小人得逞——乱抓辫子㉑乱扣帽子㉒的时候呢？

当然有。然而，从长远来说，得大于失，虽失犹得，不设防仍然是我的始终不悔的信条。

（作者：王蒙　选自《精读文萃》，北京师范大学出版社）

109	言行不一	yán xíng bù yī		言语和行为不一致。
110	当场	dāngchǎng	（副）	在事情发生的当时和当地。
111	出丑	chū chǒu		显露出丑态；丢面子。
112	徒	tú	（副）	表示此外没有别的。
113	笑柄	xiàobǐng	（名）	可以用来取笑的话语、行为或事情。
114	不伦不类	bù lún bú lèi		既不像这一类，也不像那一类。形容不像样子或不合规范。
115	孤家寡人	gū jiā guǎ rén		指脱离群众、孤立无助的人。
116	自嘲	zìcháo	（动）	自我嘲笑。
117	真诚	zhēnchéng	（形）	真心诚意；不虚伪。

118	唬人	hǔrén	（动）	吓唬人。
119	风言风语	fēng yán fēng yǔ		私下议论、暗中流传的没有根据或恶意中伤的话。
120	气怒	qìnù	（形）	生气。
121	动不动	dòngbudòng	（副）	表示容易发生某种情况或行动。常用于口语。
122	自哀自叹	zì āi zì tàn		自己哀愁，自己叹息。
123	千千万万	qiānqiānwànwàn	（形）	形容数量非常多。
124	友人	yǒurén	（名）	友好人士；朋友。
125	攻破	gōngpò	（动）	攻下；突破（防线、堡垒等）。
126	防线	fángxiàn	（名）	由一连串的防御工事构成的防守地带。line of defence
127	好意	hǎoyì	（名）	良好的愿望或心意。
128	小人	xiǎorén	（名）	人格低下卑劣的人。
129	得逞	déchěng	（动）	实现；达到目的（含贬义）。
130	不悔	bùhuǐ	（动）	不后悔。

① **客观规律 kèguān guīlǜ**：指在意识之外，不依赖人的主观意识而存在的事物之间本质的、内在的联系，不以人们的意识为转移。

② **形式主义 xíngshì zhǔyì**：片面追求形式而不管内容实质的一种工作作风；或只看事物的现象而不分析其本质的思想方法。

③ **走之儿 zǒuzhīr**：汉字偏旁的一种，即"辶"，如进、远等。

④ **阴平、阳平 yīnpíng、yángpíng**：汉语的调类。阴平在普通话中也叫"第一声"，标调符号是"ˉ"；阳平在普通话中也叫"第二声"，标调符号是"ˊ"。

⑤ **圆唇与非圆唇元音 yuánchún yǔ fēiyuánchún yuányīn**：这里的"元音"指的是国际音标中的元音。根据发音时唇形的不同，国际音标中的元音有圆唇与非（不）圆唇音之分。圆唇元音如：[ɑ][o][u]等，不圆唇元音如：[i][ie]等。

⑥ **复合韵母 fùhé yùnmǔ**：韵母：汉语音节中除去声母、声调以外的部分。韵母可以根据组成音素的多少分为单韵母、复（合）韵母两类。单韵母有：a、o、e、i、u、ü等，复韵母有 ai、ei、ao、an、ang 等。

⑦ **庄周 Zhuāng Zhōu**：即庄子（约前369—前286），战国时哲学家，道家学派创始人。

⑧ **"文化革命" wénhuà gémìng**：指发生在中国1966—1976年之间的一场政治运动，又称"文化大革命"。

⑨ **《说文》Shuōwén**：《说文解字》的简称，东汉许慎著。《说文解字》是中国第一部系统地分析字形和考究字源的字书，也是世界上最古老的字书之一。

⑩ **《辞海》Cíhǎi**：中国的一部大型的综合性辞典。1936年初版。解放后的新版于1979年出版。

⑪ **神州大地 shénzhōu dàdì**：战国时人驺衍（Zōu Yǎn）称中国为"赤县神州"。后用"神州"作为中国的代称。

⑫ **闲章 xiánzhāng**：个人的姓名、职务之外的印章，内容多为名言佳句，一般用于书画上。

⑬ **无为而治 wúwéi ér zhì**：古代道家的哲学思想和政治主张。强调顺应自然，不必采取刑罚及其他强制措施，就能把国家管理好。

⑭ **大道无术 dàdào wú shù**：真正掌握了客观事物的大法则、大规律，就不用在为人处世中使用技巧了。

⑮ **鬼机灵 guǐjīling**：课文中比喻十分聪明机灵、善于使用计谋的人。

⑯ **露出尾巴 lòuchū wěiba**：比喻无意中暴露出隐蔽的真相。

⑰ **戴上假面 dàishàng jiǎmiàn**：意思是用虚假的面孔掩盖真实的想法、感情、表情等，不让人看到真实的一面。

⑱ **拒（友人）于千里之外 jù（yǒurén）yú qiānlǐ zhī wài**：把（人）挡在千里之外。形容对人态度傲慢，不愿与人接触或商谈。也可以说成"拒人千里"。

⑲ **往（自己）脸上贴金 wàng（zìjǐ）liǎnshàng tiē jīn**：比喻对自己或他人夸饰、美化（含贬义）。

⑳ **马其诺防线 Mǎqínuò Fángxiàn**：第一次世界大战后，法国为防御德国和意大利入侵，在法德、法意边境修筑的防御工事，以当时国防部长马其诺（André Maginot, 1877—1932）的名字命名。1940年德国军队从比利时绕过这条防线占领法国全境，使防线失去作用。

㉑ 抓辫子 zhuā biànzi：比喻把别人的缺点错误抓住作为把柄。也说"揪（jiū）辫子"。

㉒ 扣帽子 kòu màozi：比喻把不好的名目强加于人。

1 启迪——启发——启示

【牛刀小试：把"启迪""启发"或"启示"填入下面的句子中】

1. 老子的《道德经》虽然很短，但是极具（　　　）性。
2. 老子的《道德经》（　　　）我们：无为才能无所不为。
3. 那位演讲者的话意味深长，给听众以深刻的（　　　）。
4.《老子的帮助》这本书（　　　）读者了解老子的思想在现实人生和社会中的意义。

【答疑解惑】

语义

都有表示打开思路，有所领悟的意思，但"启发"和"启迪"侧重于通过事例，使人产生联想，从而有所领悟。问题的结论或答案往往由受启发者自己得出。而"启示"则侧重于直接揭示事理，让人提高认识。试体会下列例句：

【例】（1）这两句诗启发我从另一个角度考虑问题，终于得到了心灵的解脱。

（2）好的绘画作品不仅可以引起人们的兴趣，而且可以给人以深刻的启迪。

（3）鲁迅先生的作品启示我们：愚昧、落后的封建思想是毒害和束缚人们头脑的罪魁祸首。

用法

词性：三个词都是动词。

搭配："启发"的构词能力最强，可以构成"启发式""启发性"等词语，"启示"和"启迪"没有这种构词能力。

【例】（4）这所学校的老师一改过去"满堂灌"的教学方式，采用启发式教学法，鼓励学生自己独立思考，取得了很好的效果。

（5）他们公司试行了一种新的促销方式，对我们很有启发性。

另外，"启发"还可以带比较复杂的小句做为宾语，而"启迪"和"启示"则很少这样使用。

【例】（6）妈妈的一番话启发我从另一个角度去考虑问题，对开阔我的思路很有益处。

（7）这场"时装秀"非常富有特色，它启发设计师们以后在自己的设计中可以多融入一些传统文化的风格。

语体

"启发"通用于口语和书面语，而"启示"和"启迪"则书面语的色彩更浓一些。

2 争执——争论

【牛刀小试：把"争执"或"争论"填入下面的句子中】

1. 父母常常因为孩子的教育问题而发生（　　）。
2. 同学们（　　）了半天，聚会的地点还是不能落实。
3. 你们俩在（　　）什么呢？我也想听听。
4. 这两个总统候选人在税制改革问题上（　　）不休。

【答疑解惑】

语义

这两个词都有表示持有不同意见，互相辩论，力争说服对方的意思。

【例】（1）在课堂上，他们俩讨论问题的时候争执/争论了起来，最后搞得不欢而散。

但是，"争执"着重于固执地相争，互不相让，态度强硬；多用于个人与个人之间，派别与派别之间，常含有贬义。而"争论"则着重于据理力争；争论的双方可以是个人，也可以是派别、团体、政党、国家等；是中性词，不含贬义。

试比较下面的例句：

【例】（2）导游和游客因为旅行安排的问题发生了争执，双方都不肯让步。

（3）老王和那个加塞儿的青年争执了起来，周围的人都支持老王。

（4）在联合国大会上，各个国家的代表们经过激烈的争论，通过了一项重要的决议。

用法

词性：都是动词。

搭配："争论"可以带宾语，也可以做"发生""进行""展开"等动词的宾语；而"争执"不能带宾语。

【例】（5）看起来他们好像在争论什么问题，情绪很激动，脸都涨得通红。

（6）在电视台的一个谈话节目中，大家就如何保护动物的问题展开了争论。

（7）在法庭上，夫妻俩在财产的分配问题上争执不休。

（8）双方因为合同纠纷而争执得非常激烈。

语体

这两个词都有书面语的色彩。相比之下，"争论"在口语中用得多一些。

3 开阔——宽阔——广阔——辽阔

【牛刀小试：把"开阔""宽阔""广阔"或"辽阔"填入下面的句子中】

1. 从《中国哲学简史》这本书中，可以看出作者冯友兰先生（　　）的眼界。
2. 老师富有启发性的一番话，（　　）了大家的写作思路。
3. 中国的西北部有大片大片（　　）的沙漠。
4. 这些年轻人被IT业（　　）的发展前景所吸引，决定投身这一行业。

【答疑解惑】

语义

这四个词中都有一个"阔"字，在形容事物时都有面积大、范围广的意思。

【例】（1）公园里有一片开阔/宽阔/广阔/辽阔的草地，是人们休闲娱乐的好地方。

（2）位于江苏的太湖湖面开阔/宽阔/广阔/辽阔，烟波浩渺，一望无边，显示出大自然的无穷魅力。

（3）开阔/宽阔/广阔/辽阔的内蒙古草原上，绿草如茵，牛羊遍地，一派迷人的自然风光。

但这几个词的语义侧重点有所区别。"开阔"在形容地方的时候，很大的地方和比较小的地方都可以形容；"宽阔"着重于又宽又广，一般形容道路、江河等大型的事物，语义比"开阔"重，也可以形容人体；"广阔"的语义比"宽阔"更重一些；以上这三个词都可以形容"胸怀""心胸"等抽象事物，而"辽阔"则只能用于自然事物，而且语义是最重的。试体会下面的例句：

【例】（4）老王家的新居门厅挺开阔的，一进去就让人觉得很舒服。

（5）北京的高速公路越来越多，都修得平坦而又宽阔，大大提高了城市的交通能力。

（6）深蓝的天空上飘飞着几丝淡淡的白云，野外显得特别广阔、静穆。

（7）我的家乡有翠绿的山林和辽阔的大海，还有淳朴的民风民俗和热情可爱人，所有这些，都令我永远不能忘怀。

用法

词性：都是形容词。但"开阔"还有动词的用法。

【例】（8）多读些各种各样的书可以开阔我们的思路。

（9）这次教学实习丰富了我们的经验，开阔了我们的眼界，使我们学到了许多课堂上学不到的东西。

搭配："开阔"可以形容具体的地方，也可以形容眼界、境界、思想等抽象事物

【例】（10）开阔的场地/开阔的大厅/开阔的眼界/开阔的思路/开阔的心胸/开阔的胸怀/开阔的精神境界/开阔的意境

"宽阔"除了可以形容自然事物以外，还可以形容人体，也可以用于抽象事物。

【例】（11）宽阔的肩膀/宽阔的额头/宽阔的后背/宽阔的胸膛/宽阔的胸怀/宽阔的视野

"广阔"在形容抽象事物时，它的有些搭配对象与"开阔""宽阔"又有所不同。

【例】（12）广阔的范围/广阔的领域/广阔的前途/广阔的背景/广阔的前景/广阔的现实生活

"辽阔"只能形容自然事物，不能形容抽象的事物。

【例】（13）辽阔的土地/辽阔的田野/辽阔的沙漠/辽阔的海洋/辽阔的夜空

重叠：这四个词都不能重叠。

4 获取——夺取

【牛刀小试：把"获取"或"夺取"填入下面的句子中】

1. 那个处长靠着一张巧舌如簧的嘴，（　　）了总经理的信任。
2. 那些军人利用武力（　　）了政权，建立了军人政府。
3. 在这次比赛中，为什么北京队能战胜所有的对手，（　　）最终的胜利？
4. 互联网早已成为我（　　）信息的最重要的来源之一。

【答疑解惑】

语义

这两个词都有努力争取得到的意思。

【例】（1）经过一番紧张激烈的竞争，北京大学队终于获取/夺取了这场比赛的冠军。

（2）这座大楼的工程招标正在进行中，最后，长城公司战胜了所有的对手，获取/夺取了这项重要工程的建设权。

所不同的是：

a. "获取"着重于经过努力使变为己有，常含有褒义；而"夺取"着重于下大力争取而得到，语义比"获取"重（见例1、2），色彩是中性的。

【例】（3）读书看报是现代人们获取知识的重要途经。

（4）明代末年，经过一番刀光火影的战争，来自东北的满族人夺取了统治中国的大权。

b. 另外，"夺取"还表示用武力从对方那里强取，"获取"没有这层意思。

【例】（5）据说那个皇帝害死了自己的父亲和兄弟才夺取了政权，真是个不仁不义之人。

（6）他从父亲和兄弟那里夺取了财产后，就消失得无影无踪了。

用法

词性：都是动词。

搭配："获取"和"夺取"在语义上的侧重点不同，所以搭配的对象有一些是相同的，但也有一些是不同的。

【例】（7）获取信任/获取政权/获取利益/获取胜利/获取幸福/获取知识/获取享受/获取情报/获取食物/获取财物/获取金牌/获取果实

（8）夺取政权/夺取利益/夺取丰收/夺取胜利/夺取土地/夺取地盘/

重叠：这两个词都不能重叠。

语体

都有比较浓的书面语色彩，但在口语中也可以使用。

5 超越——超过

【牛刀小试：把"超越"或"超过"填入下面的句子中（第3题每空一字）】

1. 我希望这次考试的成绩能（　　　）85分。
2. 任何公务员都不应做（　　　）职权的事情。
3. 无论如何，我的篮球水平都（　　　）不（　　　）姚明。
4. 友谊是（　　　）国界的。

【答疑解惑】

语义

这两个词都有从某人或某物的后面赶到前面的意思。"超越"的语义略重一些。试比较：

【例】（1）在比赛的最后一圈，她猛然加速，接连超越/超过了三名对手，第一个跑到了终点。

（2）我认为她的这部作品已经超越/超过了她自己以往任何一部作品的水平，达到了一个新的境界。

所不同的是，"超过"还有高于某一基准的意思，相当于"比……还高""在……之上"。在下面的句子中，"超过"不能被"超越"代替。

【例】（3）今年这一地区的小麦产量超过了历史最高水平。

（4）经过刻苦的努力，这次考试他的成绩超过了全班所有的同学。

（5）这个小姑娘长得真高，才10岁已经超过1.70米了，将来去打篮球一定很合适。

用法

词性：这两个词都是动词。

搭配：a. "超过"的中间能插入"得""不"，构成"超得过""超不过"，而"超越"则结合得比较紧密，中间不能插入任何词语。

【例】（6）他虽然拼尽了全力，但还是超不过跑在前面的对手。

（7）从发展的趋势来看，这个城市的经济水平一定超得过其他发达城市。

b. 在与"自我""自己""障碍""职权""国界"等词语搭配时，常常使用"超越"而不是"超过"。

重叠：这两个词都不能重叠。

语体

"超越"多用于书面语，而"超过"兼用于口语和书面语。

语言点

1 ……有所不为才能有所为。

【解释】有所：动词，表示具有一定的程度。后面多跟双音节动词。

【举例】有所保留 / 有所提高 / 有所下降 / 有所增长 / 有所准备 / 有所减轻 / 有所改观 / 有所改善 / 有所发展 / 有所进步 / 有所了解 / 有所耳闻 / 有所好转 /

【链接】无所：表示不具有。有一些固定的搭配，比如：无所不包（没有什么不包容在内）/ 无所不能（没有不会做的事）/ 无所不为（没有不去做的事）/ 无所事事（没有可做的事情）/ 无所适从（不知道该怎么办）/ 无所畏惧（没有什么可害怕的）/ 无所用心（没有可思考的事情）/ 无所作为（做不出什么成绩或不想做出成绩）/ 无所不在（没有什么地方不存在）

【练习】用上面所举的例子（包括"有所……"和"无所……"）填入句子：

（1）由于采取了一系列的有效措施，北京的空气污染指数＿＿＿＿＿＿。

（2）他这个人在电脑方面简直可以说是＿＿＿＿＿＿，不管你的电脑出了什么问题，只要找他，马上就能帮你搞定。

（3）经过医生的精心治疗，老王身体的各种症状＿＿＿＿＿＿，可以回家休养了。

（4）对于你说的那个消息我也＿＿＿＿＿＿，只不过还不知道详情。

（5）饭桌上，爷爷让我多吃丸子、炸鸡，奶奶让我多吃鱼和豆腐，搞得我＿＿＿＿＿＿，不知听谁的好。

（6）我觉得他刚才在谈自己的看法时还是＿＿＿＿＿＿的，并没有把所有的想法全盘说出来。

（7）当孩子遇到危险时，爸爸妈妈一定会＿＿＿＿＿＿地冲上前去保护他。

（8）你现在一天到晚吃饱了混天黑，＿＿＿＿＿＿，这种状态非要改变不可，时间一旦流逝，再后悔就来不及了。

2 ……从而得以获取一种开阔感，自由感，超越感。

【解释】得以：动词，意思是能够，可以。这个词不能单独使用，也没有否定式。它常用的方式是：得以 + 动词（词组或短句），具有书面语色彩。

【举例】（1）多亏父母的支持和朋友们的帮助，使我多年的理想得以实现。

（2）这次的工作得以圆满完成，主要应该归功于全体参与成员的全心投入和无私付出。

（3）老师的仔细讲解，使我们得以详细了解中国的地理特点。

（4）得以解决 / 得以发表 / 得以获取 / 得以治疗 / 得以改变 / 得以成功 / 得以进步 / 得以学会 / 得以考取 / 得以好转 / 得以休息 / 得以保证 / 得以掌握 / 得以控制 / 得以建成 / 得以召开 / 得以生还 / 得以提高 / 得以增长 / 得以健康成长 / 得以快速发展

【练习】用"得以"完成下面的对话：

（1）A：最近你的汉语水平进步了不少，有什么秘诀吗？
　　B：_____。

（2）A：你觉得在中国留学最大的收获是什么？
　　B：_____。

（3）A：听说老刘在登山时迷路了，后来是怎么获救的？
　　B：_____。

（4）A：快告诉我，你是怎么学会游泳的四种不同的姿势的？
　　B：_____。

3　可惜，只配逍遥处之的事情还是太多太多了。

【解释】处之：对待某种情况。逍遥处之：无拘无束、自由自在地对待某种情况。

【举例】安然处之 / 淡然处之 / 断然处之 / 坦然处之 / 漠然处之 / 泰然处之 / 悠然处之 / 积极处之 / 消极处之 / 冷静处之 / 谨慎处之 / 小心处之 / 大胆处之 / 认真处之 / 乐观处之

【练习】用上面所举的例子填空：

（1）现在的情况很复杂，你一定要（　　　　），千万别出岔子。

（2）小王得重病住院了，大家都特别关心，但他却（　　　　），丝毫没有同事之间的友情。

（3）面对生活中出现的意外情况，我们应该（　　　　），手忙脚乱、紧张惊慌反而会使事情变得更加糟糕。

（4）别人都在紧张地复习功课，准备迎接即将到来的高考，而他却一点儿也不着急，（　　　　）。

（5）谁都会在生活中遇到这样那样的困难，这时候光唉声叹气、怨天尤人是没有用的，还是应该（　　　　），想办法解决问题。

（6）市场里发生了火情，保安员马上采取措施（　　　　），控制住了火势，减少了损失。

4 ……露出尾巴，徒留笑柄。

【解释】徒：副词，表示除此之外没有别的，相当于"只""仅仅"。一般来说，"徒"的后面是一个单音节的动词。有很强的书面语色彩。

【举例】（1）他虽然很有名，但我今天看了他的演出，觉得他演技平平，徒有虚名而已。

（2）你这样唉声叹气的，只能让自己徒生烦恼，丝毫解决不了问题。

（3）这样的会议徒具形式，没有任何实质性的内容，以后还是少开为妙。

（4）这台电脑好看是好看，但只是徒有其表，内存很小，功能也很少，一点儿也不实用。

（5）忙了一场，没有什么结果，徒留遗憾。

（6）来到他们家，发现没有什么值钱的家当，徒见满屋子的书籍、资料。

（7）心情不好，要自己想办法化解。像你这样把自己关在屋子里，只能是徒增（添）郁闷，对身体健康也没有好处。

【链接】徒然：意思与"徒"一样，即仅仅，只是。但用法上稍有区别。"徒然"的后面一般跟的是双音节的动词。

【举例】（8）想得太多徒然给自己增添烦恼。走吧，咱们一起出去转转。

（9）在饭桌上教育孩子，徒然破坏了家里的气氛，起不了什么好的效果。

【练习】（一）用上面所举的"徒+动词"的例子改写句子和完成对话：

（1）这家公司以前很有实力，现在经营不善，到了崩溃的边缘，只是剩下一个名声而已。

（2）"绣花枕头"指的是那种只是有个好看的外表，没有真才实学的人。

（3）A：唉，找工作真难呀！跑断了腿，说破了嘴，还是找不到一个理想的，都快愁死我了！

　　B：（"徒生……"或"徒增……"）_____。

（4）A：现在回想自己小时候的事，你觉得最可惜的是什么？

　　B：（徒留……）_____。

（二）用"徒然"改写下面的句子：

（5）你这样整天泡网吧，别的什么也不干，只是能增加些游戏技术而已，不会有什么别的收获的。

（6）有人认为这部电影仅仅只具备优美的画面，而内容空洞，情节单调，语言贫乏，实在称不上是一部优秀的影片。

（7）按照你的思路来修改这座雕塑，只能改变一些细节，没有根本性的创新。

（8）你们公司制订的这些霸王条款只有利于自己，严重损害了消费者的合法权益，所以必须加以修改。

5 ……终于不伦不类，孤家寡人。

【解释】"不A不B"的形式有以下四种情况：

（1）A、B是意思相对的单音节形容词。表示适中，恰到好处。见举例（1）。

（2）A、B多为意义相对的单音节的名词或动词，表示一种令人不满意的中间状态。也可以说成"A不AB不B"（除了"不尴不尬"）。见举例（2）。

（3）A、B是意义相近的单音节动词或形容词，表示"既不……也不……"，有强调的意味。见举例（3）。

（4）A、B多是单音节动词，"不A"是"不B"的条件，表示"如果不……就不……"。见举例（4）。

【举例】（1）不多不少、不大不小、不高不矮、不高不低、不软不硬、不胖不瘦、不快不慢、不咸不淡、不浓不淡、不深不浅、不长不短

（2）不中不西、不土不洋、不人不鬼、不男不女、不三不四（形容不正派或不像样）、不死不活、不尴不尬（很为难，怎么办都不好）

（3）不清不楚、不明不白、不干不净、不骄不躁（不骄傲不急躁）、不吃不喝、不偷不抢、不言不语、不卑不亢（既不自卑，也不高傲。形容态度恰当，言行得体。）、不管不顾（不照管，不照顾）、不哼不哈（一句话不说）、不即不离（既不靠近，也不远离。用于人际关系）、不偏不倚（不偏袒任何一方，保持公正）、不屈不挠（形容意志坚强，不屈服于人或事物）、不声不响（沉默不语）、不疼（痛）不痒（比喻议论、措施等未切中要害，不解决实际问题）、不闻不问（不听也不问。形容对事情漠不关心）、不折不扣（不打折扣。形容完全、十足）、不知不觉

（4）不学不会、不干不行、不见不散、不破不立（不破除旧的，就不能建立新的）、不醉不休（不喝醉不罢休）

【练习】用上面的例子填空：

（1）今天是小丽的生日，又是周末，大家聚在一起都特别高兴，决定打破惯例，喝个（　　　　）。

（2）他对她很有好感，但是她却始终与他（　　　　），保持着距离。

（3）学校附近常有一些（　　　　）的人来骚扰学生，影响了正常的教学秩序。

（4）李女士虽然已经徐娘半老，但身材仍然保持得很好，（　　　　），风韵犹存。

（5）老师苦口婆心地给小明讲了半天道理，但小明却始终（　　　　），也不知道他听进去了没有。

（6）她的化妆技术相当专业，每天上班之前为自己化的职业妆（　　　　），恰到好处，给自己增色不少。

（7）每当我和丈夫吵架时，儿子总是（　　　　），保持中立的态度。

（8）老刘大公无私，乐于助人，真是个（　　　　）的"活雷锋"。

（9）你写这篇文章的目的是要批判社会上腐败之风，可说的话却（　　　　），一点儿都没有切中要害之处。

6 ……都是一无所长，毫无自信的结果……

【解释】一无：完全没有；没有一点儿。

【举例】一无是处 / 一无所知 / 一无所有 / 一无所得 / 一无所获 / 一无所见

【练习】（一）选用上面的词语填空：

（1）她从小山村来到大都市寻找梦想，除了年轻和热情，她真的是（　　　　）。

（2）警察在这个地区搜查了两天，但（　　　　），根本没有见到犯罪分子的影子。

（3）这本书也有它的可取之处，别把它说得（　　　　）。

（4）在那所学校学了一个月却（　　　　），太让人失望了。

（5）昨天我到书店去找老师推荐的几本书，但却（　　　　），店员说已经脱销了，要过几天才会有。

（6）如果你对历史（　　　　），那么你也就不可能很好地理解现实。

（二）用上面所举的例子完成对话：

（7）A：你对书里面的男主人公有何评价？

B：_____。

（8）A：我最近想买一辆汽车，你在这方面有什么好经验吗？

B：_____。

（9）A：昨天的人才招聘会怎么样？有没有你中意的职位？

B：_____。

（10）A：你在戴教授家还见到了什么人？

B：_____。

7 ……，得大于失，虽失犹得，……

【解释】虽A犹B：表示虽然A，但如同B。虽失犹得：意思是虽然有失去的，但如同有得到的。

【举例】虽败犹荣（虽然失败但还是很光荣）/ 虽死犹生（虽然死了但如同活着）/ 虽胜犹败（虽然得胜但如同失败）/ 虽得犹失（虽然得到但如同失去）/ 虽成犹败（虽然成功但如同失败）/ 虽丑犹美（虽然丑陋却如同美丽）

【练习】选用上面的词语填空：

（1）通过不正当的手段去获取自己想要的利益，即使得到了，也是（　　　　）。

（2）在这场比赛中，A队拼搏到最后一秒钟，还是没有反败为胜。但运动员们充分发扬了奥林匹克的体育精神，（　　　　）。

（3）他放弃了大城市的优裕生活，来到山村教书，又意外地获得了一份爱情，这真可谓"（　　　　）"。

（4）为了在竞争中获胜，他采取卑劣的手段，挤垮了几家做相同生意的公司。在人们的心目中，他（　　　　）。

（5）这位警察为了保护孩子们的安全而献出了自己年轻的生命，他（　　　　），永远活在人们的心里。

（6）她虽然长相上有缺陷，但心地善良，性格随和，所以朋友们都认为她（　　　　）。

综合练习

I 词语练习

一 用画线的字组词

1. 无<u>效</u>:（　　　）（　　　）（　　　）（　　　）
2. 争<u>执</u>:（　　　）（　　　）（　　　）（　　　）
3. <u>养</u>生:（　　　）（　　　）（　　　）（　　　）
4. <u>幽</u>默:（　　　）（　　　）（　　　）（　　　）
5. <u>耐</u>性:（　　　）（　　　）（　　　）（　　　）

二 填入合适的名词

（一）论证（　　　）　付出（　　　）　力戒（　　　）
　　　纵横（　　　）　陷入（　　　）　攻破（　　　）
　　　获取（　　　）　超越（　　　）

（二）（　　　）设防　（　　　）无效　（　　　）有害
　　　（　　　）沉浮　（　　　）得逞

（三）无谓的（　　　）　焦虑的（　　　）　豁达的（　　　）
　　　沉稳的（　　　）　开阔的（　　　）　狭隘的（　　　）
　　　坦荡的（　　　）　火热的（　　　）　机灵的（　　　）

三 填入合适的动词

（　　　）得失　（　　　）空话　（　　　）前提
（　　　）境界　（　　　）耐性　（　　　）暗箭
（　　　）信条　（　　　）弱点　（　　　）防线

四 填入合适的形容词或副词

（一）（　　　）的空话　（　　　）的前提　（　　　）的境界

（　　　）的物种　　（　　　）的陷阱　　（　　　）的防线

（二）（　　　）地争执　　（　　　）地论证　　（　　　）地付出

（　　　）地获取　　（　　　）地自嘲　　（　　　）地超越

五 填入合适的量词或名词

一（　　　）境界　　一（　　　）辫子　　一（　　　）箭　　一枚（　　　）

六 写出下列词语的近义词或反义词

（一）写出近义词

启迪——　　焦虑——　　开阔——　　超越——

偏执——　　坦荡——　　弱点——　　机灵——

（二）写出反义词

有害——　　自尊——　　豁达——　　沉稳——

获取——　　好学——　　新奇——　　善良——

火热——　　核心——　　弱点——　　真诚——

七 选词填空

启迪　启发　启示　争执　争论　开阔　宽阔
广阔　辽阔　获取　夺取　超越　超过

1. 她幸福地把头靠在他（　　　）的肩膀上，心里觉得特别安全、踏实。

2. 在故事的（　　　），那位勇敢的警察终于抓获了贩毒集团的首领。

3. 两只大狮子在（　　　）食物，渐渐地，个子强壮的那只占了上风。

4. 我们和这所世界知名的高等学府在（　　　）的领域内进行了合作。

5. 张老师的一席话讲得深入浅出，（　　　）了同学们对这个问题的思考。

6. 你看我家的客厅够（　　　）的吧？大概有三十多平方米呢。

7. 经常上网可以帮助我们（　　　）更多的信息。

8. 在公司的董事会上，大家就下一步如何调整公司的经营策略问题进行了激烈的（　　　）。

9. 站在岩石上，望着（　　）的大海，内心会感到无比的宁静和开朗。

10. 你的体重已经（　　）了正常的标准，应该加以注意了。

11. 小时候爸爸妈妈对我实行的是（　　）式的教育，从来不采用强迫或灌输的方法，这一点对我的成长影响很大。

12. 这次旅行使小学生们（　　）了眼界，增长了知识，收获真不小。

13. 文化方面的交流（　　）了国界，成为两国人民友好关系的桥梁。

14. 你们不要再为这点小事而（　　）不下了，伤了和气多不好。

15. 从发展的趋势来看，这孩子的身高肯定（　　）他的父亲。

八　解释句子中画线词语的意思

1. ……还有<u>庸人自扰</u>的得得失失……

    A. 指"庸人"把本来有大问题看成没有问题，结果自己倒霉

    B. 指"庸人"把本来没有问题看成有大问题，自己麻烦自己

    C. 指"庸人"把问题想得过分简单容易，结果自己吃了大亏

2. ……还有<u>连篇累牍</u>的空话、虚话……

    A. 形容说的话或写的东西语言庸俗，空洞无物

    B. 形容说的话或写的东西内容太多，而且很无聊

    C. 形容说的话或写的东西文字太多，篇幅太长

3. 还有许多许多的根本实现不了的<u>一厢情愿</u>……

    A. 意思是只要一方情愿就可以了，其他不必考虑

    B. 意思是只顾自己的利益，不管别人的利益

    C. 意思是只考虑自己的意愿，不考虑别人的意愿

4. ……脱离开<u>鸡毛蒜皮</u>……

    A. 比喻不重要的小事或没有价值的东西

    B. 比喻像鸡毛和蒜皮一样很轻的事物

    C. 比喻不贵重的东西和不值钱的用品

5. ……尤其是脱离开<u>蝇营狗苟</u>。

    A. 像苍蝇一样追逐臭味，像狗一样追求安全

    B. 像苍蝇一样外貌难看，像狗一样健壮有力

    C. 像苍蝇一样到处追名逐利，像狗那样苟且偷安

6. 无为是一种豁达的耐性。

   A. 思想丰富，性格幽默

   B. 胸怀开阔，性格开朗

   C. 思路开阔，性格活泼

7. ……视为一种丰富、充实、全方位的体验。

   A. 指事物的各个方面

   B. 指东西南北各个方向

   C. 指上下左右各个位置

8. ……视为人生的大舞台……

   A. 比喻让人进行艺术表演，发挥艺术才能的地方

   B. 比喻让人开展活动、发挥才能或施展抱负的场所

   C. 比喻让人愉快生活和享受，并且努力工作的地方

9. ……阴谋家的四周永远是暗箭陷阱。

   A. 比喻攻击人的语言行为

   B. 比喻欺骗人的方式方法

   C. 比喻陷害人的阴谋诡计

10. 蝇营狗苟者永远是一惊一乍，提心吊胆。

    A. 形容担心害怕，不能安心

    B. 形容心情紧张，不能放松

    C. 形容心绪压抑，不能开朗

11. ……你你我我，恩恩怨怨，抠抠搜搜，嘀嘀咕咕……

    A. 指花钱不保险，很小心

    B. 指不愿意花钱，很谨慎

    C. 指舍不得花钱，很小气

12. 无害人之心，无苟且之意，无不轨之念……

    A. 指没有不正当的意念

    B. 指没有不合理的意思

    C. 指没有不正确的意见

13. 无害人之心，无苟且之意，无不轨之念……

    A. 指没有越出法度的念头

B. 指没有违反法律的行为

C. 指没有超过标准的想法

14. 设防只是小术，叫做雕虫小技。

    A. 比喻微不足道的技能

    B. 比喻雕刻虫子的技能

    C. 比喻像虫子一样小的才能

15. 靠小术占小利，最终贻笑大方。

    A. 笑起来很大方

    B. 被大方的人笑话

    C. 被行家里手笑话

16. ……当场出丑，露出尾巴，徒留笑柄。

    A. 暴露出不好意思被人知道的东西

    B. 暴露出原来隐蔽着的真实情况

    C. 暴露出不好处理的问题和麻烦

17. 设防就要戴上假面，拒真正的友人于千里之外……

    A. 形容把朋友的事情推给别人

    B. 形容对别人的态度十分傲慢

    C. 形容对朋友的事情不够重视

18. ……终于不伦不类，孤家寡人。

    A. 指脱离群众，孤立无助的人

    B. 指脱离朋友，孤独地生活的人

    C. 指脱离家庭，独立生活的人

19. ……不为别人的风言风语而气怒……

    A. 指公开流传的、不是事实的话

    B. 指私下里说的、不能公开的话

    C. 指暗中流传的、没有根据的话

20. ……往自己脸上贴金。

    A. 比喻夸饰、美化自己或他人

    B. 比喻非常自信地表达意见

    C. 比喻修饰、美化自己的容貌

九 用所给的词语填空，并模仿造句

> 庸人自扰　自吹自擂　装腔作势　连篇累牍　一厢情愿　鸡毛蒜皮
> 提心吊胆　抠抠搜搜　贻笑大方　不伦不类　一无所长　风言风语

1. 他在网上（　　　　）地发表言论，鼓吹大力发展私人汽车的好处，我觉得他的话有点儿太极端了。

2. 当着这么多专家学者的面尽说外行话，岂不是会（　　　　）吗？

3. A：我总是觉得自从上次的事情发生以后，小王对我的态度就变得特别冷淡了。
   B：根本没有的事儿，你这完全是（　　　　），我看他对你的态度很正常，一点儿也没有改变。

4. 他这个人小时候厌学，大了又好吃懒做，现在（　　　　），到哪儿去找工作人家都不要他。

5. 我妈这个人过了一辈子苦日子，所以生活上特别节省，买什么东西都要（　　　　）地计算一下。

6. 妈妈：我看那个小伙子不错，长得挺精神的，而且性格也很可爱。
   女儿：您别（　　　　）地自作多情了，这事儿得两相情愿才行呢。

7. 关于那个著名演员的爱情生活最近传出了很多（　　　　），引得大家议论纷纷。

8. A：我们公司的产品是国内首创的，治疗糖尿病有药到病除的功效。
   B：别在那儿（　　　　）了，要真是这样，你就该得诺贝尔奖了。

9. 这座楼的楼道里灯坏了，晚上黑灯瞎火的，走起来还真是让人（　　　　）的。

10. 对一个正在找工作的人来说，穿着打扮也不是（　　　　）的小事。如果一个亚洲人染了一头黄头发去应聘，多半不会成功。

11. 看你，身上穿着运动装，脚上穿着高跟鞋，看起来（　　　　），赶快换一换吧。

12. A：你觉得昨天的我们班同学的表演怎么样？
    B：我觉得作为业余演员，他们已经演得很不错了。不过有时候他们的样子看起来有点儿（　　　　）的，不太自然，还是比不上专业演员的水平。

Ⅱ 课文理解练习

一　根据课文内容判断正误

读第一部分课文，做下面的题：

1. 作者所说的"无为"是指人要有选择地做事。（　　）
2. 作者认为比较困难的是选择那些该做的事。（　　）
3. 作者所说的"无谓的争执"是指人与人之间没有效果的争论。（　　）
4. 作者所说的"小圈子里的吱吱喳喳"是指在小范围里进行讨论。（　　）
5. 作者认为，人们为许多"一厢情愿的事"而付出了很多时间和精力是根本不值得的。（　　）
6. 作者认为，人只有首先做到"无为"，才能真正"有为"。（　　）
7. 作者所说的"无为是养生原则、快乐原则"的意思是，因为不做什么事，所以活得轻松、快乐。　（　　）
8. 作者认为，"无为"对于自己和别人都是很有好处的。（　　）

读第二部分课文，做下面的题：

9. 作者之所以喜欢"逍遥"二字是因为它的字形和字音都很美。（　　）
10. 对于作者来说，"逍遥"是一种生活态度，就是带着审美的眼光看待生活中的事情，并把它作为一种人生的体验。（　　）
11. 作者认为，只有不断地完善自己，才能更多地感受到生活的美好。（　　）
12. 作者所说的"人事纠纷"是指人与人之间的密切的关系。（　　）
13. 作者认为，在生活中仅有"逍遥"还是不够的。（　　）

读第三部分课文，做下面的题：

14. 作者所说的"不设防"，主要是指在生活中不需要提防什么。（　　）
15. 作者认为，之所以不用设防，是因为自己没有什么不好的想法，也没有做什么不好的事情。（　　）
16. 作者认为，"大道"才是真正能解决问题的方法，而"设防"不能从根本上解决的问题。（　　）
17. 作者认为暴露自己的缺点和弱点是缺乏自信的表现。（　　）

18. 作者认为，不设防其实是一条最好的防线，它可以让你在任何时候都不会吃亏。（   ）

19. 作者说，之所以不设防的最重要原因是时间有限，要把它用在更有意义的事情上面。（   ）

二 根据课文内容，用指定的词语回答问题或进行讨论

1. 根据作者的解释，什么是"无为"？

（启迪　不是……，而是……　而且……　一生　……并不难，难的是……　比如说……，还比如说……　力戒　有限）

2. 在作者看来，"无为"的重要性体现在什么地方？

（原则　前提　自寻烦恼　道德　要义　脱离　境界　信心　风格）

3. 对于作者来说，"逍遥"是一种什么样的生活态度？

（审美　把……，直到……，视为……　把……视为……，视为……，从而……）

4. 作者是怎样说明不断完善自己的必要性的？

（丰富　只是　好学　只是　善良　永远　坦荡　永远）

5. 作者所说的"不设防"主要意思是什么？为什么不需要"设防"？

（核心　一是……，二是……　因为　无……之……　只有……，才能……　最终）

6. 作者认为"不设防"有什么好处？

（保护　这不是……么　有意义　更好　长远）

7. 怎样理解作者所说的"有所不为才能有所为"？

8. 作者所说的"审美的生活态度"是一种什么样的生活态度？

9. 你是怎样理解作者所说的"设防"与"不设防"的？

三 思考与表述

1. 课文中的内容，哪些是你认可的？哪些是你不同意的？请说说你的理由。

2. 在你的人生中，哪些是最重要的？用3—5个关键词语来表述，并加以解释。

3. 你认为人生最重要的原则是什么？在你看来，什么样的人生是有意义的人生？

4. 说说对你的人生有影响和启迪的话或人物、文章、书籍。

5. 在你的生活中，有没有遇到过让你受到伤害的人？你是怎样看待和对待这种事情的？

阅读与理解

亲疏随缘

① 曾有人问我如何处理人际关系，我的回答是：尊重他人，亲疏随缘。这个回答基本上概括了我对待友谊的态度。

② 人在世上是不能没有朋友的。不论天才，还是普通人，没有朋友都会感到孤单和不幸。事实上，绝大多数人也都会有自己的或大或小的朋友圈子。如果一个人活了一辈子连一个朋友也没有，那么，他很可能怪僻得离谱，使得人人只好敬而远之；或者坏得离谱，以至于人人侧目。

③ 不过，一个人又不可能有许多朋友。所谓朋友遍天下，不是一种诗意得夸张，便是一种浅薄得自负。热衷于社交的人往往自诩朋友众多，其实他们心里明白，社交场上的主宰绝不是友谊，而是时尚、利益或无聊。真正的友谊是不喧嚣的。根据我的经验，真正的好朋友也不像社交健儿那样频繁相聚。在一切人际关系中，互相尊重是第一美德，而必要的距离又是任何一种尊重的前提。使一种交往具有价值的不是交往本身，而是交往者各自的价值。在交往中，每人所能给予对方的东西，决不可能超出他自己所拥有的。他在对方身上能够看到些什么，大致也取决于他自己拥有些什么。高质量的友谊总是发生在两个优秀的独立人格之间，它的实质是双方互相由衷的欣赏和尊敬。因此，重要的是使自己真正有价值，配得上做一个高质量的朋友，这是一个人能够为友谊所做的首要贡献。

④ 我相信，一切好的友谊都是自然而然形成的，不是刻意求得的。我们身上都有一种直觉，当我们初次与人相对时，只要一开始谈话，就很快能够感觉到彼此是否相投。当两个人的心性非常接近时，或者非常远离时，我们的本能下判断最快，立刻会感到默契或抵牾。对于那些中间状态，我们也许要稍费斟酌，斟酌的快慢是和它们偏向某一端的程度成比例的。这就说明，两个人能否成为朋友，基本上是一件在他们开始交往之前就决定了的事情。也就是说，人与人之间关系的亲疏，并不是由愿望决定的，而是由有关的人各自的心性及其契合程度决定的。愿望也应该出自心性的认同，超出于此，我们就有理由怀疑那是别有用心，多半有利益方面的动机。利益之交也无可厚非，但双方应该心里明白，最好

还是摆到桌面上讲明白，千万不要顶着友谊的名义。凡是顶着友谊名义的利益之交，最后没有不破裂的，到头来还互相指责对方不够朋友，为友谊的脆弱大表义愤。其实，关友谊什么事呢，所谓友谊一开始就是假的，不过是利益的面具和工具罢了。今天的人们给了它一个恰当的名称，叫感情投资，这就比较诚实了，我希望人们更诚实一步，在投资时把自己的利润指标也通知被投资方。

⑤ 当然，不能排除一种情况：开始时友谊是真的，只是到了后来，面对利益的引诱，一方对另一方做了不义的事，导致友谊破裂。在今日的商业社会中，这种情况也是司空见惯的，我不想去分析那行不义的一方的人品究竟是本来如此，现在暴露了，还是现在才变坏的，因为这种分析过于复杂。我想说的是，面对这种情况，我们应取的态度也是亲疏随缘，不要企图去挽救什么，更不要陷在已经不存在的昔日友谊中，感到愤愤不平，好像受了天大的委屈。应该知道，一个人的人品是天性和环境的产物，这两者都不是你能够左右的，你只能把它们的产物作为既定事实接受下来。跳出个人的恩怨，做一个认识者，借自己的遭遇认识人生和社会，你就会获得平静的心情。

（作者：周国平　选自《青春潮》）

阅读练习

一　根据文章内的容判断正误

读第①—②段，做下面的题：

1. 作者认为，世上所有的人都应该有朋友。（　　）
2. 如果一个人没有朋友，他不是怪人，就是坏人。（　　）
3. "坏得离谱，以至于人人侧目"的意思是：因为坏得不是那么厉害，所以大家还愿意拿眼睛看一看他。

读第③段，做下面的题：

4. 说自己"朋友遍天下"是一种自信的表现。（　　）
5. 那些"热衷于社交的人"朋友很多，也很重视朋友之间的友谊。（　　）
6. 真正的好朋友应该经常聚会，互相交流。（　　）

7. 人与人之间只有保持一定的距离才能做到互相尊重。（　　）

8. 友谊的实质是双方相互的发自内心的欣赏和尊敬。（　　）

9. 每个人能为友谊所做的事情，最重要的是配得上那个朋友。（　　）

读第④—⑤段，做下面的题：

10. 任何好的友谊都必须要去追求才能得到。（　　）

11. 两个人不能不成为好朋友，必须要交往之后才能决定。（　　）

12. 决定人与人亲疏程度的因素之一，是他双方各自的交往愿望（　　）

13. 顶着友谊名义的利益之交最后都会破裂。（　　）

14. "感情投资"是顶着友谊名义的利益之交的一种说法。（　　）

15. 在商业社会中，常常发生利益导致真正的友谊破裂的事情。（　　）

16. 面对破裂的友谊，要想使自己的心情平静下来，就只有站在一个认识者的角度去看待和接受事实。（　　）

二　思考与表述

1. 总结一下作者对人际关系和友谊的看法。

2. 作者的看法你同意哪些？不同意哪些？为什么？

3. 对你来说，在与别人交往时最看重的原则是什么？

4. 说说你和朋友交往过程中发生的有趣或难忘的事情。

音乐之伴

课前思考

1. 你经常听音乐吗？说说你喜欢的音乐或音乐家。
2. 从小时候到现在，你喜欢听的音乐有没有什么变化？是什么样的变化？
3. 这篇课文的作者张抗抗，是中国当代知名作家。在文章中，作者写出了在人生的各个不同的阶段音乐给人们带来的不同感受和含义。请你读一读，想一想，文章中说的内容符合你的感受吗？

课文

第一部分

音乐是有年龄的。

在我们幼年的时候,音乐也许曾经是保姆。旋律的构成简单而稚拙,但每个音符都舒缓、柔和、温厚和淳朴。那节奏是摇篮式的,在摇晃着的歌谣里,我们的骨节一寸寸放大着成长着,却分不清保姆和音乐,是怎样**各司其职**又互为其主。

1	幼年	yòunián	(名)	一般指人3岁到10岁左右的时期。
2	保姆	bǎomǔ	(名)	受雇为人照看小孩或料理家务的人员。(children's) nurse
3	旋律	xuánlǜ	(名)	音乐上指若干乐音的有规律、有节奏的组合。melody
4	稚拙	zhìzhuō	(形)	幼稚朴拙,多形容艺术作品或人的行为。
5	音符	yīnfú	(名)	乐谱中表示音长和音高的符号。note
6	柔和	róuhé	(形)	温顺;温和。
7	温厚	wēnhòu	(形)	平和宽厚。
8	淳朴	chúnpǔ	(形)	敦厚朴实。
9	摇篮	yáolán	(名)	婴儿的一种睡具,形似篮子,能左右晃动。cradle
10	歌谣	gēyáo	(名)	民间文学中的韵文,包括民歌、民谣、童谣等。ballad; folk song
11	骨节	gǔjié	(名)	两骨相接的关节。joint
12	各司其职	gè sī qí zhí		各自做自己职责范围内的事情。
13	互为其主	hù wéi qí zhǔ		课文中的意思是:两种事物交替着成为对孩子来说主要的一方面。

音乐之伴 10

　　少女时代，音乐轻捷的脚步，是我们第一个悄悄倾慕的恋人。我们在深夜与它相约，聆听它的倾诉和呼唤。乐曲中每一处细微末节，哪怕一个小小的颤音，也会让我们心跳脸红。那欢喜是纯真无邪的，来自生命本源的冲动，饥不择食，来者不拒，无论哪一种音乐都会使我们欢欣。但可惜那时我们太年轻，心里喜欢着，却无法分解和辨析它真正的奥妙。

　　进入少年时代的尾声，音乐是托付和发泄所有的青春热情，寄予内心狂热崇拜和爱恋的对象。那一段"阳光灿烂的日子"，我们偏爱激昂、亢奋、热烈和雄壮的歌曲，严格说那已不是音乐，革命一度消灭了音乐。音乐在那个年龄已不再是音乐本身，而是作为激情的象征存在。对于音乐革命的热爱，爱得盲目而疯狂。更多的时候，它是一种煽动性极强的燃料，可将我们的血肉点燃，为信仰和理想奔走。

第二部分

　　当我们成为沉稳和成熟些的青年时，浮游荡漾在空气中的音乐，也渐渐沉淀下来。那时我们开始思考音乐，努力试图去读解和领悟，并试图与音乐对

14	轻捷	qīngjié	（形）	轻快敏捷。
15	倾慕	qīngmù	（动）	倾心、钟情、爱慕。
16	相约	xiāngyuē	（动）	彼此约定。
17	聆听	língtīng	（动）	仔细听。
18	倾诉	qīngsù	（动）	把心里话全部诉说出来。
19	呼唤	hūhuàn	（动）	召唤；号召。
20	细微末节	xì wēi mò jié		也说"细枝末节"。比喻无关紧要的小事。
21	颤音	chànyīn	（名）	颤抖的声音；连续颤动的声音。trill
22	纯真	chúnzhēn	（形）	纯洁真挚。
23	无邪	wúxié	（形）	没有不正当的念头。
24	本源	běnyuán	（名）	事物产生的根源。origin; source
25	冲动	chōngdòng	（名）	受某种欲望刺激而产生的兴奋状态。impulse

26	饥不择食	jī bù zé shí		饿急了就不挑食。比喻迫切需要时顾不上选择。
27	来者不拒	lái zhě bú jù		对所有来的人或事物都不拒绝。
28	欢欣	huānxīn	（形）	喜悦而兴奋。
29	辨析	biànxī	（动）	通过辨别分析找出事物之间的区别。
30	奥妙	àomiào	（名）	高深微妙的道理。
31	尾声	wěishēng	（名）	某项活动或事情快要结束的阶段。end
32	托付	tuōfù	（动）	托人照料或办事。
33	发泄	fāxiè	（动）	（把感情或情欲等）宣泄出来。
34	寄予	jìyǔ	（动）	给予。
35	内心	nèixīn	（名）	心中；心里。
36	崇拜	chóngbài	（动）	崇敬钦佩。
37	爱恋	àiliàn	（动）	喜爱、眷恋而舍不得离开。
38	偏爱	piān'ài	（动）	特别喜爱（同类的人或事物中的一个或一种）。
39	激昂	jī'áng	（形）	（情绪、语调等）激愤昂扬。
40	亢奋	kàngfèn	（形）	非常振奋。extremely excited；stimulated
41	雄壮	xióngzhuàng	（形）	（声音）洪亮有气势。
42	一度	yídù	（副）	表示过去发生过一次。
43	激情	jīqíng	（名）	强烈而难以抑制的感情。intense emotion；fervour
44	点燃	diǎnrán	（动）	使火燃起；点着；比喻激起（感情等）。
45	信仰	xìnyǎng	（名）	指信服、崇拜并奉为言行准则和指南的事物。faith；belief；convicton
46	奔走	bēnzǒu	（动）	为某种活动而四处活动。
47	浮游	fúyóu	（动）	在水面或空气中游动。
48	荡漾	dàngyàng	（动）	（水波等）微微起伏波动。ripple；undulate
49	沉淀	chéndiàn	（动）	比喻凝聚、积聚。
50	试图	shìtú	（动）	打算。
51	读解	dújiě	（动）	阅读并理解。
52	领悟	lǐngwù	（动）	领会，悟出，明白。（领悟——领略）

话。音符变得立体，有一种辐射和扩张的趋势，暗藏着你听得见或是听不见的声音。音乐不再仅仅是一种情绪，而有了实在和具体的内容，成为可视可感的语言和思想，甚至是哲学。你发现音乐世界其实是一条深不可测的隧道，内壁悬缀着抽象的音符，不可复制也不可临摹，往往当你开口或是动手将其制作成曲谱时，它们却已消失。你只能将其烙刻在脑子里，一遍遍碾磨成体内血液流淌的声音。

被琐事杂事俗事缠身的中年，岁月匆促，音乐在生活中已是显得奢侈的享受，往往纯粹是一种娱乐和休闲。那时候音乐有点像一个分手多年的旧情人，只是在百无聊赖的日子里，会偶尔下决心安排一次有礼貌而有节制的约会。多少有点儿可有可无的意思，但若是真正割断情丝，又是不甘的。在忧伤的乐曲中，重温往昔的缠绵和恩爱，毕竟还有一种依稀的幸福感。

第三部分

音乐对于老年，若不是感官麻木得不再需要，那定是摈除得很彻底很坚决

53	立体	lìtǐ	（名）	多层次、多方面的。three-dimensional; stereoscopic
54	辐射	fúshè	（动）	从中心向四周沿着直线放射出去。radiate
55	扩张	kuòzhāng	（动）	扩大（势力、领地）。（扩张—扩大—扩充）
56	趋势	qūshì	（名）	事物朝着某一方面发展变化的方向。trend; tendency
57	暗藏	àncáng	（动）	暗中藏着。
58	可视可感	kě shì kě gǎn		可以看到，可以感到。
59	深不可测	shēn bù kě cè		深得不可以测量，多形容道理深奥或人心难以猜测。
60	隧道	suìdào	（名）	在地面以下开凿的通道。tunnel
61	内壁	nèibì	（名）	物体内部的层面。
62	悬	xuán	（动）	挂。
63	缀	zhuì	（动）	用针线等使连起来。
64	临摹	línmó	（动）	照着（书画碑帖等）模仿。

65	曲谱	qǔpǔ	（名）	歌唱或演奏用的乐谱。music score
66	烙刻	làokè	（动）	用烧热的金属工具熨烫，在物体上留下印记。课文中比喻在大脑中留下不易磨灭的记忆。
67	碾磨	niǎnmó	（动）	用碾子等滚压。课文中比喻仔细领会、吸收。
68	体内	tǐnèi	（名）	身体内部。
69	流淌	liútǎng	（动）	液体流动。
70	琐事	suǒshì	（名）	细小而繁杂的小事。
71	杂事	záshì	（名）	正事以外的琐碎事情。
72	缠身	chánshēn	（动）	（事物、疾病等）麻烦的事情搅扰着人，摆脱不开。
73	岁月	suìyuè	（名）	年月；泛指时间。
74	匆促	cōngcù	（形）	匆忙仓促。
75	奢侈	shēchǐ	（形）	大手大脚乱花钱，过分追求享受。
76	情人	qíngrén	（名）	恋爱中的男女互为情人。
77	百无聊赖	bǎi wú liáo lài		指无事可做或精神空虚，感到什么都没有意思。
78	节制	jiézhì	（动）	限制或控制。
79	可有可无	kě yǒu kě wú		可以有，也可以没有。形容不重要。
80	若是	ruòshì	（连）	表示假设关系，相当于"如果"。常用于书面语。
81	割断	gēduàn	（动）	切断。
82	情丝	qíngsī	（名）	深切浓厚的情意。
83	忧伤	yōushāng	（形）	忧愁哀伤。
84	重温	chóngwēn	（动）	重新学习、回味等。
85	往昔	wǎngxī	（名）	以前；过去。
86	缠绵	chánmián	（形）	（情意）深切浓厚，纠结缠绕，无法解脱。
87	恩爱	ēn'ài	（形）	（夫妻）感情融洽。
88	依稀	yīxī	（形）	隐隐约约，模糊不清。
89	感官	gǎnguān	（名）	感受外界刺激的器官。short for
90	麻木	mámù	（形）	对外界事物反应迟钝，不敏感。numb; insensible（麻木—麻痹—麻醉）
91	摒除	bìnchú	（动）	抛弃；排除。

的。没有音乐的老年，也许枯涩也许灰暗但也许恰是因他的内心饱满滋润，而无须依赖音乐的浇灌。人到了老年，对音乐的选择变得十分挑剔。若是喜欢的音乐，必是自己灵魂的回声，是真正属于自己的。除了自己认定的那种之外，天下的音乐都是不堪入耳的噪声。所以老年的音乐，由于排除了功利的杂音，在自然淡泊的心境中，便有了一种宁静透明的质感。人走向生命尽头时，音乐不再是保姆也不是恋人，不是先哲更不是神祇，而只是一个忠实的人生伴侣。

所以音乐具有着极其博大而丰富的包容性。音乐无法定义。不同的音乐可以被每个年龄段的音乐爱好者、音乐迷分享，音乐似乎又是没有年龄的。古典或是现代、严肃或是流行，在欣赏者那里，并没有绝对的界别。在感人至深的音乐中我们常常迷途甚至错位，但音乐宽容大度，它知道自己所能在人们心上激起的回声，是"喜欢"的唯一标准。

音乐只是有点儿模糊，有点儿空灵。它无形无状、无影无踪，无法触摸、无法品尝，是一种流逝的时间，一种被曲谱固化的记忆。音乐被人吸纳到心里去，又被人在各个生命阶段自然而然地传递下去，就变得永恒了。

（作者：张抗抗　选自《散文选刊》）

92	枯涩	kūsè	（形）	枯燥乏味，不流畅。
93	灰暗	huī'àn	（形）	（光、色）昏暗；不明朗。
94	饱满	bǎomǎn	（形）	充实；充沛。
95	滋润	zīrùn	（形）	舒服。
96	无须	wúxū	（副）	不用；不必。
97	浇灌	jiāoguàn	（动）	用水灌溉农田。课文中比喻艺术的滋养。
98	挑剔	tiāoti	（动）	在细节上过分地找毛病。
99	回声	huíshēng	（名）	反射回来的声音；回应。echo
100	不堪入耳	bù kān rù ěr		形容（说话、演奏等的）声音难听，使人听不下去。
101	噪声	zàoshēng	（名）	指嘈杂刺耳的声音。noise
102	排除	páichú	（动）	去除；除掉。
103	杂音	záyīn	（名）	嘈杂扰人的声音。noise

104	淡泊	dànbó	（形）	不追求；不热衷；不求名利。
105	心境	xīnjìng	（名）	心情；内心的境界。state of mind; mental state
106	质感	zhìgǎn	（名）	艺术品所表现的物质真实感。
107	尽头	jìntóu	（名）	终点。
108	先哲	xiānzhé	（名）	已故的有才德的思想家。sage
109	神祇	shénqí	（名）	天神和地祇（地神）合称，泛指神明。gods; deities
110	伴侣	bànlǚ	（名）	同伴；伙伴。
111	博大	bódà	（形）	宽广；丰富。
112	定义	dìngyì	（名）	对于一种事物的本质特征或一个概念的内涵和外延所做的确切表述。definition
113	分享	fēnxiǎng	（动）	和他人共同享受。
114	界别	jièbié	（名）	区别。
115	感人至深	gǎn rén zhì shēn		使人深深地感动。
116	迷途	mítú	（名）	比喻错误的道路。
117	错位	cuòwèi	（动）	位置发生颠倒。
118	宽容大度	kuānróng dàdù		宽大容忍，度量大。
119	激起	jīqǐ	（动）	刺激使产生。
120	空灵	kōnglíng	（形）	中国画以留空白来寄托情意，称为空灵，此处比喻音乐的精妙。
121	无形无状	wú xíng wú zhuàng		不露形迹，看不见摸不着。
122	无影无踪	wú yǐng wú zōng		没有一点影子和踪迹。形容完全消失或不知去向。
123	触摸	chùmō	（动）	接触抚摸。
124	流逝	liúshì	（动）	像流水一样消逝。
125	固化	gùhuà	（动）	使牢固；使稳定。
126	吸纳	xīnà	（动）	吸收；接纳。
127	自然而然	zìrán ér rán		没有外力的干预，自然发展或形成。
128	传递	chuándì	（动）	由一方交给另一方。
129	永恒	yǒnghéng	（形）	长久不变的；永远存在的。

1　柔和——柔软

【牛刀小试：把"柔和"或"柔软"填入下面的句子中】

1. 躺在（　　）的沙滩上，疲惫的身体也随之放松了。
2. 春天的风（　　）地吹在每个人的脸上，如同妈妈的手抚摸着孩子。
3. 这家咖啡厅用（　　）的灯光营造出一种浪漫的气氛。
4. 体操运动员的身体都十分（　　）。
5. 经常练习瑜伽可以使你的身体变得非常（　　），达到健身的目的。

【答疑解惑】

语义

这两个词都有不坚硬的意思。

但这两个词语义的重点不一样。"柔和"强调的重点是平和，常与"强硬""刚强"相对；"柔软"强调的重点是软和，常与"坚硬"相对。

【例】（1）这位老师说话的声音非常柔和，能让学生的心情安定下来。

（2）摸着孩子柔软的小手，爸爸妈妈的眼睛里充满了无限的慈爱。

用法

词性：这两个词都是形容词。

搭配：都可以形容具体事物，但"柔和"还可以形容抽象事物。下面的例子中，这两个词不能互换。

【例】（3）柔软的沙发 / 柔软的睡衣 / 柔软的身体 / 柔软的蛋糕 / 柔软的皮肤
柔软的头发 / 柔软的丝绸 / 柔软的沙滩 / 柔软的草地

（4）柔和的灯光 / 柔和的光线 / 柔和的月光 / 柔和的颜色 / 柔和的声音 / 柔和的曲调 / 柔和的动作 / 柔和的春风 / 柔和的眼神 / 柔和的表情

另外，"柔和"还可以形容神色、眼光、眼神、性格、文笔、风格等事物。

【例】（5）妻子看着丈夫的眼神是那样的柔和，一看就知道她非常爱他。

（6）我喜欢比较柔和的颜色，像粉红呀、浅黄呀、淡蓝呀什么的。

（7）一个性格柔和的人是比较容易相处的，因为他通常会比较随和，而不会一味地坚持自己的意见。

还有,"柔和"可以做状语用,而"柔软"一般不这样用。

【例】(8)春日的阳光柔和地映照在房间里,让人觉得非常温暖、舒服。

语体

都通用于书面语和口语。

2 领悟——领略

【牛刀小试:把"领悟"或"领略"填入下面的句子中】

1. 我希望通过这次西藏之旅,(　　)一下藏族的风土人情。
2. 细读《音乐之伴》之后,我(　　)到音乐和人的心智成长有着密不可分的关系。
3. 八十年代末,张艺谋的《红高粱》给当时的观众带来了不曾(　　)过的视觉震撼。
4. 静心的过程,其实正是(　　)人生真正的意义的过程。

【答疑解惑】

语义

这两个词都表示了解事物的情况,进而提高对事物的认识。

这两个词词义的侧重点有所不同。"领悟"着重在理解后明白、悟出(意思、道理等);"领略"着重在通过体会和观察,认识、欣赏或尝试(风景、风格等)。

【例】(1)这首古诗让我领悟到,看问题要想有更加深远的目光,就必须站在一个高水平的位置或角度上。

(2)这次的云贵高原之旅,使我充分领略到了大自然的神奇和美妙。

用法

词性:这两个词都是动词,在使用方法上没有明显的区别。

搭配:这两个词的搭配对象有所区别。"领悟"常常与道理、意思、意义、含义、奥妙、精神、主题等抽象词语搭配;而"领略"既可以与风光、风景、景色、风味、滋味、风土人情等具体事物搭配,也可以与气势、情趣、情调、气息、意境等抽象事物搭配。

【例】(3)你的回答说明你还没有真正领悟这部作品的主题和意义。

(4)对于有深刻内涵的文章,仅仅读一遍是远远不够的,必须多读几遍才能领悟其中的精神实质。

（5）这次去泰山，我一直爬到了山顶，终于领略到了这座"五岳"之首的名山"会当凌绝顶，一览众山小"的雄伟气势。

（6）在其他城市吃的四川菜都还不够地道，必须要到了四川，你才能真正领略到正宗的川菜风味。

语体

这两个词都有比较强的书面语色彩。

3 扩张——扩大——扩充

【牛刀小试：把"扩张""扩大"或"扩充"填入下面的句子中】

1. 很多人喜欢旅游的原因是，旅游有助于（　　　）我们的视野。
2. 这篇论文作为毕业论文过于单薄，内容还需进一步（　　　）。
3. 在经济（　　　）过程中，房地产、汽车、建材等行业都出现了局部投资过热。
4. 信息化时代，全球的贫富差别是否还将继续（　　　）呢？

【答疑解惑】

语义

这三个词都有在原有基础上逐渐发展、壮大或增多的意思。

但这三个词语义的重点、感情色彩和使用范围有所区别。"扩张"强调的重点是从内向外扩展开来，侧重在使加大；用于政治、军事等方面时含贬义，使用范围相对比较小。"扩大"强调的重点是指规模、范围由小到大，与"缩小"相对；"扩充"强调的重点则是事物内部的数量或内容由少到多，与"减少"相对。"扩大""扩充"这两个词是中性的，而且使用范围比较大。

【例】（1）春秋战国时期，各个诸侯国都纷纷运用各种手段扩张自己的领土，企图称霸中国。

（2）公司决定花巨资打造广告，以扩大自己的知名度。

（3）这次修改，又扩充了语法部分的练习内容，对学生来说更加实用。

用法

词性：这三个词都是动词。

搭配：由于这三个词语义的侧重点不同，所以在大部分情况下，它们的搭配对象是不一样的。

【例】（4）扩张领土 / 扩张版图 / 扩张势力 / 扩张野心 / 扩张血管 / 扩张气管

（5）扩大面积 / 扩大商店 / 扩大校园 / 扩大空间 / 扩大作用 / 扩大影响 / 扩大名声 / 扩大范围 / 扩大矛盾 / 扩大联系 / 扩大合作 / 扩大生意 / 扩大规模 / 扩大眼界 / 扩大视野 / 扩大市场 / 扩大差别

（6）扩充人员 / 扩充设备 / 扩充资金 / 扩充机构 / 扩充内容 / 扩充材料 / 扩充文章 / 扩充数量 / 扩充实力 / 扩充实力

另外，"扩张"还可以构成"政治扩张""军事扩张""经济扩张""文化扩张""扩张主义""扩张政策"等词语；"扩大"也可以构成"扩大化""扩大会议"等词语。而"扩充"没有这种构词能力。

语体

都通用于书面语和口语。

4 麻木——麻痹——麻醉

【牛刀小试：把"麻木""麻痹"或"麻醉"填入下面的句子中】

1. 一动不动地坐了将近半个小时，腿脚都（　　　）了。
2. 一次又一次的打击，让小敏对一切都越来越（　　　）了，没什么感觉，也没什么激情了。
3. 在被（　　　）之前，手术台上的她一直担心不已。
4. 这次实验事关重大，千万不能（　　　）大意。

【答疑解惑】

语义

这三个词都表示身体的知觉失灵，也都可以引申为思想失去敏感性。

区别有以下两点：

（一）它们在本义和引申义上有差别。

麻木：本义是指身体的某一部分由于外界事物、药物等的刺激或神经系统的某些疾患而产生暂时发麻的感觉。引申为对外界事物反应迟钝。

【例】（1）在冰天雪地中站了一会儿，手和脚都冻得有点儿麻木了。

（2）由于成绩不好，他从小就常常受到爸爸妈妈的批评，久而久之，对爸爸妈妈说的话渐渐地麻木了。

麻痹：本义是指身体的某一部分神经、血管或肌肉的机能由于外界各种事物的刺激或病变而发生暂时或永久的失常现象。引申为丧失（或使人丧失）警惕。

【例】（3）由于脑血管硬化，今年秋天爷爷得了中风，从此半边身体就麻痹了，失去了知觉。

（4）最近这里治安情况不好，大家晚上要提高警惕，千万不能麻痹。

麻醉：本义是指由于医疗上的需要，用药物、针刺等刺激的方法使全身或身体的某部分的神经暂时失去反应。引申为用某种手段使人认识模糊、意志消沉。

【例】（5）病人已经麻醉了，手术马上就要开始了。

（6）封建时代的统治者用他们的思想麻醉老百姓的灵魂。

（二）"麻痹"还可以是一种疾病，如"小儿麻痹症""神经麻痹症""面神经麻痹"等。

用法

词性：这三个词都是动词，但是"麻木"一般不能带宾语，而"麻痹""麻醉"则可以带宾语。

【例】（7）麻痹敌人／麻痹群众／麻痹神经／麻痹心灵／麻痹意志

（8）麻醉全身／麻醉局部／麻醉病人／麻醉四肢／麻醉灵魂／麻醉心灵

另外，"麻木"和"麻痹"还兼属形容词，可以受程度副词的修饰。

【例】（9）由于在生活中经历了太多的磨难，老人已经变得十分麻木了。

（10）他这个人在安全方面思想特别麻痹。

搭配：

"麻木"可以构成"麻木不仁"；"麻痹"可以构成"麻痹思想""麻痹大意"；"麻醉"可以构成"麻醉剂""麻醉品""麻醉药""麻醉术""麻醉师""自我麻醉"等。

语体

都可以用于口语和书面语。"麻痹"和"麻醉"多用于书面语。

5 永恒——永久——永远

【牛刀小试：把"永恒"、"永久"或"永远"填入下面的句子中】

1. 我（　　）不会忘记那些在我最困难的时候帮助过我的人。
2. 据统计，灾后需重建的（　　）住房达 126.3 万户。
3. 世界上是否存在（　　）的爱情？

4. 追求（　　　），这一信念使得这位画家在艺术方面从不停下他的脚步。

【答疑解惑】

语义

这三个词都表示时间长久、久远。相比而言，"永恒"的语义最重，"永久"和"永远"语义的轻重差不多，比"永恒"稍轻一些。试比较：

【例】（1）从古至今，爱情一直是文学、艺术作品的永恒主题。

（2）摄影师按下快门，把这幸福的时刻永久定格在镜头中。

（3）不管走到哪儿，不管环境怎么改变，我都会永远记得爸爸教导我的一句话："严于律己，宽以待人。"

用法

词性：这三个词都可以做形容词。

【例】（4）永恒/永久/永远的爱情、永恒/永久/永远的记忆（回忆）、永恒/永久/永远的关爱、永恒/永久/永远的友谊、永恒/永久/永远的纪念

所不同的是，"永恒"常做定语，修饰名词，很少做谓语或状语。而"永久"和"永远"常做状语。

【例】（5）永久/永远保持、永久/永远享受、永久/永远拥有、永久/永远居住、永久/永远反对、永久/永远消失、永久/永远分别、永久/永远关闭、永久/永远支持、永久/永远失去、永久/永远思念

另外，"永远"还是一个副词。

【例】（6）他们俩十分投缘，只要在一起，永远有说不完的话。

（7）不管过去、现在，还是将来，他都永远是我最知心的朋友。

搭配：这三个词都不能受程度副词的修饰。

"永久"可以构成"永久性"。

【例】（8）为了纪念第二次世界大战，政府在市中心建立了一座永久性的建筑物，让人们永远记住历史。

重叠：这三个词都不能重叠。

语体

这三个词都通用于书面语和口语。

语言点

1 ……却分不清保姆和音乐，是怎样<u>各司其职</u>又互为其主。

【解释】各司其职：各自做自己职务范围内的事情。"各+动+其……"这种结构的四字词语还有一些，比如：各得其所（每个人都得到了适当的安置或每件事物都得到了适当的安置）、各负其责（各自负起自己应负的责任）、各尽其职（每个人分别做好本职工作）、各行其是（各自按照自己认为正确的去做）

【举例】（1）公安、武警、消防等各个部门各司其职，共同维护着城市的安全和秩序。

（2）小王真能干，搬家的第一天，所有的东西就都已经各得其所了。

（3）一个公司的各个部门应该有一个协调机制，绝对不能各行其是。

【练习】用上面所举的例子填空：

（1）这个打击毒品的五人行动小组每个人都有自己所负责的具体工作，他们（　　　　），每次都很好地完成了任务。

（2）关于如何学好外语，他们的意见不统一，于是决定先（　　　　），一年以后用结果来说明问题。

（3）空调、冰箱、电脑等家用电器的功能各不相同，它们（　　　　），为我们的生活带来了极大的方便。

（4）学校招聘了10个工作人员，校长按照他们每个人的条件和特点安置到了各个部门，使他们（　　　　），发挥自己的才能。

2 严格说那已不是音乐，革命<u>一度</u>消灭了音乐。

【解释】一度：副词，表示过去发生过一次，或过去有过一阵（这样的情况）。

【举例】（1）他曾经因为无法戒毒而一度对生活失去信心。

（2）这两个青梅竹马的朋友一度失去了联系，但后来在一个偶然的机会又见面了。

（3）在会议进行过程中，一度因为有与会者情绪冲动而暂停，但不久又恢复了。

【链接】"一度"还有名词的用法，意思是"一次"。

【举例】（4）四年一度的奥运会是全世界人都关注的盛会。

（5）一年一度的春节是中国人全家团聚的幸福时刻。

【练习】用"一度"的两个用法完成句子和对话：

（1）这种花一年只开一度，_____。

（2）A：这种有趣的动物运动会多长时间举办一次呀？

　　　B：_____。

（3）A：听说山田一直在犹豫，他现在决定去中国留学了吗？

　　　B：_____。

（4）A：你知道1949年以后，中国的经济发展经历了哪些低谷吗？

　　　B：_____。

3　……成为可视可感的语言和思想，甚至哲学。

【解释】可视可感：意思是可以看到，可以感觉到。可 + V_1 + 可 + V_2，这是一个可以变换的结构，两个"可"后面的动词可以改变，常用搭配如下：

【举例】（1）可看可吃 / 可写可画 / 可坐可卧 / 可走可跑 / 可煮可炒 / 可听可唱 / 可学可玩 / 可买可卖 / 可出可进 / 可上可下 / 可关可开 / 可使用可收藏 / 可学习可娱乐 / 可湿洗可干洗 / 可收缩可伸展 / 可熟吃可生吃

【链接】1：可 + V_1 + 可不 + V_2……：表示可以这样，也可以不这样。比如：可带可不带、可买可不买、可去可不去、可看可不看、可开可不开等。

【链接】2：可 +adj_1+ 可 +adj_2：表示可以这样，也可以那样。比如：可长可短 / 可大可小 / 可宽可窄 / 可明可暗 / 可高可低 / 可厚可薄 / 可多可少 / 可远可近 / 可深可浅 / 可黑可白 / 可快可慢 / 可高可低 /

【练习】用上面所举的例子填空：

（1）这种蔬菜（　　　　），不管怎么做都是又好吃又有营养。

（2）衣服的标签上明明写着"（　　　　）"，但一放进水里衣服马上就变形了。

（3）这台吸尘器的拉杆（　　　　），使用起来非常方便。

（4）员工上班时所穿衣服的颜色（　　　　），公司对此没有统一的规定。

（5）A：服务员，请你给我们介绍一下这种台灯的特点。

　　　B：这种台灯最大的特点就是可以调节灯光的亮度，（　　　　），适合使用者的不同需要。

（6）A：去中国的南方旅行是不是一定要带着雨具呢？

　　　B：那倒也不一定。这个季节南方地区的雨水不会太多，所以我觉得（　　　　　）。

4　多少有点可有可无的意思……

【解释】 可有可无：成语，意思是可以有，也可以没有。

【举例】（1）对于我来说，真诚和善良不是可有可无的，而是一个人必须具备的品德。

　　　　（2）根据我的经验，出门旅行必须携带两样东西：钱和地图，其他东西都是可有可无的。

【链接】 "可……可……"这种结构的成语还有一些，比如：可歌可泣（值得歌颂，使人感动得流泪）、可丁可卯（mǎo）（指数量不多不少，或范围不大不小）、可圈可点（比喻表现出色，值得赞美）

【练习】 用上面所举的例子填空

（1）小A在今天的这场比赛中超水平发挥，为本队的获胜立下了汗马功劳，他的表现真是（　　　　）。

（2）要想发展经济，提高生活水平，对人口问题的研究就不是（　　　　）的，而是必不可少的。

（3）你给学生买的书一本不多，一本不少，真是（　　　　）。

（4）在近代中国历史上，有一些仁人志士为了改变旧中国的封建政治、经济体制，提倡新政而献出了自己的生命。他们的行为（　　　　）。

（5）这张餐桌1.2米长，放在我们家的餐厅里（　　　　），别提多合适了。

（6）对于爱美的女士来说，化妆品不是一些（　　　　）的东西，而是必备的物品。

5　……恰是因他的内心饱满滋润，而无须依赖音乐的浇灌。

【解释】 无须：副词，不用，不必。书面语。但与"不必"有区别。"不必"可以单独成句，而"无须"则不可。另外，"无须"可以用在主语的前面，而"不必"不可以。

【举例】（1）无须再说什么，悲痛的眼泪已经表明了一切。

（2）爸爸妈妈，我在这里过得很好，自己能安排好一切，你们无须牵挂。

（3）她是一个优秀的演员，每次拍戏之前都准备得非常充分，表演也非常到位，无须导演操心。

【练习】用"无须"完成下面的句子和对话：

（1）只要你卖的东西质量好，而且服务也好，_____。

（2）医生嘱咐我说，平时注意养成好的生活习惯，同时注意饮食和休息就可以了，_____。

（3）A：我打算去云南旅游，根据你的经验，需要做些什么准备？
　　　B：_____。

（4）A：你认为孔子的伟大主要表现在什么地方？
　　　B：_____。

6 它无形无状、无影无踪，无法触摸、无法品尝，是一种流逝的时间，一种被曲谱固化的记忆。

【解释】无形无状：意思是没有具体的、可以触摸的形状。无 + N_1 + 无 + N_2，这是一个可以变换的结构，两个"无"后面的名词可以改变，常用搭配如下：

【举例】（1）无钱（权）无势 / 无房无车 / 无家无业 / 无电无水 / 无名无利 / 无树无草 / 无章无法 / 无儿无女 / 无风无雨 / 无灾无难 / 无头无绪 / 无头无尾 / 无病无灾

【链接】在以上这种结构中，"无"都可以改为"没"，也可以改成"有"。例如：有（没）钱有（没）势 / 有（没）房有（没）车 / 有（没）家有（没）业 / 有（没）电有（没）水 / 有（没）树有（没）草

【练习】从上面所举的例子中选择合适的词语填空：

（1）炎夏酷暑，不仅（　　　　），而且万里无云，太阳把人晒得无精打采。

（2）老人一生未婚，（　　　　），晚年更是非常孤独。好在经常有志愿者去陪伴他，给他的生活带来了一缕阳光。

（3）地震发生以后，这里（　　　　），交通也断绝了，人们的生活陷入了可怕的困境。

（4）他们家在当地（　　　　），是有名望的大家族。

（5）你这篇文章（　　　　），结构比较混乱，必须进行修改。

（6）小区里面（　　　　），环境非常优美，怪不得房价那么贵呢！

7 它无形无状、<u>无影无踪</u>，无法触摸、无法品尝，是一种流逝的时间，一种被曲谱固化的记忆。

【解释】无影无踪：成语，意思是完全消失，没有一点影子和踪迹。

【举例】小兔子一蹦一跳地进了草地，一会儿就无影无踪了。

【链接】"无……无……"这种结构的成语还有一些，比如：无边无际（没有边际，形容及其辽阔）、无法无天（指毫无顾忌地干坏事）、无尽无休（没有尽头，没完没了）、无拘无束（没有任何约束，自由自在）、无牵无挂（没有任何牵挂）、无亲无故（没有亲人和朋友，形容很孤独）、无穷无尽（没完没了，没有极限）、无声无息（没有声音和气息，形容很安静；也可以形容名声）、无时无刻（没有哪个时刻，表示每时每刻）、无私无畏（没有私心，无所畏惧）、无依无靠（没有可以依靠的人）、无忧无虑（没有任何忧虑）、无缘无故（没有任何原因）

【练习】

（1）他是个外地来的打工仔，在这里（　　　　），现在遇到了困难的事，大家都来伸把手吧。

（2）这是一片（　　　　）的黄土地，一眼望去，没有一丝绿色。

（3）他唱了十年的歌了，一直梦想着有朝一日能够成为明星，但到现在为止还是（　　　　），没什么人知道他。

（4）现在孩子的学习负担比较重，甚至影响了他们身心的健康成长，所以有的专家呼吁：把（　　　　）的童年还给孩子。

（5）最近妈妈老是（　　　　）地发脾气，是不是到了更年期了？

（6）辽阔的大海（　　　　），站在大海的旁边，你会觉得心胸开阔，心情舒畅，忘记所有的烦恼。

综合练习

I 词语练习

一 用画线的字组词

1. <u>幼</u>年：（　　）（　　）（　　）（　　）
2. <u>纯</u>真：（　　）（　　）（　　）（　　）
3. 奥<u>妙</u>：（　　）（　　）（　　）（　　）
4. <u>沉</u>淀：（　　）（　　）（　　）（　　）
5. <u>博</u>大：（　　）（　　）（　　）（　　）

二 填入合适的名词

稚拙的（　　）　　舒缓的（　　）　　柔和的（　　）

博大的（　　）　　奢侈的（　　）　　纯粹的（　　）

缠绵的（　　）　　枯涩的（　　）　　滋润的（　　）

倾诉（　　）　　呼唤（　　）　　摈除（　　）

点燃（　　）　　领悟（　　）　　扩张（　　）

临摹（　　）　　节制（　　）　　重温（　　）

三 填入合适的动词

轻捷地（　　）　　欢欣地（　　）　　狂热地（　　）

沉稳地（　　）　　匆促地（　　）　　激昂地（　　）

麻木地（　　）　　一度（　　）　　无须（　　）

音乐之伴 10

四 填入合适的形容词

（　　　）的幼年　　（　　　）的旋律　　（　　　）的恋人

（　　　）的内心　　（　　　）的激情　　（　　　）的岁月

五 填入合适的量词

一（　　　）乐曲　　一（　　　）情人

一（　　　）隧道　　一（　　　）情思

六 写出下列词语的近义词或反义词

（一）写出近义词

稚拙——　　　　淳朴——　　　　轻捷——

钦慕——　　　　永恒——　　　　纯真——

发泄——　　　　亢奋——　　　　忧伤——

摈除——　　　　扩张——　　　　趋势——

（二）写出反义词

灰暗——　　　　柔和——　　　　尾声——

发泄——　　　　激昂——　　　　亢奋——

淡泊——　　　　奢侈——　　　　麻木——

枯涩——　　　　挑剔——　　　　博大——

七 选词填空

柔和　柔软　领悟　领略　扩张　扩大　扩充　麻木　麻痹　麻醉　永恒　永久　永远

1. 虽然我的妈妈已经去世了，但是我会在心里（　　　）怀念她。

2. 本来矛盾不大，你这么一哭一闹，反而使矛盾（　　　）了。

3. 用同一个姿势坐了很长时间，腿都（　　　）了，难受了半天。

4. 你这篇文章的题目不错，但内容还比较单薄，需要进一步（　　　）。

5. 这种悲观绝望的书看多了，会（　　　）青少年的心灵和意志。

6. 因为钻石具有（　　　）性，所以人们把它作为美好爱情的象征。

7. 随着这几年房地产业的迅速发展，与住房有关的各种商品的市场也在不断地（　　　）。

8. 躺在（　　　）的沙滩上，让细腻的沙子覆盖全身，静静地、充分地享受一下大自然的美。

9. 对于艾滋病，一定要小心预防，千万不能（　　　）大意。

10. 孔子的许多话言简意赅，常常能使我（　　　）到人生的哲理。

11. 由于血液中脂肪含量的增加，老人得了动脉硬化症，有的时候需要使用药物来（　　　）血管。

12. 宇宙是（　　　）的吗？这个问题恐怕连科学家也不能很肯定地作出回答。

13. （　　　）的灯光洒满屋子，烘托出非常温馨的家庭氛围。

14. （　　　）品个人是不能随便在药店购买的，必须要经过医生的同意才能使用。

15. 他是个书呆子，不太懂得享受生活；但结婚以后，在富有生活情趣的妻子的开导下，也渐渐地学会了（　　　）生活中的很多乐趣。

八　解释句中画线词语的意思

1. ……却分不清保姆和音乐，是怎样<u>各司其职</u>又互为其主。

   A. 各自做自己该做的事

   B. 各自担任自己的职务

   C. 各自选择自己的职业

2. 乐曲中每一处<u>细微末节</u>，哪怕一个小小的颤音，也会让我们心跳脸红。

   A. 比喻细小轻微的末尾

   B. 比喻细致微小的节奏

   C. 比喻无关紧要的小事

3. ……来自生命本源的冲动，<u>饥不择食，来者不拒</u>，无论哪一种音乐都会使我们欢欣。

   A. 因为迫切需要，顾不上选择而对所有的对象都不拒绝

   B. 因为饿得要命，来不及选择而有什么就吃什么

   C. 因为饥饿而不选择食物，对送来的食物都不拒绝

4. 更多的时候它（音乐）是一种<u>煽动性极强的燃料</u>，可将我们的血肉点燃，为信仰和理想奔走。

   A. 意思是音乐就是一种能够激化人们情绪并使他们失去控制的燃料

   B. 意思是音乐就像一种能够激起人们的情绪并使之行动起来的燃料

   C. 意思是音乐具有很强的感染力，能使人们的感情和行动失去控制

5. 你发现音乐世界其实是一条<u>深不可测</u>的隧道，内壁悬缀着抽象的音符，……

    A. 深得不可以测验　　　　B. 深得不可以预测　　　　C. 深得不可以测量

6. <u>被</u>琐事杂事俗事<u>缠身</u>得中年，岁月匆促，……

    A. 被麻烦的事困扰着不能摆脱

    B. 被一些小事打扰得非常烦恼

    C. 被困难的事麻烦得没有办法

7. 那时候音乐有点像一个分手多年的旧情人，只是在<u>百无聊赖</u>的日子里，会偶尔下决心安排一次有礼貌而有节制的约会。

    A. 什么事都不做，因为太懒

    B. 什么事都不做，只是聊天

    C. 无所事事，觉得没有意思

8. 多少有点儿可有可无的意思，但若是真正<u>割断情丝</u>，又是不甘的。

    A. 切断朋友之间的友情

    B. 切断家人之间的亲情

    C. 切断深切浓厚的情意

9. 在<u>感人之深</u>的音乐中我们常常迷途甚至错位……

    A. 使人深深地感动　　　　B. 使人深深地感到　　　　C. 使人深深地感受

10. ……但音乐<u>宽容大度</u>，它知道自己所能在人们心上激起回声，是"喜欢"的唯一标准。

    A. 宽厚容纳，风度大方

    B. 宽大容忍，心胸开阔

    C. 宽阔容纳，气度不凡

九　选词填空，并模仿造句

> 各司其职　细微末节　饥不择食　来者不拒　深不可测　百无聊赖
> 可有可无　不堪入耳　感人至深　宽容大度　无影无踪

1. 流浪的动物们实在是太饥饿了，一看到食物，就（　　　　）地大吃了起来，连闻一下都顾不上。

2. E时代的到来，使得电脑已经不是一种（　　　　）的东西了。你要想立足于社会，必须掌握电脑的使用方法。

3. 电影的内容和演员的表演都（　　　　），以至于电影结束后，我还久久沉浸在故事所创造的感情氛围之中。

4. 饭店一开始营业，经理、厨师、服务员（　　　　），都各自忙碌起来。

5. 他说的话粗俗之极，有时候简直是（　　　　），你怎么能与这样人为伍呢？

6. 悬崖下面是（　　　　）的山谷，一旦掉下去，几乎没有生还的希望。

7. 最近他在谈恋爱，一下课就消失得（　　　　），连个人影都见不着。

8. 他在学习上对自己的要求非常严格，每一个问题都要搞得清清楚楚，连标点符号这样的（　　　　）也不放过。

9. （　　　　）的经理原谅了我这个新手的失误，给了我新的机会，这让我感动不已，决心用自己的行动再一次证明自己的实力。

10. 失业以后，丽丽整日生活在（　　　　）之中，情绪也越来越低落。赶快给她找个心理医生看看吧。

11. 老刘是个酒鬼，什么酒都（　　　　），为了这件事，他妻子没少跟他吵架，但他还是依然故我。

➕ **在下面的形容词和动词中选择至少五个写一段话**

> 舒缓　轻捷　聆听　倾诉　发泄　偏爱　激昂　领悟　节制　割断　饱满　博大

II 课文理解练习

一、**根据课文内容判断正误**

读第一部分课文，做下面的题：

1. 作者说"幼年时，音乐也许曾经是保姆"，意思是音乐能够像保姆一样陪伴着孩子成长。（　　）

2. 少女时代，作者什么音乐都喜欢，同时对音乐也有非常深刻的理解。（　　）

3. 进入少年时代的尾声，音乐曾经有一段时间已经不再存在。（　　）

4. 在少年时代的尾声，作者所能听到的音乐是与革命联系在一起的。（　　）

读第二部分课文，做下面的题：

5. 到了青年时代，作者比较喜欢听沉稳、成熟的音乐。（　　）

6. 青年时代的作者与音乐的交流比以前深入多了。（　　）

7. 中年时代，作者的生活更加悠闲，可以把音乐作为一种娱乐和休闲。（　　）

8. 中年时代的作者舍不得离开音乐，因为音乐能够引起她的回忆往事时的幸福感。（　　）

读第三部分课文，做下面的题：

9. 老年人不再需要音乐，是因为他的精神世界太丰富了，需要思考的事情太多了。（　　）

10. 音乐之于老年人，就像是一个忠实的人生伴侣，所以老年人喜欢的音乐很广泛。（　　）

11. 作者在文章将要结束时说："音乐似乎又是没有年龄的。"意思是说，什么年龄的人喜欢什么音乐，并没有一定之规。（　　）

12. 作者在开头说："音乐是有年龄的。"意思是音乐是不断发展、变化的。（　　）

二 根据课文内容，用指定的词语回答问题或进行讨论

1. 音乐在作者的幼年和少女时代是一个什么样的角色？

（曾经是　旋律……但……　歌谣　成长　恋人　乐曲中……哪怕……也会……　无论……都……　但可惜……）

2. 在少年时代的尾声，音乐对于作者意味着什么？

（托付和发泄　偏爱　严格说　一度　已不再是……而是……　煽动性）

3. 人到了青年和中年时代，性格或生活会发生什么样的变化？这些变化对人们理解音乐会有什么样的影响。

（沉稳和成熟　思考　领悟　对话　不再仅仅是……，而……　缠身　奢侈　旧情人　偶尔　多少……，但若是……，又……　重温）

4. 人到老年，与音乐之间的关系又会发生什么变化呢？

（摈除　也许……也许……也许……　而无须……　挑剔　由于……便……　不再是……而只是……）

5. 作者说"音乐是有年龄的"和"音乐似乎又是没有年龄的"，这两句话各自包含

了什么意思？

（幼年　少女时代　少年时代的尾声　青年　中年　老年　博大而丰富的包容性　界别　宽容大度）

6. 用一段自己的话总结一下课文的内容。

7. 根据自己的经验和感受，谈一谈你对作者观点的看法。

三　思考与讨论

1. 把自己喜欢的音乐带到课堂上来，大家一起欣赏，并且请每个人说说从音乐中听到了什么。

2. 给大家介绍一位贵国伟大的音乐家和他（她）的作品的特点。

3. 你对中国的音乐有什么了解？说说你喜欢的中国音乐。

4. 音乐在我们的生活中占据了什么样的地位？根据自己的体会说说音乐对生活的影响。

（一）从音乐聆听内在情感

你喜欢听流行音乐？古典音乐？还是摇滚乐？别以为听音乐只是单纯的打发时间，它可以反映出听者"当时的情绪"与"深层的情感"。

刚认识一个人的时候，我们常会"没话找话说"地问对方："平常都做些什么休闲活动？"

听到这个"有点八股"的问题，相信不少人都会"很标准"地回答："我喜欢在家听听音乐！"

如果你以为听音乐只是"无意义地打发时间"，那你可就太小看音乐的力量了，其实它还会反映出听者"当时的情绪"与"深层的情感"。

在《感观之旅》这本书中，作者黛安·艾克曼就曾经研究过音乐与情绪之间的关系。她以为："音乐就如感情一般，有波涛汹涌的时刻，也有平静的时刻，会狂暴，也会安静。它就像我们的情绪，能象征、反映，也能传达……"

因此，下次当你听到有人跟你说"我喜欢听音乐"的时候，千万别急着"转移话题",不妨进一步问对方:"那你喜欢听什么类型的音乐?"或是:"你最爱听谁的歌?"

从对方喜欢听的音乐中,你往往可以推测他当时的"感情状态"。譬如,"热恋中的人"喜欢听的歌一定和"失恋中的人"完全不一样——像张学友的《你爱他》就是热恋中人最爱听的情歌,充满了温馨幸福的感觉;相反的,黄品源的《你怎么舍得我难过》刚好敲中失恋者的痛处,我有个朋友失恋的时候就真的"听它千遍也不厌倦"。

通常一个人在某个阶段会受到情绪的影响,特别会喜欢听某一首歌,等情绪转换后,他又"移情"听另一首歌。所以,在此我并不针对单一歌曲分析一个人的内在情感,而是根据音乐的种类来聆听他的内在情感。

当然,很少人会只喜欢听一种音乐,大部分人的架上都会同时陈列好几种不同类型的音乐(从流行音乐到古典音乐什么都有)。这个时候,你就得花点时间观察:什么样的音乐他最常听?还有,他对什么音乐最有感觉?

等你听出他"最爱"的音乐之后,才能进一步聆听他的内在情感。

(二)喜欢流行音乐的人

不管流行音乐的"替换率"有多高,一首歌只要被归类为"流行音乐",大概都拥有曲调简单、歌词浅显的共同特征,因为这样大家才能朗朗上口嘛!

就跟流行音乐的特性一样,喜欢流行音乐的人也不爱太过复杂的人和事物,他们比较能够接受简单易懂、一目了然的东西。

谈恋爱的时候,他们很容易被对方的外表所吸引,一旦他们觉得"这个人看起来蛮顺眼的",很快就会坠入爱河,而不会先伤脑筋去思考"我们的生命基调合不合""人生的价值观如果不一致……""双方家庭处不处得来"这些烦人的问题。

一般喜欢听流行音乐的人多半都很爱看电视,尤其爱看歌唱综艺节目(否则,他怎么知道现在流行什么歌)。此外,他们也很关心娱乐新闻,哪个歌星又出了新专辑,哪个朋友又有新恋曲,他们都一清二楚。

若想和爱听流行歌曲的人成为好朋友,方法很简单,只要约他们去KTV,很快就能打成一片。

由于爱听流行歌曲的人,内在情感都很"简单易懂",你也不必花太多心思去揣摩他的"心意",最好的相处之道便是,轻松愉快地打打牌、唱唱歌,双方的友谊即能长存。

(三)喜欢听古典音乐的人

就像"古典"与"流行"是属于两个不同时空的产物一样,爱听古典音乐的人和爱听流行音乐的人,也分别活在两个不同的世界。

热爱古典音乐的人非但思想比较复杂,他们同时也偏爱有深度的人、事、物,最怕跟"肚子里没有什么东西"的人聊天,这会让他们觉得自己是在"浪费生命"。

谈恋爱的时候,他们会非常重视自己和对方的"心灵层次契不契合""生命基调能不能产生共鸣"。假使你让他感觉两人交往无法谱出"荡气回肠的乐章",那他很可能就会为爱情"画上休止符"!

对于喜欢听古典音乐的人来说,生命过程的严谨比什么都重要。因此,除了少数"制作过程严谨"的节目(如 Discovery 频道)之外,他们是不愿意浪费太多时间看电视的。

此外,他们也特别喜欢到"有点历史"的地方去旅游,譬如博物馆、美术馆或名胜古迹,都是他们的最爱。他们会花很多时间细细地浏览,用心地阅读旁边的说明文字,而不会走马看花,随便走一圈就算"到此一游"。

我认识很多建筑师都是古典音乐的赞赏者,他们不只做事态度严谨、有组织,连内在情感都非常地理智内敛,一般人比较难跟他们混熟。

(四)喜欢听轻音乐的人

很多人在工作或读书的时候,喜欢听点轻轻柔柔的音乐,一方面缓和紧张的气氛,一方面缓和紧张的情绪,让自己可以更专心地工作。

爱听轻音乐的人大部分都很"怕吵",他们的内心非常渴望安静,无论工作或生活都不喜欢被人打扰,最痛恨没有事先约好就突然跑来的不速之客,如果有人冒冒失失地闯来,那他们绝对不会给他好脸色看的(即使是自己的亲人亦不能拥有"豁免权")。

可想而知，连日常生活都如此有气氛的人，谈恋爱的时候，他们自然更加讲究气氛。也因此，想要打动他们的芳心，一定要懂得如何制造罗曼蒂克的气氛，这样他们才会"情不自禁"地爱上你。

有趣的是，很多爱听轻音乐的人的外表都不属于娇柔型，但不管他们的外表看起来多么"强壮"，他们的内在情感依然浪漫，千万不要被他们的外表给骗了。

还有，爱听轻音乐的人也普遍不能容忍压力，举凡工作压力、人际压力，都会让他们产生"逃跑"的欲望，他们只能接受"轻量级"的感情与工作。

（五）喜欢听摇滚乐的人

假使你到现场听过摇滚乐团演唱的话，应该都曾经被擅于带动气氛的主唱"耍得团团转"：他要你尖叫你就尖叫，他要你摆动双手你就摆动双手，他要你鼓掌你就鼓掌，仿佛有股强而有力的力量带领你"非得乖乖照着他说的话做不可"。

许多热爱摇滚乐的人都觉得自己"又酷又叛逆"，事实上刚好相反，他们的内心深处其实需要一个强而有力的人，引领他们找到"人生方向"（当然，这个"强人"一定要让他们崇拜得五体投地才行）。

除了会疯狂地崇拜偶像之外，他们也很喜欢在人群中摆动身体，当他们强烈感觉到自己是团体中的一分子时，似乎就能从中获得"认同感"。

或许是生活中太习惯音乐的存在吧！他们甚至连谈恋爱或交朋友，都必须藉由音乐来交流彼此感情。要不然，他们就会认为双方"感觉不对"！

万一你的朋友刚好是个摇滚乐迷，那你最好祈祷老天爷赐给你一双能耐高分贝音量的超强耳朵，因为噪音非但会破坏你的听力（小心啊！听力若惨遭破坏可是永世不得恢复的），还会导致"心情不安""注意力不集中"等后遗症。

更悲惨的是，听力衰退的人由于听不清楚别人在说些什么，所以老是觉得有人在背后说他坏话，久而久之，就会变得疑神疑鬼，严重者甚至会产生被迫害妄想症。

（作者：林萃芬　选自《读者》）

阅读练习

一 根据文章内容选择正确答案

读第一部分，做下面的题：

1. 本文主要想说的是：

    A. 音乐能使一个人的境界得到提升

    B. 音乐能使我们加深对别人的了解

    C. 音乐能使我们的生活更加有意义

2. "有点八股"的意思是：

    A. 有点突然

    B. 有点公式化

    C. 有点令人反感

3. 作者建议，当你听到有人跟你说"我喜欢音乐"的时候，应该：

    A. 深入地谈下去

    B. 迅速转移话题

    C. 问几个问题便可

4. 作者认为：

    A. 恋爱中的人尤其喜欢音乐

    B. 失恋的人应该从音乐中寻找安慰

    C. 从某人听的歌中就可知他是否在热恋中

读第二部分，做下面的题：

5. 根据本文，喜欢流行音乐的人：

    A. 头脑比较简单

    B. 会找同类的人恋爱

    C. 很重视朋友之间的友谊

6. "打成一片"的意思是：

    A. 合为一个整体

    B. 合唱很成功

    C. 谈得很深入

读第三部分，做下面的题：

7. 根据本文，喜欢听古典音乐的人谈恋爱的时候：

    A. 总是离不开音乐

    B. 十分注重内在的东西

    C. 容易把简单的东西复杂化

8. 根据本文，下面哪点不是古典音乐爱好者的特点？

    A. 认真　　　　B. 理智　　　　C. 健谈

读第四部分，做下面的题：

9. 根据本文，以下哪一点不是喜欢听轻音乐的人的特点？

    A. 非常喜欢安静

    B. 不喜欢有人突然跑来打扰

    C. 很喜欢跟朋友聚会

10. 根据本文，爱听轻音乐的人常常是：

    A. 外表不算娇柔但内心浪漫

    B. 外表强壮但内心胆小

    C. 外表柔弱但内心很强大

读第五部分，做下面的题：

11. 摇滚乐团的主唱具有以下哪种能力：

    A. 在台上团团转，带动观众跟着一起转

    B. 带动气氛，让观众跟着他的"指挥"走

    C. 在台上跳舞，带动观众一起跳舞

12. 摇滚乐可能会带来的问题是：

   A. 会破坏你的听力

   B. 会让你得心脏病

   C. 会破坏你的大脑

二 思考与表述

1. 你喜欢哪种音乐？主要原因是什么？

2. 你觉得喜欢什么样的音乐和人的性格特点或恋爱方式有关系吗？请举出实例来说明一下。

附录一 词语索引

	A		
1	爱称	àichēng	5
2	爱恋	àiliàn	10
3	爱徒	àitú	7
4	安分	ānfèn	8
5	暗藏	àncáng	10
6	暗箭	ànjiàn	9
7	暗影	ànyǐng	5
8	昂奋	ángfèn	3
9	傲慢	àomàn	7
10	奥妙	àomiào	10
	B		
11	巴掌	bāzhang	7
12	扒	bā	2
13	把戏	bǎxì	8
14	白领	báilǐng	3
15	白旗	báiqí	8
16	百无聊赖	bǎi wú liáo lài	10
17	摆布	bǎibù	2
18	版	bǎn	4
19	半径	bànjìng	1
20	伴侣	bànlǚ	10
21	包办	bāobàn	5
22	包办代替	bāobàn dàitì	9
23	包容	bāoróng	6
24	饱满	bǎomǎn	10
25	保姆	bǎomǔ	10
26	暴君	bàojūn	7
27	爆发	bàofā	6
28	奔走	bēnzǒu	10
29	奔走相告	bēn zǒu xiāng gào	2
30	本源	běnyuán	10
31	鼻尖	bíjiān	7
32	比喻	bǐyù	5
33	变象	biànxiàng	8
34	辨析	biànxī	10
35	辫子	biànzi	8
36	标记	biāojì	4
37	标题	biāotí	8
38	别扭	bièniu	3
39	摈除	bìnchú	10
40	病榻	bìngtà	8
41	波动	bōdòng	6
42	剥离	bōlí	6
43	播放	bōfàng	5
44	博大	bódà	10
45	薄厉	bólì	7
46	不单	bùdān	6, 8
47	不甘	bùgān	6
48	不轨	bùguǐ	9
49	不悔	bùhuǐ	9
50	不堪	bùkān	8
51	不堪入耳	bù kān rù ěr	10
52	不快	búkuài	3
53	不良	bùliáng	2
54	不伦不类	bù lún bú lèi	9
55	不省人事	bù xǐng rén shì	8
56	不宜	bùyí	1
57	不易	búyì	7
58	不由自主	bù yóu zì zhǔ	1

59	步伐	bùfá	4		92	呈现	chéngxiàn	4
60	步履蹒跚	bùlǚ pánshān	2		93	承受	chéngshòu	2
61	步子	bùzi	4		94	城府	chéngfǔ	7
62	部位	bùwèi	7		95	惩罚	chéngfá	2

C

					96	痴迷	chīmí	6
63	餐桌	cānzhuō	4		97	冲动	chōngdòng	10
64	残废	cánfèi	2		98	憧憬	chōngjǐng	1
65	沧桑	cāngsāng	7		99	崇拜	chóngbài	10
66	操作	cāozuò	1		100	崇尚	chóngshàng	4
67	侧面	cèmiàn	7		101	重塑	chóngsù	7
68	层次	céngcì	4		102	重温	chóngwēn	10
69	差异	chāyì	3		103	宠爱	chǒng'ài	2
70	察觉	chájué	5		104	惆怅	chóuchàng	3
71	诧异	chàyì	3		105	筹备	chóubèi	5
72	缠绵	chánmián	10		106	出丑	chū chǒu	9
73	缠身	chánshēn	10		107	出类拔萃	chū lèi bá cuì	6
74	颤音	chànyīn	10		108	出神	chū shén	3
75	娼妓	chāngjì	7		109	出诊	chū zhěn	2
76	尝试	chángshì	3		110	初恋	chūliàn	3
77	场景	chǎngjǐng	4		111	处境	chǔjìng	1
78	唱片	chàngpiàn	2		112	处之	chǔzhī	9
79	超标	chāo biāo	1		113	触摸	chùmō	10
80	超速	chāo sù	4		114	触目惊心	chù mù jīng xīn	3
81	超越	chāoyuè	9		115	穿插	chuānchā	4
82	潮流	cháoliú	3		116	穿着	chuānzhuó	3
83	车夫	chēfū	2		117	传达室	chuándáshì	2
84	尘封	chénfēng	5		118	传递	chuándì	10
85	沉淀	chéndiàn	10		119	传媒	chuánméi	4
86	沉浮	chénfú	9		120	垂	chuí	8
87	沉浸	chénjìn	3		121	纯粹	chúncuì	6
88	沉稳	chénwěn	9		122	纯情	chúnqíng	7
89	衬托	chèntuō	2		123	纯属	chúnshǔ	5
90	成就	chéngjiù	6		124	纯真	chúnzhēn	10
91	成因	chéngyīn	3		125	唇膏	chúngāo	3

126	淳朴	chúnpǔ	10		159	得失	déshī	9
127	蠢蠢欲动	chǔnchǔn yù dòng	1		160	得体	détǐ	3
128	雌性	cíxìng	2		161	得以	déyǐ	9
129	此时	cǐshí	5		162	登载	dēngzǎi	8
130	次要	cìyào	6		163	等同	děngtóng	4
131	匆匆	cōngcōng	5		164	低级趣味	dījí qùwèi	9
132	匆促	cōngcù	10		165	嘀嘀咕咕	dídigūgū	9
133	粗壮	cūzhuàng	2		166	抵抗	dǐkàng	8
134	蹿	cuān	2		167	抵制	dǐzhì	4
135	崔	Cuī	7		168	底层	dǐcéng	3
136	忖	cǔn	8		169	底线	dǐxiàn	3
137	错过	cuòguò	6		170	帝王	dìwáng	7
138	错位	cuòwèi	10		171	递增	dìzēng	4

D

					172	点燃	diǎnrán	10
139	大大	dàdà	4		173	雕虫小技	diāo chóng xiǎo jì	9
140	大话	dàhuà	9		174	碟	dié	1
141	大款	dàkuǎn	6		175	叮	dīng	9
142	大麻	dàmá	3		176	叮嘱	dīngzhǔ	2
143	大牌	dàpái	6		177	顶多	dǐngduō	7
144	大师	dàshī	4		178	定格	dìnggé	7
145	大摇大摆	dà yáo dà bǎi	3		179	定义	dìngyì	10
146	呆滞	dāizhì	7		180	丢弃	diūqì	2
147	单一	dānyī	4		181	东奔西走	dōng bēn xī zǒu	2
148	淡泊	dànbó	10		182	东倒西歪	dōng dǎo xī wāi	1
149	淡忘	dànwàng	2		183	动不动	dòngbudòng	9
150	当场	dāngchǎng	9		184	动摇	dòngyáo	8
151	当儿	dāngr	1		185	栋	dòng	4
152	当局	dāngjú	8		186	斗殴	dòu'ōu	6
153	当下	dāngxià	3		187	都市	dūshì	8
154	荡漾	dàngyàng	10		188	毒品	dúpǐn	3
155	刀耕火种	dāo gēng huǒ zhòng	1		189	读解	dújiě	10
156	到手	dào shǒu	3		190	赌博	dǔbó	1
157	得逞	déchěng	9		191	对联	duìlián	2
158	得劲	déjìn	5		192	对视	duìshì	5

#	词	拼音	课
193	顿	dùn	6
194	多变	duōbiàn	3
195	夺命天涯	duómìng tiānyá	1
196	躲避	duǒbì	1

E

#	词	拼音	课
197	额角	éjiǎo	8
198	恶劣	èliè	1
199	恩爱	ēn'ài	10
200	恩恩怨怨	ēn'ēn yuànyuàn	9
201	而已	éryǐ	5

F

#	词	拼音	课
202	发泄	fāxiè	10
203	发型	fàxíng	3
204	番	fān	6
205	凡是	fánshì	6
206	烦	fán	6
207	反感	fǎngǎn	8
208	饭局	fànjú	4
209	泛起	fànqǐ	3
210	范畴	fànchóu	1
211	防备	fángbèi	2
212	防线	fángxiàn	9
213	仿效	fǎngxiào	8
214	放缓	fànghuǎn	4
215	放声	fàngshēng	6
216	非常	fēicháng	6
217	非礼	fēilǐ	9
218	吠	fèi	2
219	分秒必争	fēn miǎo bì zhēng	4
220	分享	fēnxiǎng	10
221	纷纷扬扬	fēnfēn yángyáng	5
222	氛围	fēnwéi	6
223	奋力	fènlì	2
224	风潮	fēngcháo	8
225	风驰电掣	fēng chí diàn chè	2
226	风声	fēngshēng	8
227	风险	fēngxiǎn	1
228	风行	fēngxíng	3
229	风雅	fēngyǎ	6
230	风言风语	fēng yán fēng yǔ	9
231	缝	fèng	5
232	奉命	fèngmìng	7
233	浮现	fúxiàn	3
234	浮游	fúyóu	10
235	符号	fúhào	7
236	辐射	fúshè	10
237	抚摸	fǔmō	5
238	付出	fùchū	9
239	附录	fùlù	3
240	附庸风雅	fùyōng fēngyǎ	6
241	富于	fùyú	6

G

#	词	拼音	课
242	赶集	gǎn jí	2
243	感官	gǎnguān	10
244	感念	gǎnniàn	3
245	感染	gǎnrǎn	7
246	感人至深	gǎn rén zhì shēn	10
247	感知	gǎnzhī	9
248	高师	gāoshī	7
249	高消费	gāoxiāofèi	4
250	告知	gàozhī	8
251	胳膊肘	gēbozhǒu	5
252	割断	gēduàn	10
253	歌谣	gēyáo	10
254	各色	gèsè	9
255	各司其职	gè sī qízhí	10
256	咯吱	gēzhī	2
257	功利	gōnglì	6

#	词	拼音	课
258	攻破	gōngpò	9
259	共享	gòngxiǎng	4
260	沟壑	gōuhè	2
261	苟且	gǒuqiě	9
262	孤家寡人	gū jiā guǎ rén	9
263	古人	gǔrén	4
264	骨节	gǔjié	10
265	鼓吹	gǔchuī	4
266	鼓噪	gǔzào	9
267	固化	gùhuà	10
268	瓜皮帽子	guāpí màozi	8
269	关爱	guān'ài	3
270	光复	guāngfù	8
271	光可鉴人	guāng kě jiàn rén	2
272	光亮	guāngliàng	5
273	光头	guāngtóu	8
274	归罪	guīzuì	2
275	诡谲	guǐjué	3
276	鬼使神差	guǐ shǐ shén chāi	2
277	国防绿	guófánglǜ	3
278	国事	guóshì	8
279	果真	guǒzhēn	2
280	裹挟	guǒxié	1
281	过于	guòyú	4

H

#	词	拼音	课
282	孩童	háitóng	7
283	寒酸	hánsuān	4
284	豪华	háohuá	4
285	好比	hǎobǐ	8
286	好似	hǎosì	1
287	好意	hǎoyì	9
288	好斗	hàodòu	6
289	好学	hàoxué	7
290	合伙	héhuǒ	1
291	合影	héyǐng	7
292	何（时、处）	hé	7
293	和谐	héxié	7
294	核心	héxīn	9
295	盒饭	héfàn	4
296	阖	hé	8
297	阖家	héjiā	4
298	喝彩	hè cǎi	1
299	狠毒	hěndú	1
300	轰动	hōngdòng	2
301	红尘	hóngchén	7
302	红火	hónghuǒ	6
303	后期	hòuqī	4
304	呼唤	hūhuàn	10
305	唬人	hǔrén	9
306	互为其主	hù wéi qí zhǔ	10
307	花花绿绿	huāhuā lǜlǜ	5
308	花团锦簇	huā tuán jǐn cù	6
309	欢欣	huānxīn	10
310	焕发	huànfā	2
311	黄鼠狼	huángshǔláng	2
312	惶惑	huánghuò	1
313	恍惚	huǎnghū	7
314	灰暗	huī'àn	10
315	灰白	huībái	3
316	灰晶	huījīng	3
317	挥动	huīdòng	6
318	回报	huíbào	4
319	回归	huíguī	1
320	回绝	huíjué	5
321	回声	huíshēng	10
322	汇聚一堂	huìjù yì táng	1
323	浑身	húnshēn	1
324	活蹦乱跳	huó bèng luàn tiào	2

#	词	拼音	课	#	词	拼音	课
325	活扣	huókòu	1	358	见证	jiànzhèng	3
326	活力	huólì	3	359	建筑物	jiànzhùwù	4
327	火热	huǒrè	9	360	健壮	jiànzhuàng	7
328	获取	huòqǔ	9	361	将近	jiāngjìn	5
329	豁达	huòdá	9	362	讲解	jiǎngjiě	5
		J		363	降临	jiànglín	3
330	讥	jī	1	364	交加	jiāojiā	2
331	饥不择食	jī bù zé shí	10	365	浇灌	jiāoguàn	10
332	机灵	jīling	9	366	娇小	jiāoxiǎo	2
333	鸡毛蒜皮	jīmáo suànpí	9	367	骄骄	jiāojiāo	9
334	积	jī	9	368	焦点	jiāodiǎn	7
335	跻身	jīshēn	3	369	焦虑	jiāolǜ	1
336	激昂	jī'áng	10	370	矫饰	jiǎoshì	7
337	激烈	jīliè	6	371	脚印	jiǎoyìn	2
338	激起	jīqǐ	10	372	较劲	jiàojìn	2
339	激情	jīqíng	10	373	接二连三	jiē èr lián sān	2
340	吉日	jírì	8	374	接轨	jiē guǐ	4
341	极端	jíduān	6	375	节制	jiézhì	10
342	极为	jíwéi	3	376	节奏	jiézòu	4
343	即便	jíbiàn	7	377	竭诚	jiéchéng	3
344	急步	jíbù	5	378	竭力	jiélì	5
345	急剧	jíjù	4	379	界别	jièbié	10
346	急于	jíyú	5	380	借故	jiègù	5
347	疾奔	jíbēn	4	381	借题发挥	jiè tí fāhuī	3
348	忌妒	jìdu	9	382	津贴	jīntiē	1
349	寄托	jìtuō	6	383	尽头	jìntóu	10
350	寄予	jìyǔ	10	384	进逼	jìnbī	7
351	寂静	jìjìng	8	385	进餐	jìn cān	4
352	加倍	jiābèi	6	386	惊诧	jīngchà	2
353	家人	jiārén	4	387	精简	jīngjiǎn	4
354	假扮	jiǎbàn	7	388	精灵	jīnglíng	2
355	监督	jiāndū	8	389	精品	jīngpǐn	7
356	茧	jiǎn	1	390	精巧	jīngqiǎo	7
357	检点	jiǎndiǎn	1	391	精确	jīngquè	7

392	精装	jīngzhuāng	6	425	亢奋	kàngfèn	10
393	景象	jǐngxiàng	8	426	抗拒	kàngjù	3
394	敬仰	jìngyǎng	8	427	抗争	kàngzhēng	2
395	境界	jìngjiè	9	428	可观	kěguān	1
396	镜头	jìngtóu	4	429	可视可感	kě shì kě gǎn	10
397	劲风	jìngfēng	3	430	可有可无	kě yǒu kě wú	10
398	揪	jiū	1	431	刻意	kèyì	4
399	九牛二虎之力	jiǔ niú èr hǔ zhī lì	3	432	客	kè	1
400	久久	jiǔjiǔ	7	433	空话	kōnghuà	9
401	就此	jiùcǐ	3	434	空灵	kōnglíng	10
402	就算	jiùsuàn	3	435	空无一人	kōng wú yì rén	5
403	就职	jiù zhí	8	436	抠抠搜搜	kōukou suōsuō	9
404	拘禁	jūjìn	1	437	口哨	kǒushào	6
405	拘留	jūliú	6	438	叩	kòu	2
406	局势	júshì	6	439	枯涩	kūsè	10
407	沮丧	jǔsàng	4	440	苦难	kǔnàn	2
408	举动	jǔdòng	2	441	裤腿	kùtuǐ	3
409	具	jù	7	442	酷	kù	3
410	剧艺	jùyì	7	443	夸张	kuāzhāng	3
411	卷曲	juǎnqū	8	444	垮	kuǎ	5
412	觉醒	juéxǐng	4	445	快活	kuàihuo	8
413	绝代	juédài	4	446	快捷	kuàijié	4
414	绝迹	juéjì	3	447	快速	kuàisù	4
415	绝望	juéwàng	5	448	宽容大度	kuānróng dàdù	10
416	绝无仅有	jué wú jǐn yǒu	2	449	狂热	kuángrè	6
417	倔强	juéjiàng	2	450	矿泉水	kuàngquánshuǐ	6
418	倔	juè	2	451	扩张	kuòzhāng	10
419	军绿	jūnlǜ	3		**L**		
420	军用	jūnyòng	3	452	来宾	láibīn	5
	K			453	来劲	láijìn	6
421	卡	kǎ	4	454	来人	láirén	5
422	开度	kāidù	3	455	来者不拒	lái zhě bú jù	10
423	开阔	kāikuò	9	456	懒惰	lǎnduò	4
424	看客	kànkè	6	457	懒汉	lǎnhàn	9

458	郎中	lángzhōng	2
459	浪漫	làngmàn	4
460	劳动力	láodònglì	4
461	老泪纵横	lǎo lèi zònghéng	2
462	老少咸宜	lǎo shào xián yí	1
463	老太婆	lǎotàipó	5
464	烙刻	làokè	10
465	乐观	lèguān	4
466	羸弱	léiruò	8
467	类型	lèixíng	6
468	冷冰冰	lěngbīngbīng	4
469	冷漠	lěngmò	2
470	里巷	lǐxiàng	6
471	理财	lǐcái	4
472	力戒	lìjiè	9
473	立体	lìtǐ	10
474	连篇累牍	lián piān lěi dú	9
475	连声	liánshēng	4
476	联想	liánxiǎng	9
477	廉价	liánjià	4
478	恋人	liànrén	4
479	良性	liángxìng	3
480	两两相对	liǎngliǎng xiāng duì	7
481	潦草	liáocǎo	5
482	列举	lièjǔ	6
483	临摹	línmó	10
484	灵性	língxìng	2
485	聆听	língtīng	10
486	领悟	lǐngwù	10
487	浏览	liúlǎn	5
488	留声机	liúshēngjī	2
489	流露	liúlù	7
490	流逝	liúshì	10
491	流淌	liútǎng	10
492	柳树	liǔshù	1
493	镂刻	lòukè	7
494	绿化	lǜhuà	4
495	略	lüè	7
496	论证	lùnzhèng	9
497	落实	luòshí	5

M

498	抹布	mābù	2
499	麻袋	mádài	2
500	麻木	mámù	10
501	骂街	mà jiē	6
502	满腹怅然	mǎn fù chàngrán	6
503	忙碌	mánglù	4
504	茅草窝	máocǎowō	2
505	铆	mǎo	1
506	没准	méizhǔnr	6
507	枚	méi	9
508	眉梢	méishāo	7
509	美妙	měimiào	5
510	美食	měishí	4
511	魅力	mèilì	6
512	闷闷不乐	mènmèn búlè	2
513	闷气	mènqì	8
514	梦绕魂牵	mèng rào hún qiān	7
515	迷途	mítú	10
516	靡费	mífèi	1
517	免不了	miǎnbuliǎo	3
518	面部	miànbù	7
519	面颊	miànjiá	7
520	面容	miànróng	3
521	苗条	miáotiao	3
522	描述	miáoshù	5
523	渺小	miǎoxiǎo	4
524	淼淼	miǎomiǎo	9

525	妙龄	miàolíng	3		557	徘徊	páihuái	2
526	敏感	mǐngǎn	5		558	派生	pàishēng	4
527	敏捷	mǐnjié	5		559	旁观者	pángguānzhě	6
528	明码标价	míngmǎ biāojià	1		560	旁人	pángrén	9
529	模式	móshì	4		561	配	pèi	9
530	末了	mòliǎo	2		562	批量	pīliàng	4
531	莫大	mòdà	6		563	片刻	piànkè	7
532	蓦然	mòrán	7		564	偏爱	piān'ài	10
533	默默	mòmò	7		565	偏执	piānzhí	9
534	默契	mòqì	5		566	篇幅	piānfú	6
535	目眩	mùxuàn	4		567	飘荡	piāodàng	2
536	沐浴	mùyù	3		568	飘然而至	piāorán ér zhì	3
	N				569	频繁	pínfán	5
537	呐喊	nàhǎn	6		570	品尝	pǐncháng	3
538	乃至	nǎizhì	3		571	颇	pō	1
539	奶油小生	nǎiyóu xiǎoshēng	7		572	破裂	pòliè	6
540	奈何	nàihé	9		573	破损	pòsǔn	2
541	耐性	nàixìng	9		574	朴拙	pǔzhuō	7
542	难能可贵	nán néng kě guì	7			**Q**		
543	内壁	nèibì	10		575	卡	qiǎ	2
544	内心	nèixīn	10		576	七荤八素	qī hūn bā sù	4
545	霓虹灯	níhóngdēng	4		577	欺侮	qīwǔ	8
546	逆风	nì fēng	3		578	其间	qíjiān	5
547	年幼	niányòu	5		579	其乐融融	qílè róngróng	1
548	碾磨	niǎnmó	10		580	奇耻大辱	qí chǐ dà rǔ	8
549	袅袅	niǎoniǎo	9		581	奇异	qíyì	8
550	宁静	níngjìng	7		582	脐	qí	3
551	凝固	nínggù	3		583	启迪	qǐdí	9
552	凝视	níngshì	7		584	启示	qǐshì	3
553	佞臣	nìngchén	7		585	起码	qǐmǎ	4
554	女郎	nǚláng	3		586	起锚	qǐmáo	1
555	女侠	nǚxiá	8		587	起身	qǐ shēn	4
	P				588	气喘吁吁	qì chuǎn xūxū	1
556	排除	páichú	10		589	气定神闲	qì dìng shén xián	1

590	气力	qìlì	8	624	庆功	qìnggōng	6
591	气怒	qìnù	9	625	庆贺	qìnghè	5
592	千千万万	qiānqiānwànwàn	9	626	曲线	qūxiàn	7
593	千言万语	qiān yán wàn yǔ	7	627	趋势	qūshì	10
594	前辈	qiánbèi	3	628	曲谱	qǔpǔ	10
595	前额	qián'é	7	629	取笑	qǔxiào	8
596	前提	qiántí	9	630	去世	qùshì	3
597	潜在	qiánzài	1	631	全方位	quánfāngwèi	9
598	强劲	qiángjìng	3	632	全球	quánqiú	4
599	墙头	qiángtóu	2	633	拳头	quántóu	8
600	巧舌如簧	qiǎo shé rú huáng	1	634	蜷缩	quánsuō	2
601	巧言令色	qiǎo yán lìng sè	7	635	鬈毛	quánmáo	2
602	俏	qiào	3	636	犬	quǎn	2
603	鞘	qiào	1	637	劝阻	quànzǔ	5
604	轻车熟路	qīng chē shú lù	2	638	确切	quèqiè	2
605	轻捷	qīngjié	10	639	群体	qúntǐ	7
606	轻飘	qīngpiāo	3			**R**	
607	轻微	qīngwēi	3	640	惹事	rěshì	6
608	倾慕	qīngmù	10	641	热诚	rèchéng	6
609	倾诉	qīngsù	10	642	热火朝天	rè huǒ cháo tiān	6
610	倾心	qīngxīn	5	643	人潮	réncháo	4
611	清澈	qīngchè	7	644	人生	rénshēng	3
612	清纯	qīngchún	3	645	人世间	rénshìjiān	7
613	清苦	qīngkǔ	7	646	人事纠纷	rénshì jiūfēn	9
614	清明	qīngmíng	9	647	仁厚	rénhòu	7
615	清香	qīngxiāng	5	648	忍饥挨饿	rěn jī ái è	2
616	情不自禁	qíng bú zì jīn	7	649	认定	rèndìng	2
617	情感	qínggǎn	7	650	认可	rènkě	1
618	情趣	qíngqù	3	651	任凭	rènpíng	2
619	情人	qíngrén	10	652	日渐	rìjiàn	2
620	情丝	qíngsī	10	653	容下	róngxià	3
621	情形	qíngxing	8	654	柔和	róuhé	10
622	情谊	qíngyì	6	655	肉体	ròutǐ	7
623	情愿	qíngyuàn	2	656	如同	rútóng	1

657	茹毛饮血	rú máo yǐn xuè	1
658	若	ruò	6
659	若干	ruògān	1
660	若是	ruòshì	10
661	弱点	ruòdiǎn	9

S

662	煽动	shāndòng	6
663	善良	shànliáng	2
664	伤寒症	shānghánzhèng	8
665	伤痕	shānghén	2
666	上流社会	shàngliú shèhuì	4
667	上天	shàngtiān	5
668	尚	shàng	1
669	奢侈	shēchǐ	10
670	设防	shèfáng	9
671	申斥	shēnchì	8
672	伸手可及	shēn shǒu kě jí	4
673	身躯	shēnqū	2
674	身影	shēnyǐng	2
675	深不可测	shēn bù kě cè	10
676	深秋	shēnqiū	8
677	深思	shēnsī	3
678	深邃	shēnsuì	7
679	神祇	shénqí	10
680	审美	shěnměi	3
681	甚或	shènhuò	3
682	生怕	shēngpà	2
683	生涯	shēngyá	1
684	声浪	shēnglàng	8
685	绳索	shéngsuǒ	1
686	盛年	shèngnián	7
687	失却	shīquè	4
688	诗集	shījí	5
689	时光	shíguāng	8
690	时髦	shímáo	3
691	时尚	shíshàng	3
692	使命	shǐmìng	5
693	世俗	shìsú	3
694	试图	shìtú	10
695	视为	shìwéi	4
696	嗜好	shìhào	1
697	收效	shōuxiào	9
698	手电	shǒudiàn	2
699	书脊	shūjǐ	5
700	书信	shūxìn	4
701	舒缓	shūhuǎn	5
702	舒展	shūzhǎn	7
703	属	shǔ	4
704	属实	shǔshí	5
705	束缚	shùfù	1
706	率先	shuàixiān	4
707	水兵	shuǐbīng	1
708	水壶	shuǐhú	3
709	顺从	shùncóng	5
710	顺道	shùndào	5
711	顺风	shùn fēng	3
712	顺理成章	shùn lǐ chéng zhāng	7
713	私下里	sīxiàlǐ	6
714	思忖	sīcǔn	2
715	思绪	sīxù	5
716	似	sì	4
717	松弛	sōngchí	4
718	俗不可耐	sú bù kě nài	5
719	俗世	súshì	3
720	随之而起	suí zhī ér qǐ	4
721	岁月	suìyuè	10
722	隧道	suìdào	10
723	损人利己	sǔn rén lì jǐ	1

724	琐事	suǒshì	10		757	同一	tóngyī	7
725	锁定	suǒdìng	7		758	童贞	tóngzhēn	3

T

					759	通	tòng	6
726	抬头纹	táitóuwén	7		760	投机	tóujī	5
727	谈吐	tántǔ	3		761	投考	tóukǎo	8
728	谈资	tánzī	6		762	透亮	tòuliàng	3
729	弹簧	tánhuáng	4		763	凸现	tūxiàn	3
730	坦荡	tǎndàng	9		764	秃头	tūtóu	8
731	堂兄	tángxiōng	8		765	突破	tūpò	1
732	倘	tǎng	6		766	徒	tú	9
733	倘若	tǎngruò	6		767	徒步	túbù	2
734	陶醉	táozuì	5		768	推翻	tuīfān	8
735	讨	tǎo	3		769	推敲	tuīqiāo	3
736	特使	tèshǐ	7		770	褪色	tuì shǎi	7
737	提升	tíshēng	3		771	吞声饮泪	tūn shēng yǐn lèi	8
738	提速	tí sù	4		772	托付	tuōfù	10
739	提携	tíxié	3		773	弹簧	tánhuáng	4
740	提心吊胆	tí xīn diào dǎn	9					

W

741	题字	tízì	9		774	外间	wàijiān	8
742	体内	tǐnèi	10		775	丸	wán	1
743	体味	tǐwèi	3		776	玩具熊	wánjùxióng	5
744	体验	tǐyàn	3		777	亡命	wángmìng	4
745	天伦之乐	tiānlún zhī lè	4		778	往日	wǎngrì	4
746	天堑	tiānqiàn	2		779	往昔	wǎngxī	10
747	天生	tiānshēng	6		780	望去	wàngqù	3
748	天下	tiānxià	8		781	危机四伏	wēijī sìfú	1
749	天意	tiānyì	5		782	威风	wēifēng	8
750	甜蜜	tiánmì	5		783	威武	wēiwǔ	7
751	挑剔	tiāoti	10		784	微不足道	wēi bù zú dào	1
752	迢迢	tiáotiáo	9		785	微颤	wēichàn	3
753	调	tiáo	5		786	微妙	wēimiào	5
754	调侃	tiáokǎn	5		787	微微	wēiwēi	5
755	通常	tōngcháng	1		788	唯一	wéiyī	6
756	通道	tōngdào	4		789	尾声	wěishēng	10

790	委实	wěishí	8		823	吸纳	xīnà	10
791	卫士	wèishì	7		824	昔日	xīrì	4
792	畏惧	wèijù	2		825	牺牲	xīshēng	8
793	温厚	wēnhòu	10		826	稀罕	xīhan	2
794	文	wén	1		827	稀世珍品	xī shì zhēn pǐn	4
795	文集	wénjí	3		828	膝盖	xīgài	7
796	文人	wénrén	6		829	蟋蟀	xīshuài	6
797	蚊虫	wénchóng	9		830	袭	xí	7
798	嗡嗡	wēngwēng	9		831	喜气洋洋	xǐqì yángyáng	5
799	蜗牛	wōniú	4		832	细微末节	xì wēi mò jié	10
800	呜咽	wūyè	2		833	狭隘	xiá'ài	9
801	无地自容	wú dì zì róng	5		834	下巴	xiàba	7
802	无可责备	wú kě zébèi	3		835	下人	xiàrén	7
803	无聊	wúliáo	9		836	下意识	xiàyìshí	6
804	无趣	wúqù	1		837	先哲	xiānzhé	10
805	无为	wúwéi	9		838	纤弱	xiānruò	7
806	无味	wúwèi	9		839	鲜红	xiānhóng	2
807	无谓	wúwèi	9		840	闲暇	xiánxiá	4
808	无效	wúxiào	9		841	闲者	xiánzhě	4
809	无邪	wúxié	10		842	县城	xiànchéng	8
810	无形无状	wú xíng wú zhuàng	10		843	陷阱	xiànjǐng	9
811	无须	wúxū	10		844	陷入	xiànrù	9
812	无益	wúyì	9		845	献身	xiànshēn	2
813	无影无踪	wú yǐng wú zōng	10		846	相当于	xiāngdāngyú	3
814	无知	wúzhī	5		847	相仿	xiāngfǎng	7
815	毋庸	wúyōng	3		848	相干	xiānggān	6
816	侮弄	wǔnòng	8		849	相关	xiāngguān	7
817	捂	wǔ	5		850	相间	xiāngjiàn	2
818	物件	wùjiàn	2		851	相近	xiāngjìn	7
819	物美价廉	wù měi jià lián	1		852	相率	xiāngshuài	8
820	物种	wùzhǒng	9		853	相依为命	xiāng yī wéi mìng	2
821	误导	wùdǎo	4		854	相约	xiāngyuē	10

X

822	夕阳	xīyáng	3		855	享用	xiǎngyòng	1
					856	响应	xiǎngyìng	8

857	相貌	xiàngmào	7		891	凶残	xiōngcán	1
858	像模像样	xiàng mú xiàng yàng	5		892	胸怀	xiōnghuái	7
859	逍遥	xiāoyáo	9		893	雄性	xióngxìng	2
860	消除	xiāochú	8		894	雄壮	xióngzhuàng	10
861	消遣	xiāoqiǎn	6		895	休闲	xiūxián	4
862	萧萧	xiāoxiāo	9		896	羞涩	xiūsè	3
863	小利	xiǎolì	9		897	虚话	xūhuà	9
864	小圈子	xiǎoquānzi	9		898	虚妄	xūwàng	9
865	小人	xiǎorén	9		899	需求	xūqiú	4
866	小术	xiǎoshù	9		900	许可	xǔkě	8
867	笑柄	xiàobǐng	9		901	宣泄	xuānxiè	3
868	效应	xiàoyìng	3		902	悬	xuán	10
869	携	xié	2		903	旋律	xuánlǜ	10
870	心烦意乱	xīn fán yì luàn	5		904	穴洞	xuédòng	9
871	心浮气躁	xīn fú qì zào	7		905	逊位	xùnwèi	8
872	心境	xīnjìng	10		**Y**			
873	心宽体胖	xīn kuān tǐ pán	7		906	压迫	yāpò	8
874	心头	xīntóu	7		907	芽	yá	1
875	心智	xīnzhì	1		908	烟熏火燎	yān xūn huǒ liǎo	1
876	心中	xīnzhōng	3		909	延伸	yánshēn	5
877	新近	xīnjìn	7		910	言行不一	yán xíng bù yī	9
878	新奇	xīnqí	9		911	眼神	yǎnshén	3
879	新生	xīnshēng	8		912	眼下	yǎnxià	1
880	信条	xìntiáo	9		913	眼影	yǎnyǐng	3
881	信仰	xìnyǎng	10		914	演变	yǎnbiàn	7
882	兴衰	xīngshuāi	6		915	验证	yànzhèng	5
883	行刺	xíngcì	8		916	养母	yǎngmǔ	7
884	行善	xíng shàn	2		917	养生	yǎngshēng	9
885	行医	xíng yī	2		918	养子	yǎngzǐ	7
886	形形色色	xíngxíng sèsè	6		919	腰围	yāowéi	3
887	型	xíng	3		920	摇篮	yáolán	10
888	幸好	xìnghǎo	4		921	摇头摆尾	yáo tóu bǎi wěi	2
889	兴味	xìngwèi	8		922	遥遥	yáoyáo	9
890	兴致	xìngzhì	6		923	遥遥无期	yáoyáo wú qī	4

924	要命	yàomìng	6		958	隐去	yǐnqù	4
925	要义	yàoyì	9		959	隐约可辨	yǐnyuē kě biàn	7
926	叶脉	yèmài	1		960	印证	yìnzhèng	5
927	腋	yè	2		961	应有尽有	yīng yǒu jìn yǒu	5
928	一度	yídù	10		962	盈	yíng	8
929	一刹那	yíchànà	2		963	营造	yíngzào	5
930	一惊一乍	yì jīng yí zhà	9		964	蝇营狗苟	yíng yíng gǒu gǒu	9
931	一声不吭	yì shēng bù kēng	5		965	影集	yǐngjí	5
932	一时间	yìshíjiān	5		966	应酬	yìngchou	4
933	一无所长	yī wú suǒ cháng	6		967	佣妇	yōngfù	8
934	一厢情愿	yì xiāng qíngyuàn	9		968	拥有	yōngyǒu	2
935	一笑了之	yí xiào liǎo zhī	1		969	庸人自扰	yōng rén zì rǎo	9
936	衣橱（柜）	yīchú（guì）	3		970	永恒	yǒnghéng	10
937	衣裳	yīshang	1		971	优雅	yōuyǎ	7
938	依旧	yījiù	8		972	忧伤	yōushāng	10
939	依赖	yīlài	5		973	忧郁	yōuyù	7
940	依稀	yīxī	10		974	幽默	yōumò	9
941	贻笑大方	yíxiào dàfāng	9		975	悠闲	yōuxián	4
942	遗弃	yíqì	3		976	由此	yóucǐ	4
943	以貌相人	yǐ mào xiàng rén	7		977	由头	yóutou	6
944	以往	yǐwǎng	5		978	游行	yóuxíng	6
945	亦	yì	6		979	友人	yǒurén	9
946	抑或	yìhuò	2		980	有害	yǒuhài	9
947	易于	yìyú	7		981	有机耕种	yǒujī gēngzhòng	4
948	意味深长	yìwèi shēncháng	5		982	有愧	yǒukuì	9
949	溢美之词	yì měi zhī cí	3		983	有为	yǒuwéi	9
950	阴谋家	yīnmóujiā	9		984	有限	yǒuxiàn	6
951	音符	yīnfú	10		985	有心	yǒu xīn	4
952	音量	yīnliàng	5		986	有意识	yǒuyìshí	5
953	音响	yīnxiǎng	5		987	有助于	yǒuzhùyú	3
954	引	yǐn	8		988	黝黑	yǒuhēi	7
955	引发	yǐnfā	4		989	幼年	yòunián	10
956	饮弹	yǐndàn	1		990	鱼尾纹	yúwěiwén	7
957	饮食	yǐnshí	3		991	逾越	yúyuè	2

992	羽毛	yǔmáo	5		1025	战略	zhànlüè	6
993	语	yǔ	9		1026	战术	zhànshù	6
994	予以	yǔyǐ	5		1027	长孙	zhǎngsūn	2
995	郁积	yùjī	8		1028	朝夕相处	zhāoxī xiāngchǔ	7
996	预测	yùcè	4		1029	招摇	zhāoyáo	1
997	预料	yùliào	3		1030	昭昭	zhāozhāo	9
998	预示	yùshì	3		1031	着慌	zháohuāng	8
999	欲念	yùniàn	4		1032	遮掩	zhēyǎn	7
1000	原本	yuánběn	6		1033	折回	zhéhuí	8
1001	原始	yuánshǐ	1		1034	哲理	zhélǐ	3
1002	原意	yuányì	4		1035	哲人	zhérén	9
1003	远航	yuǎnháng	1		1036	真诚	zhēnchéng	9
1004	远远	yuǎnyuǎn	4		1037	箴言	zhēnyán	9
1005	怨艾	yuànyì	4		1038	阵营	zhènyíng	6
1006	阅历	yuèlì	7		1039	震慑	zhènshè	7
1007	乐曲	yuèqǔ	5		1040	争执	zhēngzhí	9
1008	跃跃欲试	yuèyuè yù shì	1		1041	征集	zhēngjí	3
1009	越发	yuèfā	2		1042	症结	zhēngjié	1
	Z				1043	蒸汽机	zhēngqìjī	4
1010	杂糅	záróu	1		1044	整日	zhěngrì	4
1011	杂事	záshì	10		1045	整容	zhěng róng	7
1012	杂音	záyīn	10		1046	正法	zhèngfǎ	8
1013	在场	zàichǎng	5		1047	正经	zhèngjing	6
1014	在世为人	zài shì wéi rén	3		1048	支点	zhīdiǎn	6
1015	赞许	zànxǔ	4		1049	吱吱喳喳	zhīzhichāchā	9
1016	灶	zào	4		1050	执着	zhízhuó	2
1017	噪声	zàoshēng	10		1051	纸上谈兵	zhǐ shàng tán bīng	6
1018	增	zēng	4		1052	指点	zhǐdiǎn	5
1019	憎恨	zènghèn	2		1053	指纹	zhǐwén	7
1020	咋咋呼呼	zhāzhahūhū	9		1054	至多	zhìduō	9
1021	沾亲带故	zhān qīn dài gù	3		1055	至今	zhìjīn	8
1022	斩首	zhǎnshǒu	8		1056	志士	zhìshì	8
1023	展现	zhǎnxiàn	7		1057	质地	zhìdì	3
1024	占据	zhànjù	7		1058	质感	zhìgǎn	10

附录一 词语索引

1059	质疑	zhìyí	4
1060	致敬	zhìjìng	6
1061	致命	zhìmìng	5
1062	智者	zhìzhě	4
1063	置备	zhìbèi	3
1064	置身于	zhìshēnyú	3
1065	稚拙	zhìzhuō	10
1066	中外	zhōngwài	4
1067	忠告	zhōnggào	3
1068	种族	zhǒngzú	8
1069	众人	zhòngrén	4
1070	诸如	zhūrú	5
1071	诸如此类	zhūrú cǐlèi	6
1072	主张	zhǔzhāng	8
1073	驻足一观	zhù zú yì guān	6
1074	著称	zhùchēng	4
1075	爪子	zhuǎzi	2
1076	专利	zhuānlì	4
1077	专用	zhuānyòng	4
1078	撰	zhuàn	9
1079	装腔作势	zhuāng qiāng zuò shì	9
1080	装束	zhuāngshù	3
1081	壮阔	zhuàngkuò	6
1082	追思	zhuīsī	3
1083	追溯	zhuīsù	7
1084	追忆	zhuīyì	4
1085	坠机	zhuìjī	1
1086	缀	zhuì	10
1087	准许	zhǔnxǔ	8
1088	捉拿	zhuōná	8
1089	吱声	zī shēng	3
1090	资格	zīgé	8
1091	资讯	zīxùn	4
1092	滋润	zīrùn	10
1093	自哀自叹	zì āi zì tàn	9
1094	自嘲	zìcháo	9
1095	自吹自擂	zì chuī zì léi	9
1096	自然而然	zìrán ér rán	10
1097	自恃	zìshì	8
1098	自卫	zìwèi	9
1099	自在	zìzài	5
1100	自尊	zìzūn	9
1101	自作多情	zì zuò duō qíng	1
1102	字画	zìhuà	6
1103	字迹	zìjì	5
1104	字条	zìtiáo	5
1105	纵横	zònghéng	2
1106	纵情	zòngqíng	6, 9
1107	足够	zúgòu	4
1108	足以	zúyǐ	4
1109	嘴角	zuǐjiǎo	7
1110	最多	zuìduō	4
1111	最为	zuìwéi	2
1112	最终	zuìzhōng	2
1113	作坊	zuōfang	4
1114	作伴	zuòbàn	3
1115	坐牢	zuòláo	6

附录二 词语辨析索引

第一课：
1. 风险——危险
2. 范畴——范围
3. 生涯——生活
4. 通常——常常

第二课：
1. 最为——最
2. 稀罕——稀奇
3. 冷漠——冷淡
4. 举动——行动
5. 确切——确实
6. 最终——最后

第三课：
1. 清纯——纯洁
2. 乃至——甚至
3. 体验——体味
4. 体验——体会
5. 羞涩——羞怯
6. 风行——流行
7. 夸张——夸大

第四课：
1. 赞许——赞同
2. 快捷——敏捷
3. 预测——推测
4. 过于——过分
5. 快速——迅速

第五课：
1. 依赖——依靠
2. 营造——营建
3. 指点——指示
4. 敏捷——灵敏
5. 延伸——延长

第六课：
1. 破裂——分裂
2. 相干——相关
3. 激烈——剧烈——强烈——猛烈
4. 兴致——兴趣

第七课：

1. 傲慢——骄傲　　2. 宁静——安静　　3. 蓦然——突然
4. 深邃——深奥　　5. 健壮——健康

第八课：

1. 资格——资历　　2. 动摇——摇动　　3. 情形——情况
4. 牺牲——献身　　5. 准许——允许

第九课：

1. 启迪——启发——启示　　2. 争执——争论
3. 开阔——宽阔——广阔——辽阔　　4. 获取——夺取
5. 超越——超过

第十课：

1. 柔和——柔软　　2. 领悟——领略
3. 扩张——扩大——扩充　　4. 麻木——麻痹——麻醉
5. 永恒——永久——永远

附录三 语言点索引

第一课：

1. 反倒
2. 不宜
3. 东（倒）西（歪）
4. 七（绕）八（拐）
5. 连（颠）带（跑）
6. 略
7. 尚
8. 颇

第二课：

1. （归罪）于……
2. 日渐
3. 任凭
4. 越发
5. （住）上（半年）
6. 生怕
7. 抑或

第三课：

1. 就算……，……也……
2. 多多
3. （欣赏）不来
4. 免不了
5. （八）成（新）
6. 就此
7. 无可（责备）

第四课：

1. （不）足以
2. 随之而起
3. 起码
4. 过于
5. 以……著称
6. 幸好

附录三　语言点索引

第五课：

1. 给……以……
2. 纯属
3. 急于
4. 至于
5. 予以

第六课：

1. 多半
2. 有所
3. 诸如此类
4. ……且不说，还……
5. 私下里
6. 一一

第七课：

1. 何（时）；何（处）
2. 顶多
3. 以貌相人

第八课：

1. 给
2. 何况
3. 甚
4. 不单
5. 不堪

第九课：

1. 有所
2. 得以
3. （逍遥）处之
4. 徒
5. 不（伦）不（类）
6. 一无（所长）
7. 虽（失）犹（得）

第十课：

1. 各（司）其（职）
2. 一度
3. 可（视）可（感）
4. 可有可无
5. 无须
6. 无（形）无（状）
7. 无影无踪